LE
LIVRE DES SNOBS

TYPOGRAPHIE DE CH. LAHURE
Imprimeur du Sénat et de la Cour de Cassation
rue de Vaugirard, 9

LE
LIVRE DES SNOBS

PAR W. M. THACKERAY

TRADUIT DE L'ANGLAIS
AVEC L'AUTORISATION DE L'AUTEUR
PAR GEORGES GUIFFREY

PUBLICATION DE CH. LAHURE
Imprimeur à Paris

PARIS
LIBRAIRIE DE L. HACHETTE ET Cie
RUE PIERRE-SARRAZIN, N° 14

vers 1860

LE LIVRE DES SNOBS....

Mais d'abord, qu'est-ce qu'un *Snob*?

Si vous voulez le savoir, ne cherchez point dans le dictionnaire; ce mot n'est point encore muni de son passeport académique. Du reste, rien n'est plus commun que la chose. En dernière analyse, voici ce qui constitue le Snob :

On prend un peu de tous les ridicules de l'humaine nature, auxquels on mêle quelques grains de bêtise, beaucoup de fanfaronnade, une certaine dose de trivialité et de prétention, de l'épaisseur dans l'esprit, de la mesquinerie dans le goût, et, surtout, absence totale de ce qui est beau, noble et distingué; ce mélange fait un Snob parfait. C'est, comme on le voit, le béotisme arrivé à sa dernière expression dans la tournure de l'esprit et du corps.

Les Snobs d'ailleurs n'ont point de sexe, ils sont de tous les genres; ils n'ont point de patrie, ils sont citoyens du monde. Ils circulent depuis longtemps à tous les degrés de l'échelle sociale; on les coudoie dans les rues, on les rencontre dans les salons. Si vous voulez faire connaissance avec un Snob, regardez autour de vous; prenez garde cependant que les yeux de votre voisin vous servant de miroir, comme dit Figaro, ne vous montrent un Snob que vous n'êtes pas bien curieux de voir.

Jusqu'ici, les Snobs n'avaient pas reçu d'appellation

propre, et cela ne nuisait pas beaucoup à leur nombre et à leur existence. La position considérable qu'ils occupent maintenant dans le monde fait un devoir d'apprendre à connaître leurs caractères distinctifs pour les saluer quand on les rencontre.

M. Thackeray, le spirituel romancier de la langue anglaise, s'est déjà chargé de tracer au vif leur portrait pour la Grande-Bretagne; et comme les Snobs sont à peu près les mêmes partout, sauf quelques différences dans la coupe des habits et la couleur des favoris, en attendant qu'un coloriste habile se décide à nous peindre les Snobs français, les Snobs anglais nous donneront toujours une idée générale de l'espèce. D'ailleurs la modestie qui défend de parler de soi n'est-elle pas ici d'accord avec la politesse pour nous engager à céder la place aux ridicules de nos voisins?

Voici donc, avec l'exactitude photographique d'une traduction scrupuleuse, le portrait des Snobs anglais.

GEORGES GUIFFREY.

LE
LIVRE DES SNOBS.

ENTRÉE EN MATIÈRE.

*Nécessité d'un ouvrage sur les Snobs, tirée de l'histoire et prouvée par d'illustres exemples. — Comme quoi mon étoile me prédestinait à écrire cet ouvrage. — Je fais l'annonce de ma vocation à grand renfort d'éloquence. — Je prouve que le monde s'est préparé graduellement pour l'*ŒUVRE *et pour l'*OUVRIER. *— Les Snobs méritent d'être étudiés comme tout autre sujet d'histoire naturelle ; ils ont leur part dans le Beau (avec majuscule), ils se sont infiltrés dans toutes les classes de la société. — Exemple frappant du colonel Snobley.*

Nous avons rencontré quelque part cette proposition.... Qu'on me permette toutefois de douter de la manière la plus complète de son exactitude : sur quelles bases, en effet, repose-t-elle ? Nous avons tous, plus ou moins, je le répète, été à même de recueillir cette phrase qui court les livres, que si par suite des événements et des nécessités sociales le besoin d'un homme se fait sentir, on voit surgir cet homme à point nommé. Ainsi, à la révolution française, que le lecteur sera sans doute charmé de voir figurer à la première page de ce livre, dès qu'il devint nécessaire d'administrer à la nation une médecine capable de faire revenir un mort, elle trouva Robespierre, médecine, il est vrai, bien noire et bien rebutante, mais qui, avalée avec courage par la malade, opéra en définitive pour son plus grand bien. De même, lorsque le moment fut arrivé pour l'Amérique de détacher à John Bull le coup de pied qui l'en délogea, Washington se présenta et s'acquitta de cette besogne à ravir; et encore, lorsque le comte d'Alborough fut atteint de la maladie que vous savez, le professeur Holloway se présenta avec ses pilules, et il sauva les jours de Sa Seigneurie : voyez les annonces ! Ils sont à l'infini, les exemples à l'aide desquels on prouverait qu'une nation ne ressent pas un important besoin, qu'elle ne trouve aussitôt sous sa main tout juste de quoi le satisfaire; c'est comme dans cette miniature de la vie humaine que l'on appelle comédie : l'acteur a-t-il besoin de quelque chose, comme d'une bassinoire, d'un manche à balai, d'une oie de carton ou d'une écharpe ? aussitôt un garçon de théâtre s'avance de la coulisse et, d'un air majestueux, lui apporte l'objet en question.

Voyez encore tous ceux qui commencent n'importe quoi ; il ne leur en coûtera pas pour vous prouver que leur entreprise répond à d'impérieuses nécessités et que l'univers entier en appelle à grands cris l'exécution. S'il s'agit, par exemple, d'un chemin de fer, les directeurs vont vous démontrer tout d'abord, avec des arguments irrésistibles, que des communications plus étroites entre Bathershins et Derrynane Beg sont indispensables au bonheur de l'humanité et aux progrès de la civilisation : c'est le vœu, disent-ils, de toutes les populations de l'Irlande. Ou bien encore, est-ce un journal qui se fonde, le prospectus débute ainsi :

« A une époque où l'Église est entourée de dangers, menacée au dehors par le fanatisme sauvage d'une incrédulité sacrilége, minée au dedans par les sourdes menées du jésuitisme et les divisions intestines du schisme, un cri unanime s'est élevé, cri d'un peuple souffrant qui cherchait autour de lui un gardien et un défenseur pour les droits de l'Église outragée. En conséquence, une réunion de prélats et de laïques a cru devoir s'organiser pour la résistance à l'heure suprême du danger, et elle a pris la résolution

de publier le journal *le Bedeau*. On s'abonne, etc., etc. »
Quoi qu'il en soit, il n'en faut pas moins admettre comme
incontestable l'une des deux propositions suivantes : ou le
besoin d'une chose se fait sentir pour le public, et aussitôt
il la trouve; ou le public trouve cette chose par la raison
qu'il en avait besoin.

Il y a longtemps que je nourris au fond de mon âme la
conviction que j'ai une œuvre à accomplir, une OEUVRE,
avec majuscules s'il vous plaît, une mission à remplir, un
gouffre où, nouveau Curtius, je dois me précipiter et m'engloutir, homme et bête; une grande plaie sociale à mettre
à nu et à panser. Cette préoccupation m'assiége depuis
longues années. Je l'entends qui s'acharne à mes trousses,
au milieu du tumulte des rues; elle se dresse devant moi
dans la solitude du cabinet; elle m'a arrêté bien souvent le
bras quand je soulevais la coupe du festin; je l'ai sentie à
mes côtés dans mes excursions vagabondes à Rotten-Row;
elle m'a suivi jusqu'aux rives les plus lointaines; sur le
galet de Brighton, comme sur le sable de Margate, cette
voix mystérieuse couvrait le mugissement des flots de son
refrain monotone. Elle ne respecte pas même mon bonnet
de nuit, et de là, en tapinois, murmure à mon oreille :
Debout, dormeur, debout! car ton œuvre n'est pas accomplie. L'an passé, par un beau clair de lune, au milieu
des ruines du Colisée, cette voix secrète et vigilante s'éleva
jusqu'à moi, et me dit : « Smith ou Jones (l'auteur désirant
garder l'anonyme, aucun de ces noms n'est le sien), Smith
ou Jones, mon brave garçon, tout cela est bel et bien, mais
vous devriez être à votre table, à écrire votre grand ouvrage
des *Snobs*. »

Quand un homme se sent ainsi appelé à une sorte de
mission, c'est folie à lui de chercher à s'y soustraire. Il
faut qu'il catéchise les peuples de la terre, qu'il *se déboutonne*, comme dirait notre ami Jeames Crow, ou qu'il étouffe
jusqu'à ce que mort s'ensuive. « Veuillez, je vous prie,
considérer, me suis-je souvent écrié mentalement en m'adressant à votre humble serviteur, la route préparatoire
que vous avez successivement parcourue, et qui vous a

conduit comme par une pente irrésistible à aborder ce grand travail. Au commencement, Dieu fit le monde, et avec lui les Snobs; ils sont de toute éternité, sans être plus connus que l'Amérique avant sa découverte. Aujourd'hui seulement, *postquam ingens patuit Tellus*, la foule a fini par avoir un vague sentiment de l'existence de cette race; mais il y a vingt-cinq ans à peine qu'un nom, monosyllabe bien expressif, fut mis en circulation pour la désigner; ce nom parcourut ensuite l'Angleterre dans tous les sens, comme firent après les voies ferrées : les Snobs sont désormais connus et reconnus dans toutes les parties d'un empire où je me suis laissé dire que le soleil ne se couchait jamais. A l'heure marquée, le *Punch* a paru pour enregistrer leur histoire, et voici l'homme prédestiné à écrire cette histoire dans le *Punch* [1]. »

J'ai du coup d'œil en fait de Snobs, et c'est là une qualité dont je me félicite et dont je me sais le gré le plus profond et le plus sincère. Si le *vrai* est le *beau*, il est donc beau d'étudier le *Snobisme* comme le reste, de deviner le Snob jusque sous le manteau dont l'abrite l'histoire, à l'instar de ces petits chiens du Hampshire dressés à éventer les truffes; de jeter la sonde dans la société et de découvrir les riches filons de la mine snobienne. Le Snobisme, comme la mort, dont parle Horace (et j'aime à croire que cette citation frappe votre oreille pour la première fois), « heurte d'un pied égal et la chaumière du pauvre et le palais des grands. » Il s'exposerait à de singulières méprises, celui qui irait juger les Snobs à la légère et penserait qu'ils n'existent que dans les couches inférieures de la société. On serait effrayé de ce qui se rencontre de Snobs sur cent individus pris au hasard dans toutes les conditions de l'humaine nature. N'allez point vous faire sur les Snobs une opinion hâtive, ainsi que le premier venu; agir ainsi serait vous exposer vous-même à passer pour un Snob. Moi qui vous parle, on m'a bien pris pour un des leurs.

[1]. *L'Histoire des Snobs* parut pour la première fois dans le *Punch*.
(*Note du traducteur.*)

C'était aux eaux de Bagnigge-Wells, à l'hôtel Impérial; je me trouvai avoir pour vis-à-vis, à déjeuner, un Snob d'une espèce si insupportable, que je sentis tout de suite que je n'aurais aucun bon effet à attendre des eaux aussi longtemps qu'il prolongerait son séjour dans cet endroit. Il s'appelait Snobley, lieutenant-colonel de je ne sais quel régiment de dragons. Il portait des bottes et des moustaches où l'on aurait pu se mirer, mangeait ses mots, traînait ses phrases, et laissait au commun des martyrs le soin de prononcer les *r*; il ne se lassait point de faire la roue, et, lustrant ses moustaches au moyen d'un énorme bâton de cosmétique, il répandait dans la chambre une odeur de musc tellement suffocante, que je pris la résolution d'en venir aux dernières extrémités avec ce Snob, afin que l'un de nous deux fût forcé de quitter l'hôtel. Je débutai d'abord par des sujets insignifiants; ce qui le dérouta complétement, ne sachant s'il devait rire ou se fâcher de cette attaque imprévue; en effet, il ne lui était pas venu à l'esprit qu'un simple mortel pût se mettre à son aise avec lui au point d'oser lui adresser *le premier* la parole. Ensuite je lui passai familièrement le journal; puis, comme il persistait à ne tenir aucun compte de mes avances, je me pris à le regarder en face, tout en faisant usage de ma fourchette, savez-vous comment?... en guise de cure-dent. Je répétai ce manége deux jours de suite; le colonel ne put y tenir plus longtemps : le troisième jour, il était parti avec armes et bagages.

Si ces lignes viennent à tomber sous les yeux du colonel, daignera-t-il se rappeler le gentleman qui se permettait de le questionner sur ses opinions littéraires, et qui le força de battre en retraite devant une fourchette à quatre dents?

CHAPITRE PREMIER.

Où l'on s'amuse et rit à l'endroit des Snobs.

On peut être Snob ou relativement ou positivement. Par Snobs positifs, j'entends ceux qui restent Snobs n'importe où ils se trouvent, qui ne cessent jamais de l'être du matin au soir, du berceau à la tombe, que la nature a faits Snobs par essence, tandis que d'autres ne font preuve de Snobisme que dans des cas particuliers ou en de certaines occurrences.

Comme exemple, je citerai un homme qui jadis commit devant moi une action aussi abominable que celle dont je viens de faire mon *mea culpa* au précédent chapitre, et par laquelle je me proposais de dégoûter de ma société le colonel Snobley; je veux parler de l'usage que je fis de ma fourchette en guise de cure-dent. Cet homme donc étant à table avec moi au café de l'Europe, restaurant situé, comme chacun sait, en face du grand Opéra, et le seul où un gentleman qui se respecte puisse dîner à Naples, cet homme, dis-je, mangeait ses pois avec son couteau. Je m'étais tout d'abord épris de lui, après une rencontre dans le cratère du mont Vésuve; nous avions été dévalisés de compagnie et mis à rançon par des brigands de la Calabre, ce qui n'a d'ailleurs aucun rapport avec le fait en question : j'avais pu, en ces circonstances, apprécier sa vive intelligence, la bonté de son cœur et la variété de ses connaissances, mais je ne l'avais point encore vu avec une assiette de pois devant lui; et la manière dont il se comporta en leur présence me causa le plus violent chagrin.

Après un pareil acte de sa part, et cela dans un lieu public, il ne me restait qu'un parti à prendre, c'était de rompre nos rapports. Je chargeai un ami commun, l'honorable Polyathous, d'avertir ce gentleman, avec tous les ménagements possibles, que tout était fini entre nous, et que des faits regrettables, mais qui ne portaient en aucune manière atteinte à l'honneur de M. Marrowfat et à la considération que j'avais pour lui, m'obligeaient à renoncer à l'intimité qui s'était établie entre nous. En conséquence, nous étant rencontrés ce soir-là même au bal de la duchesse de Montefiasco, nous prîmes mutuellement congé l'un de l'autre.

Il ne fut bruit à Naples que de cette séparation de Damon et de Pythias; Marrowfat m'avait plus d'une fois sauvé la vie : mais, en bonne conscience, qu'eût fait à ma place tout gentleman anglais?

Cet excellent ami, en cette circonstance, avait agi en Snob relatif. Les personnes du plus haut rang chez tous les autres peuples pourront se servir de leur couteau de la façon dont je viens de parler, sans pour cela encourir le reproche de Snobisme. Montefiasco ne manquait jamais de gratter son assiette avec son couteau, et tous les autres princes de la même société d'en faire autant. J'ai vu à la table hospitalière de S. A. I. la grande-duchesse Stéphanie de Bade, qui est priée, si jamais ces humbles lignes viennent à frapper sa rétine impériale, de conserver un gracieux souvenir au plus dévoué de ses serviteurs; j'ai vu, dis-je, la princesse héréditaire de Potztausend-Donnerverter, cette femme d'une beauté si pure, se servir de son couteau en guise de fourchette et de cuiller; je l'ai vue prête à l'avaler, j'en atteste Jupin, ni plus ni moins que ce jongleur indien qui dévore des sabres. M'a-t-on vu sourciller? Ma considération pour la princesse en a-t-elle diminué? Non! aimable Amalia. Jamais passion n'a été plus respectueuse et plus sincère que celle que cette dame a jetée dans mon cœur. Qu'elle était belle! Puisse longtemps, bien longtemps encore, son couteau porter sa nourriture à ses lèvres, les plus roses et les plus souriantes que j'aie vues sur terre!

La cause de ma querelle avec Marrowfat resta ensevelie au fond de mon âme pendant quatre années entières. Nous nous rencontrions dans les palais aristocratiques de nos amis et de nos parents. Nous étions côte à côte dans les joies de la danse et du festin, mais toujours étrangers l'un à l'autre; il semblait que tout fût fini entre nous : enfin arriva le 4 juin de l'an dernier.

C'était chez sir George Golloper : il était placé à la droite, votre humble serviteur à la gauche de la ravissante lady Golloper. Des pois figuraient sur la table : c'était, je m'en souviens, autour de jeunes canetons. Un frisson parcourut tous mes membres quand je vis servir Marrowfat; je détournai la tête, le cœur tout malade, craignant de voir le terrible couteau disparaître sous ses affreuses maxillaires.

O surprise, ô bonheur ! mon homme se servit de sa fourchette de la façon la plus catholique. Il laissa reposer sur la nappe l'acier tranchant qui nous avait jadis brouillés. Les vieux souvenirs se pressèrent alors en foule dans mon esprit ; je me rappelai ses anciens services, notre aventure avec les brigands, sa conduite de galant homme dans l'affaire de la comtesse Dei Spinachi, le prêt qu'il m'avait fait de 1700 livres. Je fus sur le point d'éclater en larmes de joie, et d'une voix tremblante d'émotion :

« George, mon garçon ! m'écriai-je, George Marrowfat, mon cher ami, un verre de vin ! »

La rougeur le gagna, et, remué jusqu'au fond des entrailles, George me répondit d'une voix presque aussi tremblante que la mienne :

« Eh bien, Franck, que voulez-vous ? du johanisberg ou du madère ? »

Je l'eusse pressé sur mon cœur si nous n'avions été en si nombreuse compagnie. Lady Golloper ne se doutait guère du motif de l'émotion qui envoya le canard que j'étais en train de découper se promener sur sa robe de satin rose. Cette excellente femme me pardonna ma maladresse, et le maître d'hôtel emporta l'oiseau.

Depuis lors nous fûmes avec George les meilleurs amis du monde. Il s'était à jamais corrigé de cette détestable habitude qu'il avait contractée dans une pension de campagne où l'on cultivait les petits pois, et où l'on ne mangeait qu'avec des fourchettes à deux pointes. Un long séjour sur le continent, où l'usage des fourchettes à quatre dents est beaucoup plus répandu, avait pu seul le corriger de cette affreuse manie.

A ce point de vue, mais à ce point de vue seulement, je me déclare bien haut le sectateur de la fourchette d'argent [1], et si ce récit est capable d'arrêter quelqu'un de mes lecteurs, de l'engager à descendre en lui-même, à se poser cette question dans le calme de la méditation : « Ai-je ou non l'habitude de manger mes pois à la pointe de mon couteau ? » s'il envisage les catastrophes auxquelles l'exposerait, lui et sa famille, une obstination coupable dans cet abus, ces lignes n'auront point été écrites en vain ; et maintenant, sans me porter le moins du monde garant de la manière d'agir de mes confrères du *Punch*, j'ose me flatter que, pour ma part, on me tiendra pour incapable de rien faire en opposition avec les traditions reçues.

A ce propos, comme il est certains lecteurs dont les facultés compréhensives sont peut-être un peu dures, je ferai aussi bien de dire tout de suite la morale de ce que je viens de raconter. En deux mots, la voici : la société ayant prescrit certains usages, les membres qui la composent sont tenus d'obéir à ses lois et de se conformer à ses préceptes du reste fort inoffensifs.

Si j'allais me présenter à l'Institut britannique et étranger (et le ciel me préserve d'en chercher le prétexte et d'en porter la livrée !), si j'allais à une de ses soirées en robe de chambre et en pantoufles au lieu du costume obligé de tout honnête gentleman, à savoir les escarpins, le gilet brodé, le chapeau à claque, un jabot rapporté et une cravate qui vous étrangle, je ferais là une insulte à la société tout entière : ce serait *manger mes pois avec mon couteau*. Les portiers de l'Institut auraient donc raison de mettre à la

---

1. En Angleterre, dans les basses classes, on ne fait usage que de fourchettes de fer à manche de bois et à deux pointes. Ce n'est que parmi les gens d'une condition aisée que l'on se sert de fourchettes d'argent à quatre dents. Or, comme il est fort difficile de manger des petits pois avec une fourchette à deux dents, on a recours au couteau, ce qui est plus commode, mais moins propre. (*Note du traducteur.*)

porte quiconque se rendrait coupable d'un pareil outrage ; pousser à ce point le mépris de la société, c'est être Snob jusqu'à l'impénitence finale. La société a ses lois et son code à elle, ni plus ni moins que les gouvernements, et l'on doit s'y conformer, quand, d'autre part, on prétend faire son profit des règles établies pour le bien-être général.

Je ne puis souffrir la préoccupation d'eux-mêmes qu'ont certaines gens, et j'ai une aversion profonde pour les éloges qu'on décerne à sa petite personne; et cependant je ne puis me dispenser de rapporter ici une circonstance qui jettera un jour heureux sur le point que nous traitons, et où je crois avoir fait preuve d'une prudence consommée.

Il y a quelques années de cela, j'étais à Constantinople, chargé d'une mission délicate. Entre nous, les Russes ne jouaient pas franc jeu, et notre gouvernement avait senti la nécessité d'un envoyé extraordinaire. Leckerbiss, pacha de Roumélie, alors ministre des affaires étrangères, donna un dîner diplomatique à son palais d'été de Buyuk-déré ; j'étais à la gauche du ministre, et l'agent russe, le comte de Didloff, à la droite. Didloff était un petit-maître que l'odeur d'une rose faisait tomber en pâmoison. Par trois fois, il avait tenté de me faire assassiner dans le cours des négociations ; mais, comme cela devait être, nous étions en public les meilleurs amis du monde, et nous échangions les saluts les plus tendres et les plus gracieux.

Le ministre est, ou plutôt était, car le cordon de soie a eu raison de lui, l'un des soutiens du vieux parti turc. Nous mangions avec nos doigts, et nous nous servions de tartines de pain en guise d'assiettes. La seule dérogation qu'il se permît à ses principes était en faveur de nos vins d'Europe, auxquels il s'adonnait avec une prédilection bien marquée. A table, il tenait de l'ogre. Parmi les plats, on en distinguait un de très-grande dimension qui, placé devant lui, contenait un agneau dans sa laine, farci de pruneaux, d'ail, d'assa-fœtida, de poivre long, et autres condiments de même genre; ce qui formait le plus horrible mélange que l'on pût imaginer pour l'odorat et le goût. Le ministre mangea avec férocité, et, d'après la mode orientale, insista pour servir lui-même ses amis de droite et de gauche. Ayant donc choisi un morceau particulièrement épicé, il voulut le porter de sa propre main à la bouche de ses convives.

Je n'oublierai jamais la mine que fit le pauvre Didloff lorsque Son Excellence, après avoir pétri en boulettes une portion fort respectable du susdit ragoût, et laissant échapper les exclamations « Buk buk ! » (ce qui veut dire en turc : *Bon, très-bon*), finit par lui administrer cette affreuse pilule. Quand il la sentit à ses lèvres, les yeux du Russe sortaient de leur orbite ; il l'avala avec des contorsions de possédé, et, saisissant au hasard une bouteille qu'il prit pour du sauterne, et qui était de l'eau-de-vie de Cognac, il la but presque tout d'un trait avant de s'apercevoir de son erreur. C'est ce qui l'acheva. On l'enleva presque mort de la salle du festin, et on alla le mettre au frais sur une terrasse du Bosphore.

Lorsque ce fut mon tour, j'avalai la boulette avec un sourire sur la figure, tout en donnant au diable, mais en arabe, l'Excellence qui me l'offrait. Puis je passai ma langue sur mes lèvres avec l'épanouissement de la satisfaction, et lorsqu'on servit le plat suivant, j'exécutai moi-même une boulette avec une telle dextérité, et je la plongeai avec tant de grâce dans la bouche du vieux ministre, que dès ce moment son cœur me fut gagné. La Russie tomba en disgrâce, et l'on signa le traité de Kabobanople. Quant à Didloff, ce fut pour lui l'arrêt suprême. On le rappela à Saint-Pétersbourg, et sir Roderic Murchison l'a vu travaillant aux mines de l'Oural sous le n° 3967.

Ai-je besoin de vous dire la morale de cette histoire ? C'est que dans la société il y a une foule de choses désagréables qu'il nous faut avaler le sourire sur les lèvres.

CHAPITRE II.

Le Snob royal.

Il y a déjà longtemps de cela, c'était au commencement du règne de notre gracieuse souveraine, par un beau soir d'été, comme diraient les poëtes, il se trouva que trois ou quatre jeunes cavaliers vidaient une bouteille dans un hôtel du royal village de Kensington, tenu par mistress Anderson, et portant pour enseigne : *aux Armes du roi*. L'air était embaumé des parfums du soir, et nos voyageurs purent assister à une scène des plus joyeuses. Les vieux ormes de l'avenue du parc, à l'opulente ramée, formaient la haie aux nombreux équipages qui, dans un tourbillon rapide, portaient la noblesse anglaise au palais voisin. Le duc de Sussex, qui naguère encore trouvait à peine dans ses revenus modestes le moyen d'offrir quelques thés, donnait alors à sa royale nièce un festin de prince. Quand les carrosses de la noblesse eurent déposé leur contenu dans la cour du palais, les chasseurs et les laquais vinrent vider un flacon de bière brune dans les jardins des *Armes du roi*.

Ils étaient à quelques pas de nous. De notre tonnelle nous pouvions tout à notre aise observer ces drôles. Par saint Boniface, c'était un rare coup d'œil !

Les tulipes du jardin de maître Van Dunk n'ont pas de couleurs plus éclatantes que les livrées de cette valetaille bigarrée. Toutes les fleurs des champs semblaient fleurir sur ces poitrines émaillées, toutes les nuances de l'arc-en-ciel resplendissaient sur ces culottes de peluche ; quelques-uns, armés de longues cannes, allaient et venaient dans les jardins avec une majesté ravissante et faisaient montre de leurs gras de jambes avec cet orgueil satisfait qui a toujours le don d'exercer sur nous une irrésistible fascination : les allées n'étaient pas assez larges pour les contenir, et les nœuds d'épaules ondulaient en vagues jaunes, rouges et bleues.

Tout à coup, pendant qu'ils étaient assis à étaler leur insolence, une petite porte s'ouvrit en faisant retentir ses grelots : c'étaient les laquais de Sa Majesté qui, après avoir déposé leur royale maîtresse, faisaient leur entrée en personne avec leurs habits cramoisis, leurs épaulettes et leurs culottes de peluche noire.

Ce fut pitié de voir tous nos seigneurs d'antichambre s'effacer humblement devant les nouveaux arrivants. Ces honnêtes culottes en peluche de la domesticité privée n'osèrent tenir devant la valetaille royale. Elles abandonnèrent la grande allée et se réfugièrent en tapinois dans quelque petit coin bien obscur, pour y boire leur bière en silence. Les culottes royales prirent possession du jardin jusqu'à ce qu'on vînt annoncer le dîner des susdites culottes; alors elles se retirèrent dans le pavillon qui leur avait été réservé, et d'où l'on n'entendit plus sortir que des toasts, des discours conservateurs et des explosions d'enthousiasme monarchique.

Quant aux autres culottes, elles s'étaient évanouies comme par enchantement.

Excellente valetaille, d'abord si sottement insolente, et ensuite si basse et si abjecte, vous êtes bien la fidèle image de vos maîtres en ce monde. *Celui qui admire petitement de petites choses n'est qu'un Snob.* C'est là peut-être l'exacte définition de ce mot et du type qu'il représente.

Voilà pourquoi, pénétré du plus profond respect, j'ai pris sur moi d'inscrire le Snob royal en tête de ma liste, obligeant tous les autres à se ranger devant lui, comme la susdite valetaille se rangeait devant le cortége royal dans Kensington-Garden. Dire, d'ailleurs, de tel ou tel gracieux monarque que c'est un Snob, c'est dire tout simplement que le sire en question est un homme. Et pourquoi les rois ne seraient-ils pas hommes et Snobs tout à la fois?. Dans un pays où les Snobs sont en majorité, il n'est pas si mal assurément de voir le plus Snob de tous gouverner les autres. Chez nous, ils ont obtenu un succès d'admiration.

Ainsi, Jacques Ier était Snob, et Snob d'Écosse, et je ne sais s'il fut jamais au monde quelque chose de plus odieux. Il ne possédait, à ce qu'il paraît, aucune bonne qualité de l'humaine nature; il n'avait ni courage, ni grandeur d'âme, ni probité, ni bon sens, et lisez cependant ce que disent de lui les ministres et les docteurs du temps. Charles II, son petit-fils, était un coquin, mais non pas un Snob, tandis que Louis XIV, son vieux contemporain aux souliers carrés, le grand prêtre de la perruque classique, m'a toujours frappé comme le type le plus incontestable du Snob royal.

Je ne veux pas prendre uniquement dans notre pays les exemples de Snobs royaux. Nous allons donc nous transporter dans un État voisin, celui de Brentford, et voir un peu ce qu'était le monarque du pays, le grand et regrettable Gorgius IV. Avec la même humilité que la tourbe des laquais dont nous venons de parler s'empressait de céder le pas aux culottes royales, l'aristocratie du royaume de Brentford s'inclinait et courbait l'échine devant Gorgius, qu'elle n'hésitait pas à proclamer le premier gentilhomme de l'Europe. C'est quelque chose de merveilleux que l'idée que cette caste se fait d'un gentilhomme, lorsqu'on voit Gorgius IV décoré par elle d'un pareil titre.

Est pour nous gentilhomme qui a de l'honneur, de la loyauté, de la générosité, de la bravoure dans le cœur, de la droiture dans l'esprit, et qui, réunissant toutes ces qualités, sait les développer avec une grâce que nul n'aurait à sa place. Un gentilhomme ne doit-il pas être fidèle à tous ses devoirs de fils, d'époux et de père? Ne doit-il pas mener une vie irréprochable, payer ses dettes, ne se plaire qu'aux choses élevées et élégantes, et n'avoir que des désirs dignes d'un cœur noble et dévoué? En un mot, la biographie du premier gentilhomme de l'Europe ne doit-elle pas être une lecture recommandable pour les pensionnats de demoiselles, une source de leçons fructueuses pour les colléges de jeunes gens? Je pose cette question à tous les maîtres de la jeunesse, à mistress Ellis et à toutes les institutrices anglaises, à tous les maîtres de pension, depuis le docteur Hawtrey jusqu'à M. Squeers.

J'évoque devant moi le redoutable tribunal de la jeunesse et de l'innocence, assisté de ses vénérables maîtres ; ces dix mille enfants aux joues roses que la charité publique élève à Saint-Paul ; ils siégent pour le jugement, et Gorgius plaide sa cause à la barre. Hors de cour ! hors de cour, ce vieux Florizel ! Appariteurs, faites sortir du prétoire ce gros père à la face bouffie et bourgeonnée ! S'il faut que Gorgius ait sa statue dans le nouveau palais que bâtit en ce moment le peuple de Brentford, il pourra trôner avec avantage dans le vestibule, au milieu de la valetaille. On pourra le représenter traçant une coupe d'habit, talent qu'il possédait, dit-on, au suprême degré. On lui doit encore l'invention du punch au marasquin et d'une nouvelle boucle de souliers : il était alors dans la vigueur de la jeunesse et dans le premier jet de l'imagination ; il inventa aussi un pavillon chinois, la plus hideuse bâtisse qu'on puisse voir. Il conduisait à grandes guides presque aussi bien que le premier cocher de Brighton ; il tirait le fleuret avec assez de grâce, et jouait passablement du violon. Son sourire exerçait une si puissante fascination sur ceux qui étaient admis à voir son auguste personne, qu'ils tombaient en son pouvoir corps et âme, ni plus ni moins qu'un pauvre lapin devient la proie du terrible boa constrictor.

Je parierais que si M. Widdicomb, celui qui joue si bien les traîtres au théâtre d'Adelphi, était porté par une révolution au trône de Brentford, la foule se laisserait également fasciner par l'irrésistible majesté de son sourire et tremblerait en se prosternant pour lui baiser la main. Puis, s'il lui prenait fantaisie d'aller à Dublin, on lui élèverait un obélisque à l'endroit même où il aurait débarqué, comme firent les Paddi-Landers en mémoire de la visite de Gorgius. Nous avons tous lu avec transport cette histoire du voyage du roi dans le Haggisland, et le récit de l'enthousiasme frénétique qu'inspira sa présence. Ce fut en cette circonstance que l'homme le plus en renom de cette contrée, le baron de Bradwardine, s'étant rendu à bord du yacht royal, et trouvant un verre dans lequel Gorgius venait de boire, le mit dans la poche de son habit, comme il eût fait de la plus précieuse relique; après quoi il retourna dans son embarcation. Mais, hélas! le baron, s'étant assis sur le verre, le cassa, ce qui causa un notable dommage aux basques de son habit. O féal Bradwardine! il fallait qu'elle fût bien profondément enracinée dans votre esprit, la superstition du passé, pour vous réduire à cette prosternation devant une pareille idole!

Et si maintenant il vous prend fantaisie de philosopher sur l'instabilité des choses humaines, allez voir l'image de Gorgius dans son costume véritable et authentique à la galerie des figures de cire. Entrée : un schelling; les enfants et la valetaille ne payent que demi-place. Allez, vous ne payerez que demi-place.

CHAPITRE III.

Des influences aristocratiques sur le Snob.

Dimanche de l'autre semaine, me trouvant dans une église de la Cité à l'issue de l'office, je saisis ces mots échangés entre deux Snobs au sujet du ministre de la chapelle :

« Quel est ce prêtre? demandait le premier.

— C'est M. *Trois étoiles*, répondit l'autre Snob, le chapelain particulier du comte de *Comme il vous plaira*.

— Ah! vraiment! » reprit le premier Snob avec une expression indéfinissable de satisfaction.

Dès lors il n'y eut plus de doute dans l'esprit de ce Snob sur l'orthodoxie et la personne de ce ministre. Il n'en savait cependant pas plus long sur le comte que sur son chapelain; mais il se faisait une idée de l'un d'après l'importance qu'on accordait à l'autre. Il rentra chez lui tout content du ministre, comme un petit Snob dont la bassesse ne laisse rien à désirer.

Cet incident me donna à réfléchir beaucoup plus encore que le sermon, et me laissa tout surpris des dimensions et de l'influence qu'avait prises dans ce pays la Lordolâtrie. En effet, qu'importait à ce Snob que ce ministre fût ou non le chapelain de ce seigneur? Voilà comment, dans notre pays qui se dit libéral, on se livre à l'adoration de la Pairie. Tous, plus ou moins, nous nous y laissons prendre, et l'on nous trouve plus ou moins à plat ventre devant elle. Pour nous placer au point de vue de l'important sujet que nous traitons, je crois que l'influence de la Pairie sur le Snobisme a été des plus étendues et des plus directes. La conservation, le progrès et le développement du Snobisme sont un bienfait dont nous sommes redevables à la noblesse, et qui, suivant l'expression pleine de justesse de lord John Russell, *ne sera jamais apprécié pour ce qu'il vaut.*

Comment en serait-il autrement? Un homme devient colossalement riche. A la suite d'un ministre, il se livre avec succès à mille petits tripotages; il gagne une bataille; il conclut un traité, ou, en légiste habile, il sait encaisser de gros honoraires, et trouver ainsi le chemin du banc de la Reine : le pays le récompense alors en lui accordant une couronne d'or rehaussée de plus ou moins de feuilles et de fleurons, et le comble par-dessus le marché des titres et dignités qui conviennent à un législateur.

« Vos mérites sont si grands, dit la nation, que vos enfants seront appelés pour leur part à régner sur nous. Qui s'aviserait de supposer un seul instant que votre fils aîné puisse être un imbécile? nous tenons vos services pour si considérables, que nous voulons que vos honneurs soient réversibles sur sa tête quand la mort fera le vide dans vos nobles chaussures. Si vous êtes pauvre, nous vous donnerons assez d'or pour que vous et les aînés de votre race puissiez vivre à jamais au sein d'une grande opulence. Nous voulons que dans cet heureux pays il y ait une caste privilégiée, à qui revienne partout le premier rang, partout les gros morceaux et les bonnes aubaines dans les faveurs et les petits trafics du gouvernement. Nous ne pouvons créer pairs tous vos chers enfants, cela rendrait la Pairie trop commune et encombrerait d'une manière incommode la Chambre des Lords ; mais vos cadets, du moins, auront tout ce qu'un gouvernement peut offrir. Ils feront rafle de toutes les places. Ils auront à dix-neuf ans des brevets de capitaine ou de lieutenant-colonel, tandis que de pauvres lieutenants auront blanchi sous le harnais pendant trente ans de leur vie à diriger l'exercice. On leur donnera à commander des vaisseaux à l'âge de vingt et un ans ; ils auront sous leurs ordres des vétérans qui auront été au feu alors qu'ils n'étaient pas même au monde. Et, comme de plus nous sommes un peuple éminemment libéral, et que nous prétendons encourager chacun à faire son devoir, nous dirons à tout homme de toute condition : « Devenez colossalement riche, gagnez en qualité de légiste de gros honoraires, prononcez de longs discours, distinguez-vous, remportez des batailles, et alors rien ne s'opposera à ce que vous entriez en personne, en personne, entendez-vous ? dans la classe privilégiée, et vos enfants tout naturellement exerceront sur les nôtres la souveraine puissance. »

Comment empêcher la Snobocratie, avec des institutions nationales qui semblent n'avoir été faites que pour sa glorification ? Comment empêcher toutes ces échines de se courber devant les lords ? C'est la boue dont nous sommes faits qui le veut ainsi. Où est l'homme capable de résister à cette violente tentation ? Entraînés par ce qu'on appelle une noble émulation, quelques-uns s'élancent dans la lice et s'engagent dans cette course furieuse aux honneurs, et les voilà enfin qui ont mis la main dessus ; d'autres, trop faibles ou trop petits pour la lutte, se contentent d'une admiration aveugle et d'une prosternation complète devant les vainqueurs ; d'autres enfin, incapables de jamais rien conquérir, s'abandonnent à tous les excès de la haine, de l'outrage et de la jalousie. Çà et là, on aperçoit seulement quelques rares philosophes qui restent impassibles spectateurs de cet état de la société, de cette servilité organisée, de ce culte honteux de l'homme et du veau d'or placé sous la protection de la loi, de cette Snobocratie, en un mot, qui se perpétue dans la suite des siècles. Ce phénomène est pour eux l'objet d'observations qui les laissent aussi calmes qu'avant; et toutefois je parierais qu'il n'est pas un de ces moralistes à l'air si bénin, dont le cœur ne tressaillît de plaisir, si on pouvait le voir, dans Pall-Mall, avec un duc sous chaque bras. Non, non, il est impossible, dans l'état de notre société, de n'être pas, à un moment donné, atteint d'un grain de Snobisme.

L'état de notre société veut que le dernier manant soit aussi Snob dans sa bassesse que le noble lord est Snob dans son outrecuidance. Quand une noble marquise déplore, dans ses impressions de voyage, la triste nécessité qui réduit les passagers d'un navire à se trouver en contact avec du monde de toute condition et de toute catégorie, laissant apercevoir que cette communauté de vie avec d'autres créatures de Dieu est on ne peut plus désagréable à Sa Seigneurie, qui s'estime d'une trempe supérieure; quand, dis-je, la marquise de.... écrit de pareilles choses, nous ne pouvons croire que la nature ait pu déposer dans le cœur d'aucune femme de pareils sentiments; mais nous y voyons le résultat des habitudes de servilité et de bassesse que tout l'entourage de cette belle et majestueuse lady, propriétaire d'un monceau de diamants noirs et autres bijoux, s'est appliqué à prendre à son égard; ce qui a fini par persuader à la pauvre dame qu'elle est réellement supérieure au commun des martyrs, et que le vulgaire ne doit approcher d'elle qu'à une distance respectueuse. Je me souviens, à ce propos, d'une aventure qui m'arriva au Grand-Caire, où j'étais de passage en même temps qu'un prince royal qui se rendait aux Indes. Au milieu de la nuit, toute l'auberge où je me trouvais fut mise en émoi par un grand vacarme. Un homme venait de tomber dans un puits voisin. Tous les voyageurs de l'hôtel de descendre en grande hâte dans la cour, et parmi eux votre humble serviteur, qui s'avisa de demander à un jeune homme tout proche de lui le motif de ce tumulte. Comment aller deviner que ce jeune homme était un prince ? il n'avait ni couronne ni sceptre, et portait une jaquette blanche et un chapeau de feutre. Quoi qu'il en soit, il parut tout surpris qu'un simple mortel osât lui adresser la parole. Il me répondit par un monosyllabe inarticulé et *fit signe à son aide de camp de venir me parler.* C'est notre faute et non celle des grands, s'ils se persuadent ainsi qu'ils valent beaucoup mieux que nous. Si vous allez vous jeter vous-mêmes sous les roues du char de Jaggernaut, le dieu vous écrasera ; prenez-y garde, et si chaque matin, ami lecteur, on vient devant chacun de nous faire des salamalecs à n'en plus finir, et que le peuple, toutes les fois que nous paraissons, se prosterne dans une servile adoration, nous nous laisserons tout naturellement aller, par une pente insensible, à prendre des airs de supériorité, et nous accepterons le piédestal sur lequel la foule se plaît à nous placer.

Les impressions de voyage de lord L... nous présentent un exemple de la manière tranquille, béate et résolue, dont un grand homme sait accepter les hommages de ses inférieurs. Après avoir fait des remarques aussi judicieuses que profondes sur la ville de Bruxelles, Sa Seigneurie continue son récit de la manière suivante :

« Étant pour quelques jours à l'hôtel de Bellevue, établissement en grand renom, et qui, cependant, ne vaut pas, à beaucoup près, l'hôtel de France, j'y fis connaissance du docteur L..., médecin de l'ambassade. Il voulut à toute force me faire les honneurs de l'endroit, et il commanda pour nous un dîner de gourmet chez le premier restaurateur de la ville, nous le donnant comme bien au-dessus du Rocher de Cancale de Paris. Sept ou huit autres personnes étaient de la partie, et il n'y eut qu'une voix pour reconnaître que la cuisine parisienne était bien préférable, quoique celle de Bruxelles fût d'un prix exorbitant. Voilà pour ceux qui ont la manie de prétendre toujours surpasser les autres. »

Voici maintenant pour l'amphitryon. Le bon docteur L...,

voulant faire à Sa Seigneurie les honneurs de l'endroit, lui commanda un dîner des plus délicats que l'on puisse avoir à prix d'argent, et, pour reconnaître cette prévenance, milord trouva le repas trop cher et détestable. Trop cher : pas pour lui assurément; détestable : le docteur avait fait de son mieux pour contenter les nobles mâchoires qu'il traitait, et milord ne sut reconnaître cette politesse que par un procédé brutal pour l'hôte qui la lui faisait. C'est comme ces pachas à trois queues qui grognent de ce qu'on ne paye pas un assez gros tribut à leur oisiveté.

Mais comment peut-il en être autrement dans un pays où la Lordolâtrie est un article de foi, et où les enfants sont élevés à respecter l'*Almanach de la Pairie* comme une seconde Bible ?

CHAPITRE IV.

Nouvelles de la cour ; leur influence sur les Snobs.

L'exemple est le meilleur des préceptes ; nous allons donc, par des faits véritables et authentiques, vous montrer de quelle manière sont dressés les jeunes Snobs de l'aristocratie, et comment, dès leur plus tendre jeunesse, on cultive chez eux les germes du Snobisme. Une élégante et belle lady.... Pardonnez-moi, gracieuse dame, de mettre le public dans la confidence de votre histoire ; mais elle est d'un si haut enseignement, qu'elle mérite d'être connue de l'univers entier. Ladite dame m'a donc raconté que, dans sa jeunesse, elle avait pour amie une petite fille devenue, comme elle aujourd'hui, une belle et élégante lady. C'est tout dire que de nommer miss Snobky, fille de Snobby Snobky, dont la présentation à la cour produisit, jeudi dernier, une si profonde sensation.

Miss Snobky, étant encore à l'âge tendre où les enfants

sont laissés aux soins de leurs bonnes, allait se promener chaque matin à Saint-James-Park, sous la protection d'une gouvernante française et sous l'escorte d'un chasseur aux épais favoris et portant la livrée jaune des Snobky ; parfois, dans ces promenades, il lui arrivait de rencontrer le jeune lord Lollipop, fils cadet du marquis de Sillabub. Au cœur de la belle saison, j'ignore pour quelle cause, les Snobky furent forcés de quitter subitement la ville.

« Que dira ce pauvre Claude Lollipop quand il saura mon départ? dit à sa gouvernante la sensible miss Snobky.

— Oh! peut-être n'en saura-t-il rien, lui répondit la confidente de ses secrets.

— *Eh! ma chère*, répliqua cette adorable petite coquette de sept ans à peine, *il le verra dans les journaux!* »

Cette enfant avait déjà le sentiment de son importance ; elle savait avec quel soin les badauds de l'Angleterre, tous ceux qui affectent des airs de *gens comme il faut*, tous les sectateurs de la fourchette d'argent, tous les faiseurs de cancans, toutes les femmes d'épiciers, de tailleurs, de gens de loi et de marchands, tout ce qui peuple enfin les quartiers de Clapham et de Brunswick, et pour qui il n'y a pas plus de chance de frayer avec un Snobky que pour notre bien-aimé lecteur de dîner avec l'empereur de Chine ; tout ce monde, dis-je, trouve le plus vif intérêt à se tenir au courant des moindres mouvements des Snobky, et serait au désespoir de ne pas savoir quel jour ils quittent Londres ou y reviennent.

Nous croyons à propos de faire connaître ici, dans ses moindres détails, la toilette de miss Snobky et celle de sa mère, lady Snobky, d'après les journaux de vendredi dernier.

Miss Snobky.

« Toilette de cour, composée d'une robe de velours épinglé vert-pois, avec des volants d'organdi jaune ajustés en tablier et rattachés par des agrafes de choux de Brüxelles, le corsage et les manches garnis de tulle illusion capucine, le bas de la robe festonné de rose et persillé de feuillage. Coiffure de jeunes carottes entremêlées de feuilles de choux. »

LADY SNOBKY.

« Toilette de cour, composée d'un manteau cerise du plus riche foulard de l'Inde, élégamment constellé de paillettes, de perles grises et de rubans rouges; le corsage et la jupe en velours bleu de ciel, ornés de bouillons et de nœuds de passementerie. Sur l'estomac, en guise de broche, un hanneton d'émail sur une pivoine d'or. Coiffure, un oiseau de paradis sur son nid et une tête de Méduse en ferronnière. Cette splendide toilette sort des ateliers de Mme Crinoline, de Regent-Street, et a fait l'objet de l'admiration universelle. »

Voilà ce que vous aimez à lire, mères, filles, tantes et grand'mères de l'Angleterre! voilà de quelle littérature on farcit les journaux en votre faveur! Attendez-vous à être mères et filles de Snobs aussi longtemps que l'on continuera à vous nourrir de semblables fadaises.

Vous enfermez les petits pieds roses d'une jeune Chinoise à la mode dans une pantoufle de la dimension d'une salière; ces pauvres petits doigts restent ainsi en prison et à la torture jusqu'à ce qu'ils soient réduits à un état de dépérissement irrémédiable. N'espérez plus qu'ils arrivent à leur développement naturel, alors que vous donneriez à la patiente un baquet pour chaussure; c'est pour la vie qu'elle est condamnée à avoir un pied microscopique et à être estropiée. Oh! chère miss Wiggins, remerciez votre étoile de ce que vos jolis petits pieds, qui, je le déclare ici bien haut, sont si mignons que, lorsque vous marchez, on peut à peine les voir; remerciez, dis-je, votre étoile de vous avoir placée dans une société où ils n'auront pas à subir un pareil traitement. Mais jetez les yeux autour de vous, et voyez de quelle manière, jusque dans les sphères les plus hautes, on comprime et l'on mutile, dès l'âge le plus tendre, la cervelle de bon nombre de nos amis, sans qu'il leur reste la moindre espérance de guérison.

Comment demander à ces infortunées créatures d'avoir

les allures de tout le monde, quand la société et leurs parents conspirent avec tant de barbarie pour en faire des êtres contrefaits ? Tant qu'il y aura un coin du journal réservé aux *Nouvelles de la cour*, comment voulez-vous, quand le diable même ne s'en mêlerait pas, que des gens dont le nom est chaque jour désigné à l'attention de tous se résignent à se croire les égaux de cette *vile multitude* qui attend chaque matin cette abominable mystification comme son pain quotidien ? Je crois que notre pays est le seul aujourd'hui où la chronique de la cour n'ait rien perdu de son prestige, où l'on ait encore le courage de lire des nouvelles comme celles-ci : « Aujourd'hui, S. A. R. le prince Pattypan est allé se promener en tilbury. La princesse Pimminy a été vue en calèche, accompagnée de ses dames d'honneur et en société de sa poupée, etc., etc. » Nous ne pouvons retenir un sourire en voyant la gravité de Saint-Simon à nous annoncer que Sa Majesté *se médicamente aujourd'hui*, et nous accueillons avec la gravité de ce grand seigneur des balivernes du même genre qui se débitent chaque jour à notre nez. L'étonnant et mystérieux auteur des Nouvelles de la Cour se glisse invisible chaque soir avec son bulletin dans les ateliers du journal. J'obtins une fois comme une faveur toute spéciale de l'imprimeur la permission de le voir passer.

Je me suis laissé dire que, dans un royaume où le mari de la reine est d'origine germanique, — ce doit être en Portugal, car la reine de ce pays a épousé un prince allemand qui a conquis l'estime et l'admiration des naturels du pays ; — on m'a raconté, dis-je, que toutes les fois que le royal époux se livre au plaisir de la chasse, dans la garenne de Cintra ou dans les réserves à faisans de Maffra, il est accompagné d'un garde qui charge son fusil, comme cela doit être naturellement, mais que ce garde le présente ensuite à un noble seigneur, l'écuyer du prince, et que ce noble seigneur le remet alors au prince, qui, après avoir tiré, rend son fusil déchargé au noble seigneur, qui le passe ensuite au garde, et toujours de même ; mais jamais le prince ne prendrait le fusil des mains de celui qui le charge. Aussi longtemps qu'on laissera subsister ces incroyables monstruosités de l'étiquette, aussi longtemps il y aura des Snobs, car les trois personnes qui jouent chacune leur rôle dans la scène que nous venons de rapporter, sont, quoi qu'on puisse dire, des Snobs.

1° Le garde est le moins Snob des trois, car il ne fait que s'acquitter d'un devoir quotidien ; mais il agit ici en Snob, parce qu'il se trouve dans un état avilissant par rapport à une autre créature humaine, le prince, avec lequel il ne communique que par intermédiaire. Un garde-chasse portugais et libre, qui se déclare lui-même indigne de communiquer directement avec une autre personne, est Snob de son propre aveu.

2° Le noble seigneur au service du prince est Snob. Si nous admettons qu'il soit dégradant pour le prince de recevoir le fusil des mains d'un garde-chasse, il n'est pas moins dégradant pour un noble seigneur au service d'un prince de remplir cette charge ; il se conduit en Snob à l'égard du garde-chasse, qu'il empêche de communiquer avec le prince ; en Snob à l'égard du prince, auquel il rend un avilissant hommage.

3° Le royal époux du Portugal n'est pas moins Snob que les deux autres, lorsqu'il ne craint pas de traiter avec ce mépris les gens de sa suite. Il n'y a pas de mal à accepter directement le service d'un garde-chasse ; mais employer un intermédiaire, c'est donner un caractère avilissant aux services rendus, et faire insulte aux deux serviteurs qui le rendent. En conséquence, je déclare, avec tout le respect qui est dû à la personne royale du prince, que c'est un Snob, à n'en point douter.

Voilà l'histoire ; voici maintenant le récit que vous pouvez lire dans le *Diario do Goberno* : « Hier, S. M. le prince royal est allé chasser dans le bois de Cintra, accompagné du colonel Whiskerando Sombrero. Sa Majesté est retournée aux Necessitades pour l'heure de la collation, à... etc., etc. »

Oh ! nouvelles de cour ! nouvelles de cour ! Au feu, au feu, les nouvelles de cour ! C'est de cette source impure que jaillit et s'exhale le Snobisme. Je fais ici serment de m'abonner pour un an à tout journal quotidien qui paraîtra sans nouvelles de cour, fût-ce le *Morning Herald* lui-même. Quand je lis tout cet amas de sottises, je me sens pris d'accès de fureur qui me porteraient à la trahison et au régicide. Pour un peu, je me ferais affilier à la société secrète de la Tête de veau. La seule nouvelle de cour qui m'ait jamais causé du plaisir est celle qui me fit connaître le malheur arrivé à ce roi d'Espagne, qui fut presque entièrement carbonisé, parce que le premier ministre n'eut pas le temps de commander au grand chambellan de prier le chef des huissiers de donner l'ordre au premier page de service d'avertir le premier valet de chambre d'informer la demoiselle d'honneur d'avoir à apporter un seau d'eau pour éteindre Sa Majesté.

J'éprouve à la lecture de ces nouvelles le même effet que le pacha à trois queues auquel le sultan envoie aussi une nouvelle de cour de sa façon, le terrible cordon de soie.

Cela me prend à la gorge. Puisse cet usage être bientôt à jamais aboli !

CHAPITRE V.

Ce que les Snobs admirent.

Nous allons voir maintenant combien il est difficile, même aux mortels du plus haut rang, d'échapper aux influences du Snobisme. Je vois déjà d'ici le lecteur, dont j'ai froissé les nobles instincts en affirmant que rois, princes et lords sont atteints de Snobisme, s'écrier tout en courroux : « Mais vous qui parlez, qui êtes-vous donc ? oserez-vous nier que vous soyez un Snob ? et en annonçant bien haut que vous allez faire le portrait des Snobs, n'est-ce pas votre vilain museau que vous nous donnez en peinture, avec toute la fatuité et la prétention d'un autre Narcisse? »

Mais je pardonne à mon aimable lecteur cette boutade de mauvaise humeur : ce n'est point sa faute si un astre contraire l'a fait naître dans ce pays ; or, il n'est pas possible à un sujet des États britanniques de n'être pas quelque peu Snob, sauf la gradation du plus au moins. Si l'on pouvait bien se pénétrer de cette importante vérité, ce serait là un grand point de gagné. J'ai signalé le foyer du mal, espérons que quelque homme de science saura découvrir le remède.

Si vous n'avez pu vous soustraire au Snobisme, vous qui êtes placés dans les couches intermédiaires de la société ; vous que personne n'a mission de flatter, qui n'avez point de courtisans en titre ; vous dont la porte n'est point sans cesse assiégée par une valetaille abjecte et servile, ou par un monde à l'échine flexible ; vous que les agents de police apostrophent sans plus de façon pour vous dire de circuler ; vous enfin qui vous trouvez confondus et poussés dans la foule au milieu des autres Snobs vos frères : comment, je vous prie, pourrait s'en défendre un homme qui n'a pas tous ces avantages, dont toute la vie n'est qu'une longue suite d'adulations, qu'on a fait l'idole d'un fétichisme qui ne se lasse point? Comment voulez-vous que cette divinité des Snobs ne finisse pas par être aussi Snob que ceux qui l'adorent?

Tel était à peu près le langage que je tenais à mon ami Eugenio, lorsque lord Buckram, fils du marquis de Bagwig, vint à passer près de nous et alla frapper à la porte de l'hôtel de Red-Lion-Square, qui a appartenu de tout temps à sa famille. Son père et sa mère remplissaient, comme personne ne l'ignore, des charges considérables à la cour de nos derniers souverains. Le marquis était grand panetier du royaume, et sa femme dame d'atours du cabinet des poudres de la reine Charlotte. Buck, comme je l'appelle en raison des rapports de familiarité qui existent entre nous, Buck me fit en passant un signe d'intelligence, et j'entrepris alors de prouver à Eugenio comme quoi il était impossible que ce noble rejeton d'une illustre famille ne fût pas un Snob renforcé, ayant eu toute sa vie à subir les influences des Snobs qui l'environnaient.

Ses parents, pensant qu'il était bon de le faire passer par les épreuves de l'éducation publique, l'envoyèrent en pension dès ses plus jeunes années. Le petit lord tomba d'abord entre les mains du révérend Otto Rose, docteur en théologie et directeur de l'institut préparatoire de Richmond-Lodge pour les jeunes gens appartenant à la noblesse et aux premières familles du pays. Ce respectable instituteur porta les premiers coups à son jeune élève par ses flatteries exagérées. Il ne manquait jamais de le présenter aux parents qui venaient voir leurs enfants, de nommer avec orgueil et satisfaction son bon ami et excellent protecteur le marquis de Bagwig. Lord Buckram était la réclame vivante de la maison ; sa présence y attira un si grand nombre d'élèves, qu'il fallut ajouter une aile de plus à Richmond-Lodge pour un dortoir de trente-cinq lits garnis de couvertures de percale blanche. Mistress Rose avait le plus grand soin de prendre avec elle le petit lord quand elle sortait pour ses visites dans sa voiture à un cheval, ce qui faisait mourir de jalousie la femme du recteur et de l'officier de santé.

Le petit Rose et lord Buckram ayant, un beau jour, été surpris pendant qu'ils dévalisaient ensemble le verger, le docteur administra une vigoureuse correction à l'héritier présomptif de son nom, pour s'être permis de détourner le jeune lord du sentier de la vertu. Lorsque le jeune lord quitta l'école, la séparation ne se fit pas sans larmes ; et lorsqu'il arrivait au docteur de recevoir des visites dans son cabinet de travail, on voyait toujours sur son bureau traîner quelque lettre portant l'adresse du noble marquis de Bagwig.

A Eton, du moins, la puissance magique de la canne contribua à extirper les germes de Snobisme qui se développaient déjà chez lord Buckram. Les coups, en effet, s'y distribuent avec une aveugle impartialité. Mais là encore il se forma autour du jeune lord une petite cour d'intrigants en herbe qui étaient toujours sur ses pas : le jeune Crésus lui prêta vingt-trois souverains tout neufs qu'il avait pris dans la caisse paternelle. Le jeune Snaily faisait ses devoirs et cherchait à être invité chez lui ; mais le jeune Bull lui administra une rossée qui se prolongea bien pendant vingt-cinq minutes, et Buck fut puni plusieurs fois, le tout à son plus grand avantage, pour n'avoir pas bien ciré les souliers de Smith, son patron d'école. Les enfants ne sont pas tous des flatteurs au matin de la vie.

Mais ce fut surtout à l'Université que se forma autour de lui un essaim de courtisans. Les professeurs le cajolaient ; le régent lui prodiguait les compliments les plus lourds et les plus gauches ; le doyen ne remarquait jamais son absence à la chapelle et faisait la sourde oreille quand il s'élevait du tapage du côté de sa chambre. Nombre de jeunes gens, très-honnêtes du reste, car c'est toujours parmi les plus honnêtes habitants de Baker-Street que le Snobisme est en honneur, bien plus encore que dans aucune partie de l'Angleterre, s'attachaient à lui comme des sangsues. Alors plus que jamais Crésus lui prêtait de l'argent, et Buckram ne pouvait sortir à cheval avec sa meute sans que Snaily, d'une nature plus que timide, fût en selle, tout prêt à l'accompagner dans les courses les plus périlleuses. Le jeune Rose entra au même collége. Ce fut le seul motif qui put déterminer son père à se séparer de lui.

Il dépensait tout un quartier de sa pension à donner un seul dîner à Buckram ; mais il savait qu'on excuserait infailliblement ses dépenses lorsqu'il aurait à alléguer un pareil prétexte, et il voyait toujours arriver un bon de six livres en réponse à la lettre où il avait parlé de Buckram. Je ne voudrais pas raconter tous les rêves fantastiques qui fermentaient dans le cerveau de mistress Podge et de miss Podge, la femme et la fille du directeur du collége de lord Buckram ; mais ce respectable fonctionnaire poussait trop loin le sentiment de sa condition inférieure pour penser un seul instant que sa fille pût aspirer à devenir la femme d'un grand seigneur : il se hâta donc de la marier au professeur Crab.

Quand lord Buckram eut pris ses grades littéraires, car l'Université, cette *alma mater*, est aussi entachée de Snobisme que tout autre, et s'agenouille devant les lords à la suite de la foule ; quand lord Buckram alla chercher dans les voyages le complément indispensable de toute bonne éducation, vous ne croiriez jamais de combien de dangers il fut alors assailli et combien de cotillons se mirent à lui courir sus. Lady Leach et ses filles le suivirent de Paris à Rome et de Rome à Bade. Miss Leggitt fondit en larmes sous ses yeux quand il lui signifia sa résolution de quitter Naples, et elle alla s'évanouir dans les bras de sa maman. Le capitaine Mac-Dragon de Mac-Dragonstown, du comté de Tipperary, alla le provoquer à s'expliquer sur ses intentions au sujet de sa sœur miss Amalia Mac-Dragon de Mac-Dragonstown, et lui déclara qu'il ne périrait que de sa main s'il n'épousait cette pure et belle jeune fille, qui, peu après, se laissa conduire à l'autel par M. Muff de Cheltenham. Si beaucoup de constance et quarante mille livres sterling en beaux écus sonnants avaient pu quelque chose sur lui, miss Lydia Crésus serait certainement maintenant lady Buckram. Le comte Torowski fut enchanté de la prendre à moitié prix, comme chacun sait dans le grand monde.

Le lecteur ne serait peut-être pas fâché de faire maintenant connaissance avec l'homme qui produisit de si cruels ravages dans le cœur de tant de femmes, et qui fut de la part de ses semblables l'objet de si prodigieuses adulations. Faire ici son portrait serait tomber dans les personnalités, et le *Punch*, comme chacun sait, ne se permet jamais de pareilles escapades. D'ailleurs, qu'importe en somme de savoir quelle espèce d'homme il est, quelles sont les qualités qui décorent sa personne ?

Figurez-vous à votre gré un jeune seigneur aux instincts littéraires, auteur de poésies dont la faiblesse ne le cède qu'au ridicule ; les Snobs se chargeront d'épuiser les éditions de son livre ; les libraires qui n'ont pas voulu de mes *Chants de l'âme* ni de mon grand poëme épique à quelque prix que ce fût, lui donneront pour ses œuvres ce qu'il voudra bien fixer. Imaginez encore un gaillard d'humeur joyeuse et qui n'a d'autre plaisir que d'arracher les marteaux des portes cochères, de fréquenter les cabarets et de rosser les agents de police ; le public ne manquera pas, avec sa bonhomie ordinaire, de trouver ces distractions de son goût, et de déclarer qu'il est au fond le meilleur fils du monde. Imaginez encore, si vous le voulez, un sportsman passionné pour les jeux et les courses, qui a de la vocation pour l'escroquerie, et qui se passe de temps à autre le plaisir de plumer un pauvre pigeon ; le public lui pardonnera encore, soyez-en sûr ; bien des honnêtes gens lui feront la cour ; eh ! mon Dieu ! toute cette foule stupide ne ferait-elle pas la cour à un voleur de profession, s'il avait eu le soin de se précautionner à l'avance d'une place à la Chambre des Lords? Imaginez-vous encore que c'est un imbécile ; d'après notre glorieuse constitution, il sera bon de reste pour nous gouverner. Supposez enfin, si cela vous plaît, que c'est un brave garçon à l'âme bien placée ; alors tant mieux pour lui ! mais il pourrait aussi bien arriver que ce fût un âne, et il n'en recueillerait pas moins de marques de respect ; ou bien un malotru, et sa popularité serait unvierselle ; ou bien un coquin, et on vous trouverait une foule d'excuses en sa faveur. Les Snobs auront toujours quelque prétexte pour lui brûler l'encens. Les Snobs mâles lui rendront tous les honneurs qu'ils doivent à son rang, et les Snobs femelles auront pour lui de doux regards, si laid que la nature l'ait bâti.

CHAPITRE VI.

De quelques Snobs de haute volée.

Étant devenu l'objet d'une réprobation presque universelle pour avoir osé confondre les rois, les princes et nôtre respectable noblesse dans la catégorie des Snobs, j'espère par le présent chapitre contenter les plus difficiles en déclarant ici bien haut que c'est parmi la classe la plus respectable de cette vaste et heureuse contrée qu'on rencontre le plus grand nombre de Snobs. Suivez-moi, ami lecteur, dans mon bien-aimé quartier de Baker-Street; et je ne suis pas fâché de vous dire, à ce propos, que je compose en ce moment une vie de Baker, fondateur de cette partie de notre grande cité. Un peu plus loin nous traversons Harley-Street, où une maison sur deux est décorée d'un écusson; puis c'est Wimpole-Street, dont la gaieté rappelle les catacombes, et qu'on prendrait pour le funèbre catafalque de la noblesse. Nous voici à Regent's-Park, où tous les murs sont bigarrés de grandes taches de plâtre, où l'on voit sur de vertes pelouses des prêcheurs méthodistes occupés à pérorer devant trois ou quatre marmots; où des convalescents à moitié essoufflés essayent leurs premiers pas dans la boue solitaire des allées. Franchissons le labyrinthe inextricable de May-Fair, où la calèche de mistress Kitty Lorimer est arrêtée derrière la grande berline de famille de la vieille lady Lollipop. Cette course vagabonde nous conduit à Belgravia, quartier d'une blafarde propreté, dont les habitants sont toujours tirés à quatre épingles. Les maisons portent une couche de badigeon brun clair, et c'est à peine s'il y a moyen de se retrouver dans ce dédale de squares et de terrasses de Bayswater-and-Tyburn, qui brille de toute la fraîcheur et de tout l'éclat du plâtre neuf. Eh bien! dans tout ce chemin que nous venons de parcourir, j'ai toujours eu la même pensée présente à l'esprit : c'est qu'on peut s'arrêter au hasard devant un grand nombre de ces maisons et dire sans crainte de se tromper : « Maison, c'est un Snob qui vous habite; marteau, c'est un Snob qui vous ébranle; laquais qui êtes là en déshabillé, à chauffer au soleil vos mollets paresseux, appuyé contre cette balustrade de fer, c'est encore un Snob qui vous paye. »

Triste pensée, et qui suffit pour donner des accès de fureur à l'homme du caractère le plus égal! Dire qu'il n'y a peut-être pas là une maison sur dix où l'on ne trouve l'*Almanach de la Pairie* étalé sur la grande table du salon ! En songeant au mal que fait ce livre bourré de sottises et de mensonges, j'en voudrais voir brûler tous les exemplaires, comme jadis le barbier de Don Quichotte jeta au feu tous ses livres, remplis des songes creux de la chevalerie.

Regardez un peu cette grande maison qui est là, au milieu du square. C'est le comte de Loughcorrib qui l'habite. Il a cinquante mille livres sterling de revenu. La semaine dernière, il y avait à son hôtel une matinée dansante. Dieu sait ce qu'il lui en a coûté ! Les fleurs seules pour le salon et les bouquets des dames montaient à une somme de quatre mille livres sterling. Voyez-vous maintenant cet homme en culottes couleur gris fauve, qui descend l'escalier en se lamentant ? c'est un créancier : lord Loughcorrib l'a ruiné et l'a consigné à sa porte. Sa Seigneurie se contente de le regarder partir à travers les jalousies de son cabinet. Continue, continue, Loughcorrib, tu ne seras jamais qu'un Snob, un homme sans cœur qui aspire à de faux airs de magnificence et d'hospitalité ; un coquin qui met en circulation de faux billets ! Mais, tout beau ! vous allez trop loin, mon éloquence.

Tournez-vous maintenant vers cette jolie façade du n° 23. Un garçon boucher agite en ce moment la sonnette. Il porte trois côtelettes de mouton dans son panier. C'est le dîner d'une famille bien respectable et bien différente de celle dont je viens de vous entretenir. Cette famille se compose de lady Suzanne Scraper et de ses filles, miss Scraper et miss Émilie Scraper. Les domestiques, heureusement pour eux, sont à leurs gages pour la nourriture. Le personnel se compose de deux drôles en livrée bleue et jaune, d'un gros et vertueux cocher de la secte des méthodistes, d'un sommelier qui aurait déserté depuis longtemps la famille, s'il n'avait été autrefois au service du général Scraper quand ce héros se couvrit de gloire à Walcheren. Sa veuve a envoyé son portrait au club de l'Armée et de la Marine, et il y fait maintenant le plus bel ornement du vestiaire. Le général y est représenté dans un salon, près d'une fenêtre à rideaux rouges. Dans le lointain, à travers un nuage de fumée, on découvre un canon qui tire. Le général désigne du doigt une carte où on distingue les mots *Walcheren* et *Tabago*.

Lady Suzanne, comme chacun peut s'en assurer dans la seconde Bible de l'Angleterre, est fille du haut et puissant seigneur comte de Bagwig, qui a déjà paru dans ce récit. Pour elle, il ne peut rien y avoir au-dessus de sa personne ou de tout ce qui s'y rattache. Les premiers gentilshommes de la terre sont les Buckram, c'est-à-dire les membres de sa propre famille. Au second rang viennent les Scraper. Le général était le plus grand général de son temps. Son fils aîné, Scraper Buckram, n'a pas son égal. Immédiatement après, la place est prise par le second fils. Quant à elle, il n'y a pas de femme à lui comparer.

C'est bien, du reste, au fond, la plus respectable et la plus excellente lady. Elle suit exactement les offices de sa paroisse, et croirait l'Église en danger si elle y manquait. Elle s'inscrit sur toutes les listes de bonnes œuvres. Elle est dame patronnesse de plusieurs institutions de bienfaisance, telles que l'hospice de la Reine-Charlotte pour les femmes en couche, l'asile des blanchisseuses et la maison d'éducation pour les orphelines des tambours britanniques. Enfin c'est une femme modèle.

Il n'existe pas un marchand qui puisse dire qu'elle n'a pas payé sa note au jour de l'échéance; mais les pauvres du voisinage la fuient comme la peste, parce qu'elle ne sort jamais sans être escortée de son domestique John, porteur de deux ou trois bons de pain qu'elle ne distribue qu'après sévère interrogatoire, pour s'assurer qu'on les mérite bien. Dix guinées par an font les frais de toutes ses charités. On chercherait en vain dans la ville de Londres une respectable dame qui, pour le même prix, puisse montrer son nom imprimé tant de fois.

Ces trois côtelettes de mouton que vous voyez entrer par la porte de la cuisine seront servies ce soir à sept heures dans la vaisselle plate de la famille, en présence du grand laquais, du sommelier, et au milieu des écussons et des armoiries des Scraper resplendissants de tous côtés. Je plains du fond du cœur cette pauvre miss Emilie Scraper ; elle est bien jeune encore et possède l'appétit de son âge ; le fait est qu'elle dépense en babas l'argent de ses menus plaisirs, c'est du moins ce que disent les mauvaises langues ; mais elle n'a pas lourd pour s'acheter ce supplément de nourriture, la pauvre petite affamée ! car, tout compte fait, lorsque lady Scraper a payé les laquais, les femmes de chambre, les chevaux de la voiture loués au mois, les six dîners d'apparat qu'il faut donner pendant la saison et les deux grandes soirées de rigueur, le loyer de la maison de ville, un voyage aux eaux, soit en Angleterre, soit à l'étranger pendant la saison d'automne, son revenu se trouve alors réduit à la portion congrue ; elle est aussi pauvre que vous et moi.

On ne s'en douterait guère cependant à voir son splendide équipage roulant au grand trot des chevaux dans la direction de Saint-James, les jours de réception à la cour ; et ces flots scintillants de plumes, de dentelles et de diamants, mêlant leur éclat éblouissant à celui des cheveux rougeâtres de Sa Seigneurie, et surmontant avec grâce la courbe majestueuse de son nez. On ne s'en douterait guère en entendant crier vers minuit, d'une voix à éveiller tout Belgravia : « Les gens de lady Suzanne Scraper ! » On ne s'en douterait guère à la voir faire son entrée à l'église, annoncée par les bruissements de sa robe, et suivie de l'officieux John, portant le sac où se trouve son livre de prières. Comment croire qu'une si noble et si respectable dame soit si près de ses pièces ? Hélas ! c'est pourtant la triste réalité.

Elle n'a jamais fréquenté, je vous le jure, ce monde infime et vulgaire où le mot *Snob* aurait pu frapper ses oreilles ; mais, j'en atteste tous les hochets de la vanité humaine, je la vois d'ici se révolter à la seule pensée que sa personne, aussi imposante que Minerve, aussi chaste que Diane, moins l'humeur chasseresse de cette divinité païenne, peu convenable pour une dame de grand ton, mérite en tous points d'être rangée dans la famille des Snobs.

Et sans doute elle restera entachée de Snobisme tant qu'elle aura cette prodigieuse opinion d'elle-même et de l'illustration de sa race, cette manie d'un faux étalage ; tant qu'elle s'adonnera à une ostentation impardonnable, qu'elle voudra parader en public ni plus ni moins que Salomon dans toute sa gloire ; tant qu'elle ira se mettre au lit, comme je suppose qu'elle le fait, avec un turban surmonté d'un oiseau de paradis et une robe à queue en guise de peignoir ; aussi longtemps qu'elle prendra ces dehors intolérables de vertu menteuse et ces airs d'affabilité protectrice ; aussi longtemps qu'elle se refusera à retrancher un de ses laquais pour ajouter une côtelette au dîner de ses filles.

Je tiens tous les détails qu'on vient de lire de l'un de mes anciens camarades de collége, Sydney Scraper, fils de lady Scraper, avocat sans cause à la chancellerie. C'est bien, du reste, le plus paisible, le plus charmant et le mieux élevé des Snobs que je connaisse. Il n'a jamais dépensé un schelling au delà des deux cents livres qu'il touche chaque année pour sa pension, et on peut le voir dans la soirée au club d'Oxford et de Cambridge, lisant avec un sourire béat le *Quarterly Review*, et s'octroyant l'innocent plaisir d'une demi-pinte de porto.

CHAPITRE VII.

Continuation du même sujet.

Vous voyez cet hôtel qui fait immédiatement suite à la maison de mistress Suzanne Scraper ; le perron est surmonté d'une large marquise, qui, ce soir, sera garnie de tentures pour la plus grande commodité des invités de sir Alured et de lady de Mogyns, dont les fêtes ne sont pas moins admirées du public que ceux mêmes qui les donnent.

Une livrée rose clair galonnée d'argent et des culottes de peluche vert-pois qui défient toute description, font des laquais des Mogyns, dès qu'ils se montrent dans Hyde-Park, le point de mire de tous les promeneurs. C'est là que lady Mogyns vient s'asseoir tous les jours sur des coussins de satin, avec un épagneul pas plus gros que le poing sur les genoux ; elle n'accorde l'honneur de ses saluts qu'à la fine fleur du grand monde. Les temps sont bien changés pour Marie-Anne, ou, comme elle s'intitule elle-même, Marianne de Mogyns.

Elle est la fille du capitaine Flack des volontaires de Rathdrum, qui, à la tête de son régiment, s'élança du fond de l'Irlande dans le comté de Caermarthen, il y a de cela plusieurs années, et dont la présence dans le pays de Galles suffit seule pour intimider et arrêter de l'autre côté de la Manche l'invasion de l'ogre de Corse. Le régiment de Rathdrum vint prendre garnison à Pontydwdlm, où Marianne jeta son dévolu sur de Mogyns, jeune banquier de l'endroit, et finit par mettre le grappin sur lui. Ses prévenances pour miss Flack à un bal de courses furent telles, qu'à la suite le capitaine Flack crut devoir donner à choisir à de Mogyns entre mourir de sa main ou accepter celle de sa fille. De Mogyns se décida pour le mariage. Il s'appelait alors Muggins, et avait pour père un riche banquier fournisseur de l'armée, un peu contrebandier et grand faiseur, qui le déshérita presque en totalité à cause de cette alliance. Il y a aussi une certaine histoire d'après laquelle Muggins aîné serait devenu baron pour avoir prêté de l'argent à un royal personnage ; mais quelle vraisemblance à cela ? La famille royale a toujours payé ses dettes, à commencer par le prince de Galles et y compris tous ses autres membres.

Quoi qu'il en soit, jusqu'à la fin de ses jours, il resta sir Thomas Muggins comme devant, et continua à siéger au parlement comme représentant de Pontydwdlm. Sur ces entrefaites, le vieux banquier vint à mourir, et, suivant l'expression en usage, sa famille inconsolable trouva un gros héritage à partager. Son fils Alfred Smith Mogyns recueillit la plus forte partie de sa fortune, et succéda à ses titres et à ses armoiries. Peu d'années après, il se produisit dans le monde avec le nom de sir Alured Mogyns Smith de Mogyns, sous les auspices d'une généalogie fabriquée à son intention par l'éditeur du grand *Armorial de la Noblesse*, et que nous reproduisons ici, telle que nous l'avons trouvée dans cet ouvrage.

DE MOGYNS.

Sir Alured Mogyns Smith, baronnet, deuxième du nom, est le représentant de l'une des plus anciennes familles du pays de Galles, dont l'origine se perd dans l'antiquité la plus reculée. Un arbre généalogique remontant jusqu'à Sem est conservé par la famille; d'après une légende qui date de plusieurs milliers d'années, il aurait été dressé par l'un des propres petits-fils de ce patriarche; quoi qu'il en soit, il ne saurait y avoir de doute sur la grande antiquité de la famille de Mogyns.

Au temps de Boadicée, Hogyn Mogyn, du clan des Cent-Buffles, fut le compétiteur de Caractacus à la main de cette princesse. Ce guerrier était d'une taille gigantesque. Il périt de la main de Suétonius dans la bataille où succomba l'indépendance de la Bretagne. C'est de lui que descendent en ligne directe les princes de Pontydwdlm : Mogyn à la harpe d'or (voir les fastes héraldiques de lady Charlotte Guest), Bogyn Merodac-ap-Mogyn, ce qui veut dire le noir démon, fils de Mogyn, et une longue suite de bardes et de guerriers qui obtinrent une grande célébrité dans le pays de Galles et dans l'Armorique. Les princes indépendants de Mogyn opposèrent une vigoureuse et longue résistance aux attaques redoublées des souverains de l'Angleterre; enfin, Gam Mogyns fit sa soumission au prince Henri, fils d'Henri IV, et, sous le nom de sir Dawid Gam de Mogyns, se distingua à la bataille d'Azincourt; c'est de lui que descend le baronnet actuel. (Ici se trouve indiquée une filiation des plus régulières, jusqu'à Thomas Mogyns, premier baronnet de Pontydwdlm Castle, qui, pendant vingt-trois années consécutives, fut envoyé au parlement par les électeurs de ce bourg.) Il eut pour fils Alured Mogyns Smith, le baronnet actuel, qui épousa Marianne, fille du général Flack, de Bally Flack, du royaume d'Irlande, descendant des comtes de Flack. Sir Alured eut pour enfants Alured Caradoc, né en 1819, Marianne en 1811, Blanche Adelise, Emilie Doria, Adélaïde Obleans, Katinka Rostopchin et Patrick Flack, mort en 1809. Armes : Mi-parties d'argent et de gueules à la tête de buffle de l'une en l'autre. Cimier : Une chauve-souris rampante et affrontée. Devise : *Roy ou Mogyns*.

Il se passa bien du temps avant que lady Mogyns brillât comme l'astre radieux du monde élégant. D'abord le pauvre Mogyns dut se contenter de la société des Flacks, des Clancys, des Tooles et des Shanahans, qui composaient la parenté irlandaise de sa femme. Tandis qu'il n'était encore qu'héritier présomptif, il faisait couler à longs flots dans sa maison le bordeaux et le nectar national, pour la plus grande satisfaction de son parentage. Tom Tufto se vit dans la nécessité de quitter la rue où vivait tout ce monde-là à Londres, tant, disait-il, il la trouvait infectée d'une affreuse odeur de wiskey, par suite du voisinage de cette vermine irlandaise.

Ce fut surtout à l'extérieur qu'ils firent leur apprentissage du grand monde. Ils se glissèrent dans toutes les cours étrangères, et se frayèrent un chemin dans tous les salons diplomatiques. Ils firent leur proie de toute cette noblesse égarée aux quatre coins du monde, de tous ces jeunes lords qui voyagent en compagnie d'un cornac. Ils donnèrent des fêtes à Naples, Rome et Paris. Dans cette dernière capitale, un prince royal leur fit l'honneur de venir à leurs soirées. C'est là que, pour la première fois, ils arborèrent le nom de Mogyns, qu'ils ont depuis porté avec tant de splendeur et d'éclat.

On en raconte de toutes sortes sur les efforts impossibles tentés par l'héroïque lady de Mogyns pour arriver à la place qu'elle occupe maintenant dans le monde. Ceux de mes bien-aimés lecteurs qui, vivant dans les couches moyennes de la société, sont étrangers aux luttes désespérées, aux fâcheux assauts, aux intrigues, aux cabales, aux déceptions qu'il faut affronter, à ce que je me suis laissé dire, pour vivre de la vie du monde fashionable, doivent bénir leur étoile de ne pas les avoir fait naître parmi les Snobs *du grand air*. Talleyrand lui-même resterait muet d'admiration en présence des ressources diplomatiques que mit en œuvre lady Mogyns pour attirer à ses soirées la duchesse de Buckskin. Elle faillit avoir une congestion cérébrale pour avoir manqué d'invitations au *thé dansant* de lady Aldermanbury. Elle n'aurait pas reculé devant l'assassinat pour se faire admettre aux bals de Windsor. J'ai recueilli l'histoire suivante de la bouche même de ma noble amie lady Clapperclaw, née lady Kàthleen O'Shaughnessy, et fille du comte Thurfanthunder :

« Lorsque ce monstre d'hypocrisie, cette abominable Irlandaise, me disait la vieille lady Clapperclaw, cette lady Mogyns enfin, luttait encore pour se faire une place dans le monde, et colportait partout cette hideuse créature qu'elle a pour fille et qui répond au nom de Blanche.... Je sais bien que Marianne a une bosse dans le dos, mais au moins elle la cache, et c'est encore ce qu'il y a de plus présentable dans la famille.... Lors donc que cette détestable Polly Muggins traînait ainsi après elle sa fille Blanche, dont le nez a la couleur du radis, les cheveux celle de la carotte, et dont la face est aussi blême qu'un navet, elle ne désirait rien tant, vu que son père avait gardé les vaches dans une des fermes du mien, que d'être patronnée par moi dans le monde ; et, profitant d'un moment de silence à un dîner de l'ambassadeur français, le comte Volauvents, elle me demanda de but en blanc pourquoi je ne lui avais pas envoyé de billet d'invitation pour mon bal.

— Parce que mes salons sont déjà trop remplis, et Votre Seigneurie s'y trouverait mal à l'aise, » lui répondis-je.

« Elle tient, en effet, la place d'un éléphant, et d'ailleurs je ne voulais point de sa personne : cela était catégorique. Je croyais ma réponse de nature à refroidir un peu son ardeur, mais le lendemain je la vis arriver tout en larmes, et, se jetant dans mes bras :

« Chère lady Clapperclaw, me dit-elle, ce n'est pas pour moi mais pour ma pauvre petite Blanche, que je vous demande une invitation. Une jeune fille dans toute la fraîcheur de la jeunesse, à qui vous n'enverriez pas de billet pour votre bal ! bien sûr, ma pauvre enfant en mourrait de chagrin. Pour moi, je n'ai que faire d'y aller ; je suis d'ailleurs obligée de rester chez moi pour soigner la goutte de sir Alured. Mistress Bolster y va, je le sais, et consent à se charger de Blanche.

— Eh bien ! soit, repris-je, mais alors vous souscrirez pour l'œuvre du linge et des fourneaux de Rathdrum, car vous êtes de la paroisse, et votre grand-père, un bien brave homme, y gardait les vaches.

— Vingt guinées vous suffiront-elles, ma chère lady Clapperclaw ?

—Vingt guinées! mais c'est très-convenable, » lui dis-je.

« Et elle me les remit aussitôt.

« Blanche peut venir, repris-je alors, mais je ne veux pas de vous, songez-y bien. »

« Elle se retira en m'accablant de remercîments.

« Eh bien! le croiriez-vous? le jour de mon bal, je vis arriver cette affreuse créature avec sa fille.

— Ne vous avais-je pas dit que je ne voulais point vous voir ici ? m'écriai-je toute transportée d'indignation.

— Qu'aurait dit le monde si ma fille était venue seule, exclama lady Mogyns ; ma voiture est allée conduire sir Alured au club : permettez-moi d'attendre ici les dix minutes qu'il lui faut pour venir me reprendre, chère lady Clapperclaw.

— Maintenant que vous voilà, madame, vous n'avez qu'à rester, et vous pouvez prendre votre part du souper, » lui répondis-je ; puis je tournai les talons et ne lui adressai plus la parole de tout le reste de la soirée.

« Et maintenant, s'écriait la vieille lady Clapperclaw en gesticulant des mains et en haussant le ton, après toutes les bontés que j'ai eues pour elle, savez-vous ce qu'a fait cette ingrate, cette grossière, cette impudente créature, cette petite-fille d'un gardeur de troupeaux? Hier, dans Hyde-Park, elle n'a pas eu l'air de me reconnaître et ne m'a pas envoyé de billets pour son bal de ce soir, quoiqu'on dise que le prince George doive s'y trouver. »

Oui, ainsi vont les choses. Dans le monde à la mode, lady Mogyns, par son activité et sa résolution, a réussi à grimper sur la tête de la vieille Clapperclaw; on pourrait marquer ses étapes à travers le grand monde d'après les différentes catégories d'amis qu'elle a recherchés, fréquentés, puis laissés là pour aller plus avant; elle a soutenu de si héroïques assauts pour conquérir la réputation d'une femme à la mode, qu'elle a fini par l'emporter, mais à la condition de briser impitoyablement les échelons derrière elle, à mesure qu'elle avançait d'un degré.

La parenté irlandaise fut la première sacrifiée ; puis elle fit dîner son père à la table de son majordome, ce qui allait, du reste, beaucoup mieux à ce vieillard. Elle se serait volontiers débarrassée de même d'Alured, s'il n'eût été la clef de voûte de tous ses projets ambitieux ; elle avait, d'ailleurs, besoin de lui pour faire la dot de sa fille. C'est, du reste, un homme d'humeur placide et accommodante ; il y a si longtemps qu'il est passé gentleman, qu'il a fini par se rompre assez bien aux exigences de l'emploi, et qu'il s'acquitte à merveille de son rôle de père noble. Le jour, il partage son temps entre le cercle de l'Armée et l'estaminet des Quarante billards ; au piquet il est de première force, mais il perd d'assez grosses sommes au whist contre ses jeunes amis du club des Étrangers.

Son fils l'a remplacé au parlement, et, comme cela ne pouvait manquer, il s'est rallié au parti de la jeune Angleterre. C'est le seul homme de ce pays qui ait encore quelque illusion sur les de Mogyns ; et qui soupire après les temps où un Mogyns conduisait nos armées aux combats. Il a composé un petit volume de fades et ridicules poésies. Il porte une mèche des cheveux de l'évêque Laud, le confesseur et martyr, et s'est évanoui, à Rome, en baisant la mule du pape. Il dort avec des gants de chevreau blancs, et on ne sait où le conduira sa passion pour le thé vert.

CHAPITRE VIII.

Les Snobs de la Cité.

On chercherait vainement à le contester, cette suite de chapitres a produit une sensation des plus prodigieuses dans les divers rangs de cette nation : les points d'admiration et d'interrogation, les marques de blâme ou les témoignages de sympathie, enfin les semonces les plus vertes sont venues s'engouffrer de toutes parts dans la boîte de M. Punch. On nous a sévèrement réprimandés de nos indiscrétions sur les secrets de trois familles de Mogyns. Il est jusqu'à quatre ladies Suzanne Scraper qui se sont reconnues dans le portrait qu'on a lu plus haut. Les jeunes gentlemen n'osent plus demander au club une demi-pinte de porto, et sourire en parcourant le *Quarterly Review,* dans la crainte d'être pris pour Sydney Scraper.

« D'où vient votre antipathie pour Baker-Street? nous demande un censeur féminin, qui évidemment nous adresse ses remontrances de ce quartier. — Pourquoi vous en prenez-vous seulement aux Snobs de l'aristocratie? nous dit un estimable correspondant. Le fretin des Snobs ne doit-il pas avoir aussi son tour? — Frappez donc sur les Snobs de l'Université, nous écrit un gentleman indigné de ses abus, et qui met deux *l* à *élégant.* — Faites donc aussi entrer en scène les Snobs du clergé, nous écrit-on encore. — Étant, il y a quelque temps à Paris, à l'hôtel Meurice, nous raconte un jeune espiègle, je vis lord B.... à moitié penché à une des fenêtres de l'hôtel, agitant ses bottes d'une main et criant de tous ses poumons : « Garçon, cirez ces bottes! » N'est-il pas tout désigné pour prendre rang parmi les Snobs? »

Eh bien non, mille fois non. Pourquoi les bottes de Sa Seigneurie sont-elles crottées? c'est que Sa Seigneurie s'appelle lord B... et va à pied. Mais il n'y a pas à accuser Sa Seigneurie de Snobisme parce qu'elle n'a qu'une paire de bottes, ou qu'elle en a une de prédilection. Est-ce à dire qu'on soit Snob pour vouloir des chaussures propres? Lord B..., en agissant ainsi, ne fait qu'un acte des plus naturels et fort avouable pour tout gentleman ; pour ma part, je lui en ai tant de gré, que je ne sais ce qui me tient de faire son portrait dans une attitude pleine de grâce et d'élégance pour le mettre en frontispice à la tête de ce chapitre. Non, je le répète, il n'y a pas l'ombre d'une personnalité de notre part dans ces innocentes observations. De même que Phidias faisait un choix parmi les plus belles filles de la Grèce pour en composer ensuite sa Vénus, de même avons-nous à passer en revue, que sais-je? des milliers de Snobs, avant de trouver un type bon à coucher sur le papier.

Par ordre hiérarchique, place maintenant aux Snobs de la Cité! et ils méritent toute notre attention. Mais ici se présente une difficulté : le Snob de la Cité est en général peu accessible. Si vous n'êtes un riche capitaliste, perdez tout espoir de pénétrer dans le sanctuaire mystérieux de sa banque de Lombard-Street; et si vous ne tenez point par quelque bout à la noblesse, vous tenteriez en vain d'être admis dans sa demeure. Les maisons de commerce des Snobs de la Cité peuvent se décomposer de la manière suivante : un des associés a son nom au bas de toutes les listes de bienfaisance, et il fréquente Exeter-Hall; le second associé est un Snob qui vise à la science : vous le rencontrerez aux soirées de lord N... ou aux séances de l'Institut britannique; le troisième associé est en général un Snob qui se pique de goût : il suit les ventes de tableaux, va aux expositions les jours réservés, et se montre assidu aux réunions des sociétés scientifiques. Mais le plus ordinairement il est impossible d'établir des rapports intimes avec des personnages aussi graves, aussi majestueux et aussi imposants.

Il n'est pas de table à laquelle un honnête homme ne puisse à un jour donné avoir son couvert mis. Il sera invité à la campagne de milord duc; il pourra même danser un quadrille à Buckingham-Palace; et, à ce propos, vous souvenez-vous, chère lady Vilhelmine Wagglewiggle, de l'effet que nous fîmes au bal donné par notre dernière souveraine, notre bien-aimée reine Caroline, à l'hôtel de Brandebourg dans Hammersmith? Mais la porte des Snobs de la Cité reste hermétiquement fermée, et si l'on parvient à savoir quelque chose de cette classe importante de notre nation, c'est en grande partie par une sorte de rumeur publique.

Dans les autres contrées de l'Europe, le Snob banquier est plus sociable et plus communicatif que chez nous. Sa maison s'ouvre à tout le monde. Qui n'a entendu parler, par exemple, de l'hospitalité princière que l'on reçoit dans la maison des Scarlatchild de Paris, de Naples et de Francfort ? Les plus pauvres comme les plus riches sont admis à ses fêtes splendides. Le prince Polonia à Rome et le duc de Strachino méritent aussi une mention honorable pour le bon accueil qu'ils savent faire.

Voici un trait de caractère du premier de ces deux personnages qui me plaît beaucoup. Les titres ne coûtant pas très-cher dans les États romains, il a fait un marquis de son premier commis de banque; cela n'empêchera pas Sa Seigneurie de vous soutirer un *bajoco*, lorsque vous viendrez changer des billets chez elle, avec autant d'adresse que le dernier de ses commis. Il est vraiment fort agréable de procurer tant de plaisir à ces grands personnages pour la modique somme d'un liard ou deux. Le plus pauvre se trouve ainsi à même de leur faire du bien ! Les Polonia ont contracté des alliances avec les plus anciennes et les plus illustres familles de Rome. Vous pouvez voir leurs armes, un moucheron d'or sur champ d'azur, écartelées en mille endroits de la ville sur les écussons des Colonna et des Doria.

Nos Snobs de la Cité partagent aussi cette manie des mariages aristocratiques, et c'est là un spectacle qui me réjouit fort. Ma nature misanthropique et jalouse me fait trouver un sauvage plaisir à voir ces charlatans d'espèces diverses se partager dans ce royaume la souveraine puissance, tout en se détestant du fond du cœur et ne consentant à une trêve passagère que dans des vues sordides et intéressées.

J'aime à voir ce vieil aristocrate tout gonflé de l'orgueil de sa race, digne rejeton de quelque illustre pirate normand, dont le sang est resté pur pendant une longue suite de générations, et qui a autant de mépris au service de ses concitoyens de l'Angleterre, qu'un libre enfant de l'Amérique en éprouve pour un esclave noir ; j'aime à voir, dis-je, le vieux Stiffneck obligé de courber la tête, de dévorer son infernal orgueil et d'épuiser jusqu'à la lie la coupe de l'humiliation que lui présente le sommelier de Pump et Aldegate.

« Pump et Aldegate, dit-il, votre père a été maçon et vous conservez sa truelle dans votre maison de banque, comme souvenir de famille. Votre généalogie commence à l'hospice des enfants trouvés ; la mienne étend ses branches dans toutes les maisons royales de l'Europe ; mes ancêtres se sont établis dans ce pays avec Guillaume le Conquérant ; nous sommes cousins de Charles Martel, de Roland le Furieux, de Philippe Auguste, de Pierre le Cruel et de Philippe Barberousse. Les armes royales de Brentford sont écartelées sur mon écusson. Je méprise votre personne, mais j'ai besoin de votre argent, et je vous vendrai ma fille bien-aimée, Blanche Stiffneck, moyennant cent mille livres sterling, pour pouvoir purger mes hypothèques. Que votre fils l'épouse, et elle deviendra lady Blanche Pump et Aldegate. »

Le vieux Pump et Aldegate lui tape aussitôt dans la main, et c'est affaire faite ; il est fort réjouissant de penser que la naissance est une denrée que l'on peut se procurer à prix d'argent. On apprend ainsi à l'apprécier à sa juste valeur : et pourquoi, nous qui ne la possédons pas, l'aurions-nous en plus haute estime que ne font ceux auxquels elle est échue ? Le plus grand profit peut-être que l'on puisse tirer de ce fameux *Almanach de la Pairie*, c'est d'y trouver la liste de tous ceux qui, vendeurs ou acheteurs, ont fait trafic de la naissance ; de tous ces indigents rejetons de la noblesse qui ont été mis à l'encan par les Snobs de la Cité, pour devenir les maris de leurs filles ; de ces Snobs dorés de la Cité qui ont fait achat de nobles ladies : et, chose admirable, des deux côtés il y a apport égal de bassesse dans le marché.

Le vieux Pump et Aldegate passe contrat et donne les écus ; cette vente de la jeune fille est ensuite bénie par l'évêque de Saint-Georges à Hanover-Square, et au bout d'un an vous lisez dans un journal : « Lady Blanche Pump est accouchée, samedi dernier, à Roehampton, d'un fils héritier présomptif du nom. »

Peu après que le public a été informé de cette intéressante nouvelle, une ancienne connaissance du jeune Pump, le rencontrant sous les galeries de la Bourse, lui demande familièrement :

« Eh bien ! Pump, mon ami ! comment va votre femme ? »

M. Pump se redresse alors avec un air de suprême mépris ; puis, après une pause : « Lady Blanche Pump, dit-il, va assez bien ; je vous remercie.

— Oh ! pardon ! je croyais qu'elle était votre femme, » reprend l'autre butor en lui souhaitant le bonjour.

Dix minutes après, cette petite histoire a fait le tour de la Bourse, et on se la raconte du plus loin que l'on aperçoit le jeune Pump.

On aurait peine à se faire une idée de la lourde existence que le pauvre Pump, ce martyr du veau d'or, est obligé de subir. Quelles peuvent être les joies du foyer pour un homme que sa femme méprise ; qui ne peut ouvrir sa maison à ses amis ; qui, déserteur de la classe moyenne de la société, n'est point admis dans les hautes régions, mais qui se console de ces rebuts et de ces humiliations en pensant que son fils sera plus heureux que lui ?

C'était jadis l'usage, dans les clubs où s'observaient le mieux les vieilles traditions, que, si l'un des membres demandait la monnaie d'une guinée, on la lui présentât sur un plateau de vermeil. Le contact direct avec les mains d'un simple mortel ne devait pas souiller les doigts d'un gentleman. De même, quand l'argent des Snobs de la Cité aura, après une ou deux générations, lavé l'impureté de son origine en se transformant en terres, en bois, en châteaux et en hôtels, alors il aura cours comme étant de bon aloi, et comme réellement frappé au coin aristocratique.

Le vieux Pump balaye la boutique, fait les commissions, devient l'homme de confiance, et enfin l'associé de son patron. Pump II passe chef de maison. Il entasse sac d'écus sur sac d'écus, et marie son fils à la fille d'un comte. Pump III dirige toujours la banque, mais la grande affaire de sa vie est de devenir le père de Pump IV, qui s'épanouit comme une des plus belles fleurs du parti aristocratique, qui prend place à la chambre en qualité de baron de Pumpington, et dont la race est désormais appelée à gouverner de père en fils cette nation de Snobs.

CHAPITRE IX.

Les Snobs militaires.

S'il n'y a pas de société plus agréable que celle de jeunes officiers instruits et bien élevés, je n'en sais pas au monde de plus intolérable que celle des Snobs militaires. Il en est de tout grade, depuis l'officier général à la poitrine constellée de plaques, de broches et de croix, jusqu'à ce jeune cornette à peine sorti de sa coquille, qui se rase pour faire pousser sa barbe, parce qu'on vient de le porter sur les cadres du régiment de Saxe-Cobourg-Lanciers. Qui n'admirerait avec moi la manière dont se distribuent les grades dans notre pays ? Grâce à cette judicieuse organisation, cette débile créature, qui la semaine passée recevait encore le fouet pour n'avoir pas bien su sa leçon, va pouvoir commander à ces grands guerriers barbus, qui ont vu en face tous les dangers, qui ont été sur tous les champs de bataille. Il lui suffit d'avoir des écus à donner à l'agent militaire, pour acquérir des droits sur ces hommes qui ont mille fois plus d'expérience que lui, et qui néanmoins vont lui faire la courte échelle pour le porter au faîte des honneurs dans la carrière qu'il a embrassée ; et à côté de cela le vieux vétéran auquel il commande n'obtient d'autre récompense de son courage qu'une place à l'hospice de Chelsea ; et l'officier qu'il supplante va s'enfouir dans quelque obscure retraite, et terminer une vie de déceptions avec les maigres ressources que lui fournit sa demi-solde.

Quand je lis dans la *Gazette* des nouvelles du genre de celle-ci : « Le lieutenant Grigg, du régiment des bombardiers, a été nommé capitaine, en remplacement de Grizzle, qui a demandé sa retraite, » je sais d'avance ce qui va advenir du pauvre Grizzle, vieux vétéran des guerres de la Péninsule. Je le suis en imagination dans quelque modeste village, où il va prendre ses derniers quartiers, et lutter de toute l'énergie du désespoir pour vivre en gentleman avec la moitié de ce que donnerait un tailleur à son chef d'atelier. D'autre part, je me figure le petit Grigg parcourant tous les grades, sautant d'un régiment à l'autre, toujours avec de l'avancement, sans avoir jamais à subir le désagréable service des pays d'outre-mer ; enfin le voilà à trente ans avec un brevet de colonel, et pourquoi ? Parce qu'il a de l'argent et qu'il a pour père lord Grigsby, qui, avant son fils, a profité des mêmes avantages. La première fois, Grigg a dû rougir d'avoir à donner des ordres à tous ces braves et vieux soldats ; mais comment un enfant gâté saurait-il tenir contre les entraînements de l'égoïsme et de la présomption ? Cet enfant gâté de la fortune est donc prédestiné à être un Snob.

Notre candide lecteur a dû s'étonner plus d'une fois de la manière dont notre armée se comporte sur le champ de bataille en dépit des anomalies qui se rencontrent dans son organisation, et qui sont les plus monstrueuses de notre système social. Ce n'est pas que nous ne soyons tout prêt à rendre le plus sincère hommage au courage que Grigg et ses semblables savent déployer en toutes circonstances. Les régiments de petits-maîtres formés par le duc de Wellington se battaient aussi bien que les autres ; mais il serait absurde de dire qu'ils se battaient mieux. Le grand-duc lui-même était un petit-maître, et faisait trafic des grades tout comme Marlborough avant lui ; mais qu'est-ce à dire, sinon que nos petits-maîtres sont aussi braves que les autres enfants de la Grande-Bretagne, n'importe lesquels ? Oui, sans doute, il ne nous en coûte point à le proclamer, Grigg, le rejeton d'une noble famille, est monté sur la brèche de Sobraon aussi vaillamment que le caporal Wallop, l'ex-garçon de charrue.

Dans la guerre, du moins, notre homme se montre d'une

manière plus favorable que dans la paix. Mais n'est-ce pas une belle existence pour Grigg, du régiment des bombardiers ou des Gardes à grandes bottes, que d'arpenter la route de Windsor à Londres, et de Londres à Windsor, ou de Knight-Bridge à Regent's-Park ? Un bien agréable service que de passer l'inspection du pot à blanc de son bataillon ou des chevaux de ses cavaliers ; de crier d'une voix de tonnerre : *Poté... hâm! présenté... hâm!* tous devoirs pour l'accomplissement desquels il suffirait d'une intelligence assez bornée ? La vie de fantassin présente autant de variété et exige la même profondeur d'esprit. Ces palefreniers, que vous voyez avec leur casaque rouge amener à Saint-James-Park les chevaux de leurs maîtres, seraient tout aussi bons pour cette besogne que ces petits lieutenants éventés, bons enfants du reste et de bon air, que l'on voit flâner dans Pall-Mall, perchés sur les talons élevés de leurs petites bottes, ou défiler à la garde montante devant le drapeau du régiment, dans la cour du palais, tandis que le tambour bat aux champs. Notre bien-aimé lecteur aura déjà vu sans doute quelqu'un de ces jeunes héros fléchissant sous le poids de l'étendard, ou lui faisant, avec toute la gravité de son âge, le salut de l'épée. C'est une pasquinade qui vaut la peine qu'on se dérange pour aller la voir au palais.

J'ai eu l'honneur de rencontrer une ou deux fois un vieux gentleman qui m'a bien semblé le type le plus parfait de ce que pouvait faire d'un homme la pratique de la vie militaire. Il avait usé son existence à servir dans les régiments d'élite, et ensuite à y commander. Je veux parler du lieutenant général l'honorable sir George Granby Tufto, chevalier commandeur du Bain, et décoré de tous les ordres imaginables. Il n'y a pour ainsi dire rien à reprendre à ses manières, et il se conduit dans le monde en homme du meilleur ton ! C'est un Snob accompli.

Mais l'âge n'est point, à lui seul, un préservatif contre la sottise, et sir George Tufto n'a pas plus de bon sens à soixante-huit ans que lorsqu'il entra à l'armée à l'âge de quinze ans. Il s'est distingué, du reste, en une foule de rencontres. Son nom a été cité avec éloge dans plus de vingt gazettes. Nous avons déjà eu l'occasion de présenter à nos lecteurs ce personnage, à la poitrine matelassée et toute criblée de décorations ; mais nous serions fort en peine de dire les mérites de ce brillant héros. Il n'a de sa vie ouvert un livre, et ses doigts rouges et goutteux tracent des jambages que désavouerait l'écolier le plus novice. Le voilà arrivé à la vieillesse et aux cheveux blancs sans que sa personne en soit plus vénérable. Il n'a pas de honte de s'habiller encore en ci-devant jeune homme et de dissimuler cette vieille carcasse sous un corset ouaté, comme s'il était encore le beau George Tufto de 1800. C'est un mélange d'égoïsme, de brutalité, d'emportement et de gloutonnerie. Il fait beau le voir à table, avec ses petits yeux injectés de sang, dévorer à l'avance ce qu'il y a dans son assiette. Chacune de ses phrases est accompagnée d'un juron, et, après le dîner, il débite des histoires de caserne, les plus graveleuses que l'on puisse entendre. En raison de son rang et de ses services, on se croit obligé à certains égards pour ce vieux butor, aussi chargé de titres que de croix. Quant à lui, il vous regarde du haut de sa grandeur, et vous témoigne son mépris avec une naïveté convaincue, tout à fait plaisante à voir. Peut-être, s'il eût embrassé une autre profession, ne serait-il pas devenu cette misérable créature qui se promène là sous nos yeux. Mais que choisir? Il n'était propre à rien. Son incorrigible paresse et la grossièreté de son esprit l'empêchaient de songer à toute autre carrière que celle où il s'est fait une réputation de brave et bon officier, et dans laquelle il a surtout excellé à monter les chevaux de course, à boire du porto, à se battre en duel et à séduire les femmes. Dans son esprit il est cependant le personnage le plus considérable et le plus considéré qui existe sous la calotte des cieux. Vous êtes à peu près sûr de le rencontrer l'après-midi sur la place de Waterloo, où il vient faire sa promenade habituelle, cachant ses jambes un peu roidies par l'âge dans ses bottes vernies, et lorgnant les femmes jusque sous leurs chapeaux. Quand il mourra d'apoplexie, le *Times* consacrera un quart de colonne au souvenir de ses services et de ses faits d'armes. Il faudra déjà quatre bonnes lignes au moins pour ses titres et ses décorations, tandis que la terre se refermera sur la dépouille de l'être le plus dépravé et le plus obtus qui ait jamais paradé sur notre planète.

Dans la crainte qu'on n'aille m'attribuer une humeur misanthropique, qui de parti pris ne saurait être satisfaite de rien, je désire qu'on prenne bonne note de ce que je vais dire; car je tiens à rassurer notre armée : c'est à savoir que j'ai l'entière conviction que, parmi nos soldats, on rencontre fort peu de personnes de la tournure de celui que je viens d'ébaucher (nous avons seulement fait choix du type qu'on vient de voir pour la plus grande édification de ceux qui appartiennent tant à la vie civile qu'à la vie militaire; c'est là sans doute un des profils les plus parfaits dans leur outrecuidance qu'on puisse rencontrer parmi les Snobs de l'armée) : car, je le déclare hautement, quand les épaulettes ne se vendront plus à prix d'argent; quand les punitions corporelles auront disparu tout à fait; quand le caporal Smith aura chance de voir son courage aussi bien récompensé que celui du lieutenant Grigg; quand on supprimera les grades d'enseigne et de lieutenant, qui n'ont point de raison d'être et qui ne sont qu'une insulte vivante au reste de l'armée; quand surtout on ne guerroiera plus, oh! alors je me sentirai beaucoup de goût pour un brevet de major général.

Il me reste encore en portefeuille bonne provision de Snobs militaires; mais, après un premier assaut, il est bon de prendre haleine et de recevoir du renfort pour le prochain chapitre.

CHAPITRE X.

Encore les Snobs militaires.

J'étais l'autre jour à me promener au Parc avec mon jeune ami Tagg, et nous causions ensemble de mon prochain essai sur les Snobs, lorsque fort à propos vinrent à passer près de nous le capitaine Rag et l'enseigne Famish, ces deux types parfaits, chacun en son genre, du Snob militaire : l'un sportsman enragé, l'autre mauvais sujet et bon enfant. Vous êtes sûr de les rencontrer presque toujours, vers les cinq heures, caracolant sous les allées ombreuses de la Serpentine et passant une inspection minutieuse du contenu des brillants équipages qui se croisent dans l'avenue des Dames.

Tagg et Rag sont fort bien ensemble ; aussi le premier s'est-il fait un devoir de me raconter, avec cette candide bienveillance, avec cet abandon d'un usage général à l'égard de ses meilleurs amis, l'histoire entière du capitaine Rag. Le capitaine Rag, originaire d'Écosse, est un petit homme vif et alerte. Dès sa jeunesse, il entra dans un régiment de cavalerie d'élite, et, pendant les délais exigés pour obtenir ensuite une compagnie, il réussit si bien à duper les autres officiers en leur vendant des chevaux vicieux comme exempts de tout défaut, à leur gagner leur argent à l'aide de manœuvres aussi ingénieuses que suspectes, que son colonel l'engagea à donner sa démission. Il obéit d'autant plus volontiers que l'arrivée d'un jeune novice au régiment lui fournit l'occasion de placer un cheval morveux qu'il lui laissa à un prix des plus serrés. Depuis lors, il passe sa vie autour des billards, dans les steeple-chases et sur le turf. Il a établi son quartier général à Rummer, Conduit-Street, où il rassemble tous ses acolytes ; mais il est presque toujours par voies et par chemins, ainsi que l'exige sa double profession de jockey et d'escroc.

Le journal du sport nous apprend qu'il ne manque pas une course et qu'il y joue même un rôle actif. A Leamington, il montait en personne le cheval qui fut placé premier. Il y a une quinzaine, à Harrow, on le laissa pour mort dans un fossé; il n'en était pas moins la semaine dernière à la Croix-de-Berny, la figure défaite, mais aussi résolu que d'habitude, et il s'attira les applaudissements des badauds de Paris pour son bon air sur sa selle et l'élégance de son costume, lorsqu'il fit un petit train de galop pour mettre en haleine sa détestable monture, *le Désavoué*, avant de courir la grande poule des haras.

C'est un des fidèles de Hyde-Park. Pendant la belle saison, on le rencontre d'ordinaire sur un poney plein de feu et au poil lisse, aux côtés de la fameuse écuyère Fanny Highflyer, ou bien causant d'une façon tout intime avec lord Thimblering, le célèbre parieur aux courses.

Il fuit comme la peste la société des honnêtes gens, et préférerait pour son dîner un morceau d'entre-côte au cabaret du Tonneau, pourvu que ce fût en compagnie de Sam Snaffle, le jockey, du capitaine O'Rourk, et deux ou trois autres individus aussi mal famés, à tous les festins les plus délicats que pourrait lui offrir la société la plus choisie de Londres. Tout Rummer sait à l'avance lorsqu'il quitte la ville pour aller passer le samedi et le dimanche avec Hocus, un grec fameux, dans le vide-bouteille que possède ce dernier près d'Epsom, et où, si l'on en croit la rumeur publique, nos gaillards trameraient plus d'un tour de leur façon.

Le capitaine ne joue pas souvent au billard, mais surtout il n'y joue jamais en public. Lorsqu'il prend une queue, c'est qu'il lui est tombé entre les mains quelque bon novice, qu'il ne quitte pas avant de l'avoir pressuré jusqu'au dernier schelling. Dernièrement il a fait une longue séance de ce genre avec le petit Famish.

Lorsqu'il se hasarde dans un salon, ce qui ne lui arrive qu'à l'occasion des fêtes données à la suite d'une chasse générale ou d'une journée de course, il sait s'en tirer à sa plus grande satisfaction.

Son jeune ami, l'enseigne Famish, est ravi de paraître en public avec un homme aussi lancé que Rag, et il envoie des saluts à tous les habitués du turf qu'il rencontre au Parc. Rag permet à Famish de l'accompagner au Tattershall, le fait brocanter sur les chevaux et se sert en récompense du cabriolet de Famish. Le régiment de notre jeune héros est en ce moment aux Indes; quant à lui, il a obtenu un congé pour cause de maladie. Il refait sa santé à s'enivrer tout le jour, et fortifie ses poumons, qu'on dit faibles, en ayant sans cesse le cigare à la bouche. Les agents de police de Haymarket le connaissent à merveille, et les cochers matineux lui ôtent leur chapeau. Bien souvent, après l'heure de la fermeture, on voit s'entre-bâiller discrètement la porte de quelque cabaret de bas étage, pour laisser échapper le petit Famish, qui, s'il n'est qu'étourdi par le vin, cherche querelle à tous les passants et veut rouer de coups tous les cochers, ou, si une complète ivresse l'empêche de se soutenir, trouve fort à propos l'assistance de quelque bonne fille en robe de satin jaune qui prend pitié de son état. Tout le monde dans le voisinage, les cochers et la police, les marchands de café ambulants et ces bonnes âmes en robe de satin jaune, connaissent notre gaillard, qui s'entend traiter de pair à égal par ce qu'il y a de plus vil et plus abject au monde.

Sa mère, lady Fanny Famish, est intimement convaincue que son Robert ne reste à Londres que pour être plus à portée du médecin et faire les démarches nécessaires pour obtenir de passer dans un régiment de dragons qui ne doit point aller dans cette Inde maudite. Elle est persuadée que la poitrine de son fils est des plus délicates, qu'il prend chaque soir de l'eau de gruau et un bain de pieds bien chaud avant de se coucher; cette bonne dame demeure à Cheltenham, et c'est une grave matrone.

Le petit Famish se manquerait à lui-même s'il ne fréquentait pas le club des Canotiers. Il y déjeûné tous les jours à trois heures. C'est là le rendez-vous de jeunes héros imberbes de sa trempe ; c'est là que ces bons vivants font leurs joyeuses parties et qu'ils s'offrent des dîners à tour de rôle. C'est là qu'on peut voir une demi-douzaine de mauvais sujets de quatrième ou cinquième catégorie flânant et fumant à l'entrée de cette taverne. C'est là que, chaque soir, un domestique en jaquette rouge amène la grande jument à longue queue du capitaine Slapper, pendant que le capitaine s'administre un verre de curaçao pour mieux ensuite faire son fendant au Parc. C'est là que vous verrez Hobbson des Highlanders ayant à côté de lui Dobby, des fusiliers de Madras, dans un grand cabriolet qui menace de verser au moindre cahot et qui appartient à un des loueurs de Bond-Street.

En résumé, les Snobs militaires sont si nombreux et si variés, que cent chapitres suffiraient à peine pour les passer tous en revue. Il y a le Snob traîneur de sabre, qui jouit de la plus détestable réputation. Il y a le Snob fanfaron, qui prétend aux respects de la foule et qui, sans avoir jamais quitté ses foyers, se donne des airs de matamore à faire pouffer de rire. Il y a le Snob du service médical, qui, dans sa conversation, tranche du militaire plus brutalement que le plus grand sabreur de l'armée. Il y a encore le Snob de la grosse cavalerie, que les jeunes ladies admirent pour sa grande figure rouge et bête et ses moustaches rousses. Ce Snob a beaucoup de majesté dans le maintien et peu de cervelle dans la tête ; il est niais par excellence, mais brave et plein d'honneur. Il y a encore dans l'armée le Snob amateur, qui se fait capitaine sur ses cartes de visite, parce qu'il est lieutenant de la milice de Bungay. Il y a le Snob militaire qui se pose en bourreau du beau sexe, et bien d'autres que je passe, faute de place pour les nommer.

Mais qu'on n'aille point, de grâce, accuser maître *Punch* de le prendre avec l'armée sur un ton un peu léger, avec cette bonne et vaillante armée dont chaque membre lit le *Punch* dans les quatre parties du monde, depuis le feld-maréchal, duc de Wellington, jusqu'au dernier soldat, sans excepter même S. A. R. le feld-maréchal prince Albert, dont on veut à toute force faire un homme d'épée, on n'a jamais pu savoir pourquoi.

Nous renvoyons ces honnêtes bourgeois, qui voudraient prendre leurs airs de sceptiques à l'endroit des généreuses qualités de notre armée, au récit donné par Harry Smith de la bataille d'Aliwal. C'est un noble fait d'armes raconté dans un noble langage. A vous, qui doutez que la chevalerie soit encore de ce monde, qui croyez que les jours d'héroïsme sont passés à jamais, nous dirons : « Songez à sir Henry Hardinge, parcourant avec son fils, son cher petit Arthur, le front des lignes de Ferozeshah. » Qu'aucun de nos peintres ne cherche à nous reproduire cette scène si sublime de simplicité ; quel pinceau pourrait la rendre dans toute sa grandeur et toute son énergie? L'histoire du monde ne présente pas un sujet plus glorieux et plus héroïque. Non ! non ! les hommes capables d'accomplir de pareils actes d'intrépidité et de les raconter avec tant de dignité et de modestie ne sauraient être des Snobs ; leur pays les admire, leur souverain les honore, et le *Punch*, ce railleur impitoyable, leur ôte son chapeau et s'écrie : « Que le ciel les conserve longtemps ! »

CHAPITRE XI.

Les Snobs du clergé.

Après les Snobs militaires se présentent tout naturellement les Snobs du clergé ; c'est sans contredit une des espèces de Snobs les plus nombreuses et les plus importantes de ce vaste musée. Nous commençons par professer ici le plus profond respect pour leur habit, bien résolus, cependant, à ne pas manquer au devoir que nous nous sommes imposé envers la vérité, la société et le public britannique.

Parmi les membres du clergé, il en est plus d'un dont les titres au Snobisme ne sauraient faire question, et cependant il n'est point à propos de les développer ici, par la même raison que maître *Punch* n'ira jamais dresser sa baraque au beau milieu d'une cathédrale, au mépris des cérémonies du culte. Il le reconnaît lui-même : il est des endroits privilégiés où il n'a point le droit d'aller faire tapage et donner la parade. Dans ces cas-là il fait taire son tambour, ôte son chapeau et se tient en paix.

Ce que je sais bien, c'est que, s'il se trouve quelques membres du clergé qui se comportent mal, incontinent voilà cent journaux qui se mettent à crier haro sur les pauvres diables et à leur prodiguer la honte et l'opprobre! Parmi les limiers de la presse toujours prêts à aboyer et à lancer l'anathème contre ces brebis qui s'égarent, en est-il un qui songe à tenir compte de tout le bien que font ces dignes et honnêtes ministres qui vivent en vrais chrétiens, donnant sans compter aux pauvres et se refusant le nécessaire ; dont l'existence, jusqu'au dernier souffle, est remplie de la pensée du devoir, sans que jamais un article de journal leur accorde un souvenir bienveillant ? Voilà, cher lecteur, de bons modèles à suivre, et, puisque nous sommes ici dans l'abandon du tête-à-tête, permettez-moi de vous faire entre nous ma confession intime : c'est que ces éminents philosophes, qui crient si haut contre les ministres, n'ont pas, je le gagerais, amassé tous ces griefs à leur égard dans une fréquentation assidue de l'église.

Mais vous, qui vous êtes pris quelquefois à écouter le carillon joyeux des cloches du village, vous qui, par un beau soleil du dimanche, êtes allé comme un enfant courber votre front devant le Seigneur, qui avez vu plus d'une fois la femme du ministre visitant le chevet du pauvre malade, ou bien, dans la Cité, l'homme de Dieu gravissant les marches boueuses de quelque infecte mansarde pour accomplir son saint ministère, n'insultez point à celui qui tombe, ne mêlez point cette voix accusatrice aux cris de la foule déchaînée contre lui.

Il n'est pas bien difficile de hurler ainsi avec les loups. Lorsque le vieux Noé se laissa surprendre dans les vignes du Seigneur, un seul de ses enfants osa le railler dans son infortune, et, croyez-le bien, ce n'était pas le plus vertueux: Détournons donc les yeux en silence, et n'applaudissons point comme ces écoliers en révolte, lorsqu'un de leurs camarades plus robuste et plus indiscipliné s'insurge et donne la férule au maître.

J'avoue cependant que, si j'avais sous la main le nom de ces sept ou huit évêques irlandais dont les journaux de la semaine dernière rappelaient les principales dispositions testamentaires et qui sont morts en laissant après eux deux cent mille livres sterling pour chaque part l'une dans l'autre, j'aimerais à tailler sur eux le patron de mes Snobs du clergé, et à promener sur leur personne le scalpel de la satire avec autant de succès que M. Eisenberg, le pédicure, opéra, à ce que dit la presse, sur les cors de Sa Grâce le très-honorable évêque de Tapioca.

Il me semble que lorsque ces très-respectables prélats vont se présenter, leurs testaments à la main, aux portes du paradis, il y a grande chance pour eux.... Mais les portes du paradis sont trop éloignées de notre planète pour y suivre Leurs Seigneuries. Hâtons-nous donc de redescendre ici-bas, dans la crainte de nous exposer à quelques malencontreuses questions sur nos turpitudes favorites.

Ce n'est point nous qui ferons chorus avec ce préjugé trop répandu que les membres de notre clergé surchargent le budget par leurs gros traitements et se livrent aux intempérances d'un luxe effréné. Quand Sydney Smith, cet homme de mœurs si rigides et de si vénérable mémoire, vint se déclarer pour le maintien des gros bénéfices sans lesquels, disait-il, l'Église ne pourrait faire aucune recrue dans les rangs élevés de la société, il ajouta en même temps, avec toute l'autorité persuasive qui s'attachait à sa parole respectée, qu'il n'y avait point à porter envie au clergé pour les avantages mondains dont il paraissait jouir.

A lire cependant les tirades de quelques-uns de nos écrivains en renom, on serait tenté de croire que nos ministres passent leurs journées à table entre un plat de pouding et une bouteille de porto; que, sur le menton à triple étage de Leurs Révérences, dégoutte incessamment la graisse de bonnes grillades de porc que leur a valu la dîme. Un crayon satirique peut s'amuser à les représenter sous les traits de gros hommes bouffis à la courte encolure, à la face bourgeonnée et apoplectique, dont l'embonpoint fait craquer les habits, espèce de Silènes modernes disparaissant sous leur chapeau à larges bords et leur épaisse perruque.

Mais revenons à la réalité. Nous trouverons que la table de ces malheureux est loin d'offrir l'abondance dont on leur fait un crime. Ils donnent leur temps et leur peine à un prix que dédaignerait un premier garçon tailleur; ce traitement est bien modique, et pourtant il faut encore le partager avec tant de gens, que nos beaux philosophes perdraient patience s'ils avaient à répondre à toutes ces prétentions. Et notez-le bien, ceux qui déblatèrent le plus contre les revenus des prébendaires sont les premiers à les mettre à contribution. Le ministre est invité à dîner chez l'esquire du comté, et il faut au moins que sa femme ait pour s'y rendre une mise convenable. Lui-même doit avoir bon air, comme on dit, et il ne lui en reste pas moins à élever six grands garçons qui ont tous un appétit dévorant. Par-dessus tout cela, s'il est animé de l'amour de ses devoirs, les tentations de dépense vont se multiplier à l'infini; et qui donc y résisterait à sa place? Je vous vois d'ici acheter une caisse de cigares, parce que c'est une veine à saisir; une montre en or moulu de chez Howell et James, pour ne pas laisser échapper un bon marché. Vous allez retenir une loge à l'Opéra, parce que Lablache et Grisi vous enchantent dans *les Puritains*; et comment voulez-vous que ce ministre ne cède pas au désir de donner une demi-couronne à John Breakstone, dont la famille n'a pas de pain, d'apporter une bouteille de porto à la pauvre Polly Rabbits, qui vient d'accoucher de son treizième enfant, de rhabiller à neuf le petit Boob Scarecrow, dont les vêtements tombent en guenilles? En faveur de toutes ces tentations, chers moralistes et philosophes, ne vous montrez pas si rigoureux pour le pauvre ministre.

Mais, tout beau! au lieu de faire la leçon au clergé, nous nous laissons aller, je crois, à décerner les éloges les plus exagérés à cette race noir-vêtue et détestable. O digne Francis, qui reposez maintenant sous le gazon funéraire! ô Jimmy! ô Johnny! ô Willy! amis de mon enfance, et vous, bon et noble Elias, qui pourrait vous avoir connus sans éprouver le plus profond respect pour votre mémoire et votre nom? Puisse cette plume se briser entre mes mains si jamais il lui arrivait de jeter le ridicule sur l'un de vous!

CHAPITRE XII.

Des Snobs du clergé et de leur Snoberie.

« Mon cher monsieur Snob, nous écrit un de nos jeunes et aimables correspondants qui signe Snobling, voici un cas sur lequel je serais bien aise d'avoir votre avis. Dernièrement, à la requête d'un noble duc, un ministre, après commencement d'exécution, n'a pas voulu achever le mariage de deux jeunes gens parfaitement en règle : ne doit-il pas être rangé parmi les Snobs ecclésiastiques? »

Vous avez tort, mon jeune ami, de m'adresser cette question. Déjà une de nos revues illustrées s'est chargée de régler le compte de ce ministre, et un crayon inexorable et vengeur l'a présenté sous des traits qui le suivront partout. Il est assez puni comme cela. Ainsi donc, je vous prie, n'insistez pas davantage sur ce sujet.

Voici, du reste, comme se sont vraisemblablement passées les choses.

Miss Smith se sera présentée avec le permis d'épouser Jones ; mais le susdit ministre, n'ayant point aperçu le papa Smith, aura dit à son bedeau de se rendre bien vite en voiture auprès du bonhomme pour l'informer de ce qui se passait, pendant qu'il avait soin de retarder la cérémonie jusqu'à l'arrivée du papa Smith. C'est qu'il pense vraisemblablement qu'il est de son devoir de s'enquérir, auprès de toutes les demoiselles qui viennent lui demander son ministère pour se marier, comment il se fait que leur papa ne soit pas avec elles, et sans doute il dépêche chaque fois son bedeau pour avertir l'autorité paternelle.

Ou bien encore il est fort possible que le duc Cœur de Lion fût ami intime de M. *Comme il vous plaira*, et qu'il lui eût répété plusieurs fois : « Mon cher *Comme il vous plaira*, j'entends que ma fille n'épouse jamais le capitaine ; si quelque jour elle essayait de se marier dans votre église, je compte sur votre amitié pour m'envoyer chercher en voiture par votre sacristain. »

Dans ces deux cas, vous le voyez, mon cher Snobling, bien que le ministre n'ait point reçu de mandat spécial, ses motifs d'entraver la cérémonie pourraient amplement le justifier. Il est vrai qu'il n'a pas plus le droit de m'empêcher de me marier qu'il n'a celui de m'empêcher de dîner. La loi m'autorise à accomplir ces deux actes avec toute l'indépendance qui appartient aux enfants de la Grande-Bretagne, si j'ai en poche l'argent nécessaire pour les frais. Mais si vous envisagez d'autre part la sollicitude du pasteur pour ses brebis, son profond désir d'accomplir tous les devoirs de son office, vous pardonnerez à ce zèle incommode mais sincère.

Maintenant, je suppose que ce ministre ait fait pour le duc ce qu'il ne ferait pas pour Smith, qu'il ne soit pas plus lié avec la famille Cœur de Lion que je n'ai de relations avec la royale et sérénissime maison de Saxe-Cobourg-Gotha ; dans ce cas, je l'avoue, mon cher Snobling, la réponse à votre question pourrait bien ne pas être tout à l'avantage du ministre, et vous m'obligeriez en me permettant de rester bouche close. Je voudrais bien savoir ce que dirait sir George Tufto, si une de ses sentinelles abandonnait son poste parce qu'un noble lord, parfaitement étranger au service, serait venu prier cette sentinelle de déserter son devoir.

Il est triste de penser que ces gens d'Église, qui savent si bien fouetter les petits vauriens qu'on leur confie et les mettre à la porte, ne soient pas aussi habiles à pousser dehors les faiblesses humaines. Or, qu'est-ce que les faiblesses humaines, sinon le Snobisme? Un journal annonce, par exemple, que le très-honorable lord Charles James a administré le sacrement de confirmation à quelques enfants des plus nobles familles dans la chapelle royale. La chapelle royale serait-elle devenue une sorte d'Almack ecclésiastique où ces petits seigneurs en herbe, ne pouvant souffrir aucun contact roturier, viennent faire bande à part et choisissent leur société pour se rendre au céleste séjour? Quand je tombe sur de pareils articles, et pendant la saison du grand monde on en voit éclore deux ou trois de ce genre dans notre capitale, je reconnais les détestables effets, les honteuses conséquences, les fruits déplorables de cette détestable, honteuse et déplorable publicité que l'on donne aux nouvelles de cour. Le Snobisme y est poussé aux dernières limites.

Eh! quoi, jusque dans la maison de Dieu l'égalité ne sera-t-elle qu'un vain nom? Ici, du moins, le collége héraldique se verra bien obligé de reconnaître que nous avons tous même généalogie, que nous descendons tous en ligne directe d'auteurs communs, qui sont Adam et Ève, dont nous nous sommes partagé l'héritage.

Je conjure les ducs, comtes, barons et autres puissants de la terre, de ne plus prêter les mains à ces scandaleuses impostures, dont je rougis pour eux; je supplie tous les évêques qui liront ces lignes de les prendre en considération et de protester contre de pareilles pratiques en déclarant qu'à l'avenir il n'y aura plus une confirmation ou un baptême spécial pour lord Tomnoddy ou sir Carnaby Jenks, à l'exclusion d'autres petits chrétiens. Que Leurs Seigneuries aient un jour ce courage, et ils auront fait disparaître un grand écueil d'iniquité. S'il en était ainsi, ces articles sur les Snobs auraient du moins servi à quelque chose.

On raconte qu'un fameux enrichi de la veille, ayant eu l'occasion d'obliger le digne évêque de Bullocksmithy, demanda en retour à Sa Seigneurie la faveur d'une confirmation particulière pour ses enfants dans la chapelle épiscopale, ce que le respectable prélat s'empressa d'accorder de la meilleure grâce du monde.

Voilà qui dépasse la satire ; et nos plus malicieuses revues ne sauraient inventer plus de naïveté dans le ridicule. Tout cela revient à dire que certains hommes se sont persuadé qu'il leur fallait pour aller au ciel une route tout exprès pour eux, et que, pour produire tous ses effets, la confirmation, comme la vaccine, doit, selon l'avis des bonnes femmes, être administrée de première main. Après la mort de la princesse du Congo, de si respectable mémoire, on trouva dans son testament qu'elle avait légué 10 000 livres au pape et 10 000 livres à l'archevêque de Cantorbéry. De cette façon, elle était sûre de son affaire ; et, de quelque côté que fût le bon parti, elle ne pouvait manquer d'avoir pour elle les puissances religieuses. C'est là du Snobisme sans déguisement et qui s'étale dans une nudité encore bien plus complète que dans les exemples précédents. Dans le for intérieur, un Snob de bonne compagnie n'est ni moins fier ni moins orgueilleux de ses richesses et de sa dignité qu'un Snob parvenu qui en fait parade jusqu'à la bouffonnerie. Une marquise ou une duchesse de race sont aussi vaines de leur personne et de leurs diamants que la reine Quashyboo de la paire d'épaulettes qu'elle ajuste sur sa robe et du tricorne orné de plumes avec lequel elle parcourt ses États.

Tout ceci soit dit sans diminuer en rien mon respect pour cette chère pairie que j'aime et honore infiniment ; car, je le répète, j'en crèverais d'orgueil si l'on pouvait me voir dans Pall-Mall me promenant au bras de deux nobles ducs. Tout en désirant qu'on n'eût jamais inventé tous ces titres, je n'ai nulle envie de manquer de respect à ceux qui les portent; mais mieux vaudrait qu'il n'y en eût pas, car, suivez bien mon raisonnement, s'il n'y avait pas d'arbre, il n'y aurait pas d'ombre; or, la société ne serait-elle pas plus agréable, le clergé plus porté à rendre de bons offices, ce que nous avons précisément à examiner, si l'appât d'un rang élevé, si les séductions trompeuses que nous prodigue le monde, ne venaient sans cesse se jeter au travers de notre existence et nous emporter bien loin de notre véritable route?

Que j'en ai vu périr, hélas! dans cet abîme! Tenez, par exemple, le petit John Sniffle, qui se rendit au château de M. Fuddlestone en qualité de chapelain; c'était bien le plus aimable, le plus laborieux garçon qui fût au monde. Il vivait avec sa tante, et son dévouement pour les pauvres était admirable. Il noircissait chaque année plusieurs rames de papier à écrire des sermons très-bien pensés, mais d'un ennui insurmontable. Lorsque arriva dans le pays la famille de lord Brandyball, on invita Smith au château. Smith en fut si troublé qu'il ne savait plus comment dire ses grâces et qu'il renversa une compote de groseilles sur les genoux de lady Fanny Toffy.

Voyons maintenant les résultats de ces rapports intimes entre le ministre et cette noble famille. Sa tante se mit à le quereller de dîner ainsi dehors; le malheureux ne pensa plus à ses pauvres; son vieux bidet ne put résister à tant de courses forcées à Brandyball, tandis que le pauvre Tom Sniffle se laissait emporter à la passion la plus folle pour la châtelaine. Il remplaça ses habits de ministre par des vêtements confectionnés chez un des meilleurs tailleurs de Londres; il ne sortit plus qu'en chemise brodée, en bottes vernies, et exhalant autour de lui une odeur de cassolette. Il acheta un cheval de sang au petit Bob Toffy. On le vit parmi les plus assidus aux concours d'arbalétriers, aux banquets publics et aux chasses à courre. Faut-il tout dire? je le rencontrai un soir dans une stalle à l'Opéra, et, quelques jours après, à Rotten-Row, caracolant aux côtés de lady Fanny. Il a décrassé son nom à la façon de tous les pauvres petits Snobs; et, au lieu de Sniffle tout court, on lit désormais sur des cartes de porcelaine :

LE RÉV. T. D'ARCY SNIFFLE.

Burlington Hotel.

Il ne faut pas grand effort d'esprit pour deviner la fin de toute cette histoire. Lorsque le comte de Brandyball eut vent de l'amour de son chapelain pour lady Fanny, il eut un accès de goutte qui l'emporta dans l'autre monde, au grand regret de son fils lord Alicompayne; mais, avant de mourir, il adressa à Sniffle ces paroles mémorables, qui refroidirent un peu les ardeurs amoureuses de ce dernier : « Sans le respect que j'ai pour l'Église, monsieur, lui dit-il, je vous jure mes grands dieux que je vous ferais descendre les escaliers plus vite que vous ne les avez montés. » Après quoi Sa Seigneurie succomba à l'accès dont nous venons de parler. Et lady Fanny, comme chacun sait, épousa peu après le général Podager.

Quant au malheureux Tom, aussi pressé de dettes que d'amour, il vit de toutes parts les créanciers fondre sur lui, et dernièrement M. Hemp, de Portugal-Street, a fait afficher son nom sur ses listes de proscription. Depuis lors, Tom vit dans l'exil et fréquente les endroits où la bonne société se donne rendez-vous sous prétexte de prendre les eaux; et là, on le voit tantôt s'acquittant des devoirs de son saint ministère, tantôt pilotant quelque jeune lord en tournée à Carlsruhe ou à Kissingen, tantôt enfin, le dirons-nous? les yeux attachés sur le tapis vert et caressant de la main la barbiche qu'il porte au menton.

Si la tentation ne s'était point offerte à cet infortuné sous les traits de lord Brandyball, il serait sans doute encore à remplir avec zèle et dignité les devoirs de son ministère; il aurait peut-être épousé sa cousine avec sa dot de quatre mille livres sterling, la fille de cet honnête marchand de vin qui bougonnait toujours après son neveu de ce qu'il ne lui faisait pas avoir la pratique du noble lord; à l'heure qu'il est, il serait peut-être père d'une demi-douzaine d'enfants; et pour grossir ses revenus il eût pris des élèves en pension : sa vie et sa mort eussent ainsi été celles d'un bon ministre campagnard.

Qu'avait-il de mieux à faire? Si vous voulez savoir tout ce qu'il peut y avoir de bon, de dévoué et de généreux dans le cœur d'un homme de cette profession, lisez dans Stanley la *Vie du docteur Arnold*.

CHAPITRE XIII.

Toujours les Snobs ecclésiastiques.

Parmi les variétés de Snobs ecclésiastiques, gardons-nous d'oublier le Snob universitaire et le Snob pédant ; ces subdivisions comprennent de nombreuses recrues dans cette armée d'hommes noirs.

Nos ancêtres, dans leur sagesse, que j'admire chaque jour davantage, me paraissent avoir un peu traité pardessous jambe l'éducation de la jeunesse, comme chose de médiocre importance, si bien que tout homme armé d'une férule, d'une robe et d'un diplôme, avait à leurs yeux plus qu'il n'en fallait pour essayer de ces fonctions. Voyez encore de nos jours tous ces honnêtes gentilshommes campagnards se renseigner avec un scrupule minutieux sur le sommelier qu'ils vont prendre à leur service. Ils n'achèteraient point un cheval sans lui faire subir la plus sévère inspection, sans s'assurer des plus complètes garanties; mais ils envoient le jeune John Thomas, leur fils, à l'école, sans s'informer le moins du monde de ce que peut être le maître auquel ils le confient; ils le mettront ensuite au collége de Switchester, entre les mains du docteur Block, parce que c'est à ce même collége que leur honnête homme de père, il y a quarante ans, a fait ses études, sous le docteur Buzwig. Nous qui vous parlons, savez-vous bien que nous avons une tendresse particulière pour tous ces petits chérubins qui vont à l'école? Ce sont nos petits lecteurs, ce sont les amis du *Punch;* aussi je lui souhaite de ne jamais écrire un mot qu'ils ne puissent lire, ou qui soit de nature à froisser leur aimable candeur. Mais d'abord, maître *Punch* ne voudrait pas que ces charmants petits amours fussent des Snobs par la suite, que des Snobs leur missent l'esprit à l'envers ou les reçussent à merci pour les élever Dieu sait comme. Nous aimons d'une étroite et franche affection la jeunesse de nos écoles; les aspirants bacheliers sont nos amis, et le vieil autocrate des études classiques, environné de toute sa gloire dans la grande salle commune, frémit à la pensée d'être attaqué par nous ou de s'entendre, dans nos colonnes, taxer de Snobisme.

Au temps où les chemins de fer ne faisaient encore que menacer d'envahir ce sol qu'ils ont couvert depuis de leur réseau vainqueur, ce fut, comme on peut se le rappeler, un concert de cris et de clameurs de la part des autorités d'Oxford et d'Eton contre cette invention de l'esprit de ténèbres, qui allait par son voisinage porter le trouble dans ces retraites de paix et de science, et emporter la jeunesse anglaise sur la pente rapide de la perdition. Vaines clameurs! le railway triomphe; la dernière heure a sonné pour toutes les vieilleries du passé, et c'est avec un véritable plaisir que l'autre jour j'ai pu lire dans les journaux la réclame suivante, dont voici le texte mot pour mot :

« ALLER ET RETOUR AU COLLÉGE, CINQ SCHELLINGS. —Les jardins du collége seront ouverts au public. Il y aura des régates organisées par les jeunes gens du collége. Les chœurs si justement réputés de la chapelle de King's-College exécuteront plusieurs morceaux d'ensemble. »

Et tout cela pour cinq schellings! Rome est aux mains des barbares. Napoléon Stephenson a resserré dans un cercle révolutionnaire les murs de nos antiques cités, et les perruques ecclésiastiques qui y tiennent garnison doivent se préparer à se reconnaître les vassaux de la vapeur victorieuse.

En voyant, cher lecteur, à quelle profondeur le Snobisme est enraciné dans le système universitaire, il est temps, hâtons-nous de le reconnaître, d'attaquer par la base ces monuments honteux des institutions féodales. S'il vous prend fantaisie d'aller pour cinq schellings visiter les maisons où s'élève la jeune Angleterre, vous verrez un pauvre garçon réfugié dans un coin du préau, n'ayant pas même un gland à son bonnet, tandis qu'un autre s'avance fièrement avec une toque de velours galonnée d'or et d'argent, et qu'un troisième, en robe et en chapeau de maître ès arts, se promène à l'aise sur la pelouse du sacré collége, que les simples mortels n'ont pas la permission de fouler aux pieds.

Quant à lui, c'est son droit : n'est-il pas de la noblesse ? Soyez lord de naissance, et l'Université vous conférera au bout de deux ans un grade que tout autre mettra sept ans à conquérir. Soyez lord de naissance, et vous n'aurez que faire de subir les ennuis d'un examen. Il faut entreprendre le voyage du collége (aller et retour, cinq schellings) pour avoir une idée des contrastes monstrueux et ridicules que ces maisons d'enseignement ne craignent point de mettre dans la manière de traiter les enfants. Qui ne l'a pas vu ne peut le croire.

Ces gaillards galonnés d'or et d'argent sont fils de riches personnages. Par un privilége spécial, ils sont mieux nourris que leurs camarades ; on leur donne du vin à leurs repas, tandis que les autres ne peuvent s'en procurer que dans leurs chambres.

Ces pauvres diables, qui n'ont point de gland à leur bonnet, sont traités comme des subalternes : c'est bien agréable, n'est-ce pas, pour des enfants qui appartiennent à d'honnêtes familles ? La différence dans leurs vêtements provient de ce qu'ils sont pauvres. Ils portent en conséquence la livrée de l'indigence, et n'ont pas le droit de s'asseoir à la même table que leurs camarades.

Cette détestable et honteuse distinction n'avait rien à son origine que de conforme au système féodal, qui, dans sa brutalité native, manquait à toutes les règles de la charité chrétienne et de la logique. Les différences de condition étaient alors si profondément marquées, que c'eût été un blasphème d'élever quelque doute à cet égard, comme il y en aurait un de nos jours à prétendre, dans certaines parties des États-Unis, que nègres et blancs doivent être traités sur le pied de l'égalité. Un coquin comme Henri VIII avait l'impudence de se prévaloir des pouvoirs qu'il disait tenir d'en haut en qualité de prophète patenté. Un misérable comme Jacques Ier croyait non-seulement que la grâce divine habitait en sa personne, mais toute la foule en était à le croire avec lui. Le gouvernement se mit à régler la forme des souliers des marchands, comme il réglait déjà leur commerce, le prix et l'exportation de leurs marchandises, le mouvement de tout leur matériel; il se croyait parfaitement le droit de rôtir les gens pour leur opinion religieuse, et d'arracher une dent à un juif qui n'avait pas acquitté ses impôts, comme de lui prescrire de porter une houppelande jaune et de le reléguer dans un quartier spécial.

Maintenant, un marchand est libre de porter des bottes de la forme qu'il lui plaît, et a presque conquis l'immense privilége de faire ses marchés comme il l'entend, sans que le gouvernement vienne y fourrer son nez. Les bûchers sont éteints, les piloris sont renversés, et l'on entend des évêques élever la voix contre les derniers vestiges de persécution, et demander que les incapacités civiles dont sont frappés les catholiques cessent enfin d'exister. Toute la puissance de sir Robert Peel s'arrête, à son grand regret, devant les infatigables mâchoires de M. Benjamin Disraeli, et il n'a entre les mains aucun talisman pour fermer de force le gosier de cet honorable orateur. Les juifs ne sont plus contraints à porter la livrée; loin de là, ils peuvent à leur gré s'établir dans Piccadilly ou partout ailleurs. Ils peuvent paraître en public habillés comme des chrétiens, et, disons-le, il en est qui sous ce costume ont fort bon air.

Pourquoi donc ce pauvre diable qu'on traite au collége en subalterne continue-t-il à porter une livrée particulière? C'est que l'Université est le dernier retranchement qui tient encore contre la réforme. Mais maintenant qu'on peut faire le voyage, aller et retour, pour cinq schellings, espérons que la réforme montera un de ces jours en wagon, et ira voir ce qui se passe par là.

CHAPITRE XIV.

Les Snobs universitaires.

Tous les anciens de Saint-Boniface reconnaîtront sans peine Hugby et Crump aux deux portraits que je vais en tracer. Ils étaient, de notre temps, professeurs agrégés; Crump a pris depuis les galons de doyen ; alors, comme aujourd'hui, je n'ai rien vu de plus complet en fait de Snob universitaire.

A vingt-cinq ans, Crump avait ajouté trois mètres poétiques de son invention à ceux que contiennent déjà les prosodies, et réédité une comédie grecque passablement décolletée ; son texte comptait vingt corrections de plus que celui des deux savants allemands, Schnupsenius et Schnapsius. Il n'en fallait pas plus que ces importants services rendus à la cause de l'Église pour lui assurer un avancement rapide dans les rangs ecclésiastiques. Aussi est-il maintenant doyen de Saint-Boniface, et je ne serais pas étonné de le voir un jour assis au banc des ministres.

Crump est entièrement convaincu que Saint-Boniface est le centre de l'univers et que sa position de doyen est la plus considérable de l'Angleterre. Il prétend, de la part des agrégés et des professeurs, aux mêmes égards que le pape peut attendre de ses cardinaux. D'ailleurs, je suis sûr qu'il n'en est pas un parmi eux qui se refusât à lui donner une assiette ou à porter la queue de sa robe quand il se rend à la chapelle. Lorsqu'il chante les psaumes, sa voix remplit les voûtes du temple de manière à faire croire que c'est beaucoup d'honneur pour la Divinité que le président de Saint-Boniface condescende à jouer son rôle dans les cérémonies du culte. En un mot, dans son cabinet comme dans le collége, il n'y a que le Tout-Puissant qu'il reconnaisse pour plus puissant que lui.

Lors de la visite des monarques alliés en Angleterre, on leur conféra le grade de docteur de l'Université, et on leur offrit un déjeuner à Saint-Boniface. Cette fois, mais cette fois seulement, Crump permit à l'empereur Alexandre de passer devant lui; toutefois il prit le pas sur le roi de Prusse et sur le prince Blücher. Pour un peu, il aurait renvoyé l'hetmann Platoff déjeuner à l'une des tables des subalternes du collége; mais on parvint à le faire revenir de ce premier mouvement, et il fit à ce Cosaque, digne des pays les plus civilisés, une longue dissertation où il lui prouva par A plus B qu'il n'entendait rien à sa propre langue, et qu'on ne la parlait bien qu'à Saint-Boniface.

Quant aux gradués inférieurs, ils n'en savent guère plus long sur le compte de Crump que sur celui du Grand-Lama. Quelques jeunes privilégiés ont l'insigne bonheur d'être parfois invités à venir prendre le thé dans le sanctuaire qu'il habite; mais ils attendent respectueusement que la divinité du lieu leur adresse la première parole. Si par hasard l'un d'eux pousse l'audace jusqu'à s'asseoir en sa présence, M. Toady, qui escorte partout M. Crump, lui glisse aussitôt à l'oreille : « Monsieur, soyez assez bon, je vous prie, pour vous lever : voici M. le doyen; » ou bien : « Messieurs, le président ne serait pas bien aise de voir les gradués inférieurs assis de la sorte sur son passage; » ou toute autre phrase du même genre qu'il vous plaira d'imaginer.

Nous devons cette justice à Crump, qu'il ne courbe point l'échine devant les grands du monde; il a plutôt l'air de les couvrir de sa protection. Quand il va à Londres, il est bon prince avec les ducs qui ont été élevés à son collége; il donne son petit doigt à serrer aux marquis qui furent jadis ses élèves. Loin de faire mystère de son origine et de ses débuts, il en tire vanité et y trouve prétexte à se décerner les plus grands éloges. « Élevé, dit-il, par la charité publique, voyez où je suis arrivé. Me voilà, par mon travail, le plus grand helléniste du plus grand collége de la plus grande université du plus grand empire du monde. »

La conclusion qu'il en tire, c'est que, dans notre pays, tout est pour le mieux dans le meilleur des mondes possibles, puisque étant parti de si bas il a si bien su monter sur sa bête.

Hugby doit son élévation à un mérite modeste, à une persévérance dont on lui a su gré, à une humeur douce, accommodante et inoffensive ; il jouit tout juste d'assez de savoir pour faire un cours et rédiger un rapport d'examen. Il s'est fait un puissant levier de l'aristocratie à force de prévenances et d'égards. Il était vraiment curieux de voir ce pauvre garçon se plier en deux devant un noble ou un neveu de lord, ou même devant un simple roturier remuant et de mauvais renom, pourvu qu'il fût honoré d'une puissante amitié. Il offrait aux jeunes lords des discours qui lui coûtaient bien des sueurs et bien du tracas, et il prenait son air le plus gracieux pour leur parler opéra ou chasse à courre, bien qu'il fût au fond l'homme le plus sérieux du monde. Il faisait plaisante figure au milieu de ces jeunes intrigants avec lesquels il cherchait à se mettre sur le pied de la familiarité, en leur renvoyant d'humbles sourires et en leur témoignant un empressement maladroit. Il écrivait à leurs parents des lettres confidentielles sur leur compte, et ne manquait pas d'aller voir ces derniers à tous ses voyages à Londres, pour leur faire ses compliments de condoléance ou de congratulation sur les morts, naissances ou mariages survenus dans leur famille. Mais c'était surtout à leur visite à l'Université qu'il leur faisait fête. Je me souviendrai toujours d'une lettre qu'il laissa sur sa chaise pendant tout un semestre, et qui portait en vedette : *Milord duc;* c'était une manière de nous apprendre qu'il était en correspondance directe avec de hauts personnages.

Lord Glenlivat, de si regrettable mémoire, qui se rompit le cou, à l'âge de vingt-quatre ans, dans une course de haies, étant encore à l'Université, aperçut un matin, en rentrant dans sa chambre, les bottes d'Hugby, qui demeurait sur le même palier. Il s'amusa à frotter l'intérieur des tiges avec de la poix, ce qui mit aux cent coups le révérend M. Hugby lorsque, le soir, il voulut les ôter pour aller dîner chez le directeur du collége de Saint-Crépin.

Tout le monde attribua cette excellente plaisanterie à l'ami de lord Glenlivat, Bob Tizzy, qui s'était déjà illustré par plus d'un exploit du même genre. C'était lui qui avait arraché le manche de pompe du collége ; c'était lui qui avait limé le nez de saint Boniface au niveau du front ; c'était lui qui décrochait les enseignes des marchands de tabac et s'était amusé un jour à peindre en vert-de-gris le cheval de l'inspecteur des études. Bob était certainement dans la confidence ; mais, plutôt que de trahir un camarade, il aima mieux s'exposer à encourir une expulsion et à perdre un bénéfice qu'on tenait en réserve pour lui. Mais Glenlivat vint généreusement se déclarer l'auteur de cette délicieuse espièglerie, fit ses excuses au professeur, et se soumit à une expulsion temporaire.

Hugby éclata en sanglots lorsque Glenlivat vint lui demander pardon. Le jeune lord aurait pu, je crois, faire faire au professeur le tour de la cour à coups de pied, qu'il en eût été ravi, pourvu qu'au bout de cette affaire il y eût des excuses et une réconciliation.

« Milord, disait-il, en cette circonstance comme en toute autre, vous avez donné une preuve de la noblesse de votre cœur. Vous serez, j'en réponds, l'honneur de la pairie comme vous l'êtes de l'Université, lorsque cette aimable vivacité de la jeunesse se sera un peu apaisée et que votre tour sera venu de vous asseoir au gouvernail du vaisseau de l'État. »

Quand le temps fut venu pour le jeune lord de quitter l'Université, Hugby lui fit hommage d'un exemplaire de ses *Sermons à une noble famille*, qu'il avait composés lorsqu'il était précepteur des fils du comte de Muffborough. Glenlivat s'empressa de faire cadeau dudit ouvrage à M. William Ramm, si connu des amateurs pour ses excellentes matelotes, et les sermons s'étalent glorieusement sur le guéridon de mistress Ramm, dans le boudoir du fond de la taverne à l'enseigne du *Coq éperonné*.

Aux grandes vacances, Hugby vient à la ville et établit ses quartiers dans une des splendides maisons de Saint-James's-Square ; l'après-midi, il va cavalcader au Park, et il n'y a pas pour lui de plaisir pareil à celui qu'il éprouve en lisant son nom sur la liste des personnes reçues à l'hôtel Muffborough et aux soirées du marquis Farintosh ; il est membre du club de Sidney Scraper, où il va boire sa bouteille de bordeaux.

Quelquefois, le dimanche, vous pourrez le voir, à l'heure où la porte des tavernes livre passage à de petites filles chargées de grandes cruches de porter, où l'on rencontre dans les rues de pauvres petits malheureux portant sur la tête un plat de couleur brune d'où s'exhalent les appétissantes bouffées d'un gigot de mouton garni d'une ceinture de pommes de terre, alors que, dans le quartier des Juifs, Sheeny et Moïse sont tranquillement à fumer leur pipe devant leurs volets à demi fermés, qu'une foule joyeuse et souriante remplit les rues de Londres de ses flots serrés, et fait voir au jour des habits d'un autre âge, mais d'une propreté sans pareille, des robes d'indienne et des jupes de soie qui portent encore les plis de l'armoire où elles se sont reposées toute la semaine ; alors, disons-nous, vous pourrez voir Hugby à la sortie de l'église de Saint-Jean des Prés, une grosse mère à son bras, dont la bonne figure porte l'empreinte du suprême contentement et de l'orgueil satisfait, et dont les regards vont tour à tour des passants au ministre. La voyez-vous se diriger du côté d'Holborn ? Elle agite la sonnette d'une maison sur laquelle on peut lire *Hugby, bonnetier*. Cette bonne femme, c'est la mère du Rév. F. Hugby, aussi fière de son fils, étranglé dans sa cravate blanche, que Cornélia l'était, à Rome, de ceux qu'elle appelait les deux gloires de sa vie. Le vieil Hugby est à l'arrière-garde ; il porte les livres de prières et donne le bras à sa fille Betsy, passée dans la catégorie des vieilles filles. Quant au vieil Hugby, il cumule les fonctions de bonnetier et de marguillier.

Dans une des pièces du premier où le dîner se trouve servi, sont appendus à la muraille une vue de Muffborough-

Castle, le portrait du comte de Muffborough, chevalier de plusieurs ordres et lord-lieutenant de Diddlesex; une image, qui semble arrachée à un almanach, représente le collége Saint-Boniface à Oxford; enfin une toile empâtée de couleurs nous montre le jeune Hugby en robe et en bonnet; son volume de *Sermons à une noble famille* est soigneusement placé sur une tablette à côté du *Manuel des honnêtes gens*, des *Annales des missions* et de l'*Annuaire* de l'Université d'Oxford. Le vieil Hugby sait presque par cœur ce dernier livre; il vous dira sans se tromper quels sont les bénéfices du ressort de Saint-Boniface et les noms des professeurs agrégés, élèves ou gradués. Le bonhomme fréquentait jadis les assemblées religieuses; il y prêcha même jusqu'au moment où son fils entra dans les ordres; mais s'étant vu alors taxé de puséisme, il cessa toutes prédications, et c'est maintenant un adversaire inexorable de tous les dissidents.

CHAPITRE XV.

Encore les Snobs universitaires.

Je ne me lasserais point de reproduire ici les types si variés des Snobs universitaires, tant ces physionomies ont pour moi un je ne sais quoi charmant. On en trouve pour tous les goûts. C'est surtout des femmes et des filles de certains Snobs du professorat que je serais disposé à vous parler. Il y aurait une curieuse étude à faire de leurs plaisirs, de leurs mœurs, de leurs petites rivalités, des innocentes intrigues dont elles usent pour engluer les jeunes gens, de leurs parties de campagne, de leurs concerts et de leurs soirées. Qui pourra, par exemple, me donner des nouvelles d'Émilie Blades, fille du professeur de tartare-mantchou ? Encore aujourd'hui j'ai souvenir des épaules d'albâtre qu'elle exposait aux regards des jeunes étudiants de *Corpus and Catherine Hall*, lorsque, assise au milieu d'eux dans le salon, elle leur faisait les yeux en coulisse et leur chantait des romances françaises avec accompagnement de guitare. Êtes-vous en ménage, belle Émilie aux délicieuses épaules? Et ces boucles ondoyantes qui les couvraient comme un manteau de roi et brillaient au soleil comme les flots de la mer; et cette taille ravissante emprisonnée dans une tunique de fée, et ce splendide camée, aussi large qu'un bouclier antique; et ces trente-six étudiants de l'Université soupirant à la fois pour Émilie Blades! Où trouver des mots assez forts pour exprimer la pitié, la commisération, les sentiments pénibles, ou, pour parler plus franc, les jalousies, les fureurs, la haine qu'elle inspirait à la demoiselle Trumps, fille de Trumps, professeur de phlébotomie, tout simplement parce qu'elle ne louchait point et qu'elle n'était point marquée de la petite vérole?

Quant aux Snobs qui sont encore sur les bancs de l'école, je suis trop vieux maintenant pour en parler en connaissance de cause. Les souvenirs que j'ai pu en garder disparaissent à l'horizon, car ils ont fui avec mes jeunes années.

De mon temps, on mettait au nombre des Snobs ces garçons à l'air candide, exacts à la chapelle, portant des souliers à patte et jamais de sous-pieds, qui allaient régulièrement chaque jour faire une promenade de deux heures sur la route de Trumpington, qui rentraient dans leurs villages chargés des palmes scolaires, et posaient au collége pour le rôle de phénix. C'était peut-être aller trop vite que de prononcer ainsi contre nos jeunes condisciples ce verdict de Snobisme. Ces hommes n'avaient pas besoin de sous-pieds pour s'avancer avec courage dans la vie, y accomplir leur destinée et y remplir leur tâche; c'étaient eux qui assistaient de leurs économies le vieux patriarche de la famille, ministre dans quelque bourg du Westmoreland; qui venaient au secours de leurs sœurs pour fonder une institution de jeunes filles. Plus tard, ils composaient un dictionnaire ou un traité sur les sections coniques, suivant les aptitudes particulières de leur esprit; puis, après avoir subi avec succès les épreuves de l'agrégation, ils prenaient femme et étaient nommés à un bénéfice. Et maintenant j'en connais tels parmi eux qui se trouvent aujourd'hui à la tête d'une paroisse, qui sont tout fiers d'appartenir au club de l'Université ; qui enfin sont adorés de leurs paroissiens dont les ronflements font écho à leurs sermons. Non, je le dis bien haut, ces hommes-là ne sont pas des Snobs. Des sous-pieds de moins ou une patte de plus n'ont rien à faire dans le mérite de qui que ce soit, et l'épaisseur des semelles d'un homme ne change rien à sa valeur. Savez-vous, mon fils, qui sera le Snob? Ce sera vous, si vous allez à la légère mépriser un homme qui remplit noblement sa tâche; si vous refusez de lui serrer la main parce qu'elle est couverte d'un gant de laine.

C'était alors à nos yeux le dernier cachet du grand ton, pour nous autres blancs-becs, qui, trois mois auparavant, recevions encore le fouet, et auxquels, dans la maison paternelle, on ne permettait pas plus de trois petits verres de porto pendant le dîner, de nous offrir à tour de rôle des ananas et des glaces, et de nous griser avec du champagne et du bordeaux.

Lorsqu'à distance on se reporte en imagination aux punchs de sa jeunesse, on s'étonne du plaisir qu'on a pu y trouver alors. Trente jeunes gens environ siégent autour d'une table chargée de méchantes pâtisseries, boivent un détestable vin, débitent des histoires détestables et vociférent des chansons plus détestables encore.

Tel est le programme invariable d'une fête de jeunes gens. Figurez-vous ensuite le punch répandu sur la table, une atmosphère de fumée, des lourdeurs de tête, une table au pillage, une odeur concentrée de tabac, voilà pour le lendemain ; puis, pour couronner la fête, quelque maître à la mine renfrognée et grondeuse tombe à l'improviste au beau milieu du désordre ; et alors qu'il s'attendait à trouver ses élèves pâlissant sur quelque formule algébrique, il les découvre entourant un pion qui, changé en Ganymède, fait couler le nectar d'une bouteille d'eau de Seltz.

D'autres, méprisant l'ignoble bestialité de ce genre de

plaisir, se piquaient de commander les plus fins dîners à la mode française. C'était fort bien ; mais, Snobs d'une autre façon, ils ne l'étaient pas moins que les autres.

Il en était d'autres que nous avions surnommés les Snobs freluquets : Jimmy, par exemple, qu'on pouvait voir vers les cinq heures, tiré à quatre épingles, un camélia blanc à la boutonnière, en bottes vernies et en gants de chevreau renouvelés deux fois par jour ; Jessamy, qui ressemblait à une boutique d'orfèvrerie, une espèce d'âne chargé de reliques, tout ruisselant de chaînes, de bagues et de boutons de chemise ; Jacky, qui n'eût pas manqué pour un empire à sa promenade quotidienne sur la route de Blenheim, où on le voyait parader gravement en escarpins, en bas de soie et les cheveux frisés. Ils se flattaient à eux trois d'être pour la mode les oracles de l'Université, et n'étaient au demeurant que des Snobs de l'une des plus détestables espèces.

Nous avions encore les Snobs du sport, dont l'espèce n'est point perdue, race privilégiée à laquelle la nature a réservé un jargon que n'entend pas la foule. Ils passent la plus belle partie de leur existence dans les écuries des marchands de chevaux. Par une faveur spéciale, ils obtiennent du postillon des voitures publiques de conduire à certains relais. On les rencontre d'ordinaire à l'aube du jour, discourant avec les palefreniers au milieu de la poste aux chevaux ; ou bien encore ils passent la nuit à jouer aux dés ou aux cartes ; ils ne manquent pas une course, pas un assaut de boxe. Dans les courses plates ils montent en personne leurs chevaux, et élèvent chez eux des bouledogues. Voilà les Snobs de la pire espèce, auxquels je préfère cent fois ces pauvres diables qui n'ont pas le moindre goût pour la chasse, et à qui leur fortune ne permet pas de s'y livrer ; qui éprouvent des transes mortelles lorsqu'il leur faut sauter un fossé de deux pieds de large, et qui chassent cependant pour être à l'unisson de Glenlivat et de Cinqbars. Les Snobs d'estaminet et les Snobs canotiers sont encore des variétés du même genre ; mais pour en voir, il n'est pas besoin d'aller jusque dans les universités.

Venaient ensuite les Snobs philosophes, qui jouaient gravement à l'homme d'État dans des espèces de conférences orthopédiques pour la parole; ils étaient persuadés que le gouvernement avait toujours les yeux tournés vers l'Université afin d'y choisir ses orateurs pour la Chambre des Communes. Il y avait aussi de jeunes audacieux qui se proclamaient libres penseurs; leur religion était de ne croire à rien ni à personne, si ce n'est peut-être à Robespierre et au Coran. Ils appelaient de leurs vœux le jour où « le dernier des prêtres serait étranglé avec les boyaux du dernier des rois, » aux applaudissements des peuples éclairés par les lumières de la raison pure.

Mais des Snobs universitaires, les derniers de tous sont ceux qui creusent le gouffre où ils doivent périr par leur manie d'en singer de plus riches. Smith contracte des liaisons avec ce qu'il y a de plus huppé au collége et rougit de son père, qui est marchand; Jonas a placé ses amitiés dans les hautes régions, dont il suit les modes, en insouciant qu'il est, sans s'apercevoir qu'il ruine son père, qu'il mange la dot de sa sœur, qu'il compromet l'avenir de son jeune frère, le tout pour donner à dîner à milord ou pour caracoler au Park à côté de sir John. C'est fort bien pour Robinson de s'être grisé en vacances, comme il faisait au collége, et d'être rapporté au logis par des policemen qu'il cherche encore à assommer pour la peine; mais voyez si c'est aussi bien pour sa pauvre et malheureuse mère, veuve d'un capitaine à demi-solde, qui a vécu de privations pour faire donner à ce jeune drôle l'éducation universitaire.

CHAPITRE XVI.

Le Snobisme et les gens de lettres.

Que nous dira-t-il des Snobs littéraires? Voilà une question qui, plus d'une fois déjà, a tracassé, j'en suis sûr, l'esprit de nos lecteurs. Nous sommes curieux de voir comme il va traiter sa propre profession. Ce monstre farouche, impitoyable, qui immole tour à tour l'aristocratie, le clergé, l'armée et le beau sexe, sans y mettre le moindre ménagement, ne sentira-t-il point trembler sa main au moment de tourner le poignard contre ses propres entrailles, de répandre son propre sang?

Cher et aimable lecteur, avant que je réponde à cette question, dites-moi, je vous prie, est-il un élève auquel le maître d'école administre ses corrections aussi résolûment qu'à son fils? Brutus ne fit-il pas trancher la tête à ses propres enfants? Et puis, permettez-moi de vous le dire, vous vous faites une étrange idée des lettres et de ceux qui les cultivent, si vous croyez que parmi nous il en soit un seul qui hésiterait à planter le couteau dans le sein de l'un de ses confrères en griffonnage, du moment où il penserait que ce trépas doit contribuer au bien-être général.

Mais, si vous voulez que je vous dise le grand mot, dans la république des lettres IL N'Y A PAS UN SNOB. Épluchez l'un après l'autre les gens de lettres de la Grande-Bretagne, et je vous mets au défi d'y trouver rien qui ressemble à de la bassesse, de l'envie ou de la suffisance.

Les hommes et les femmes, autant que j'ai pu en juger par moi-même, y sont des modèles de modestie dans leur maintien, d'élégance dans leurs manières, de pureté dans leurs mœurs, de loyauté dans leurs rapports tant entre eux qu'avec le public; par-ci par-là il vous arrivera peut-être bien d'entendre un homme de lettres déchirer à belles dents un confrère : mais, n'allez pas vous y tromper, ce n'est pas méchanceté de sa part, et l'envie n'y est pour rien. C'est tout simplement l'amour de la vérité qui l'emporte, et le sentiment de ce qu'il doit au public. Si je me laissais aller, par exemple, à vous dire, oh! mais là, sans y mettre de malice, tout ce qui cloche un peu dans la personne de notre ami Punch, à vous faire remarquer sa bosse, son nez et son menton, qui ne sont pas tout à fait conformes à celui d'Apollon ou d'Antinoüs, ces deux types de beauté parfaite, comme on nous a habitués à le croire, cela voudra-t-il dire que je nourris quelque rancune à l'égard de M. Punch? Pas le moins du monde. C'est, au contraire, le devoir de la critique de faire ressortir aussi bien les défauts que les qualités, et ce devoir, elle doit invariablement l'accomplir avec une aimable candeur.

Le jugement porté sur nos coutumes, sur nos usages, par un étranger d'intelligence, ne saurait manquer d'avoir une certaine autorité. A ce point de vue, l'ouvrage d'un Américain de talent, M. N. P. Villis, doit fixer notre attention, surtout lorsqu'à ses autres mérites il joint celui de l'impartialité. Dans sa biographie d'Ernest Clay, l'un de nos écrivains de premier ordre, il donne au lecteur une idée exacte de ce qu'est, en Angleterre, un écrivain à la mode; c'est l'oracle et le phénix des salons.

Cet homme fortuné voit se ranger à son approche les ducs et les comtes. L'aristocratie se presse sur ses pas pour le contempler : je ne dirai point toutes les marquises et les duchesses qui se réveillent avec une belle passion pour lui. Silence, monsieur, soyez discret; la modestie d'ailleurs vous fait un devoir de taire les noms de toutes les nobles dames au cœur sensible qui dessèchent d'amour pour chacun des collaborateurs du *Punch*.

Pour se faire une idée de l'affinité et des relations qui existent entre les gens de plume et les gens à la mode, il suffit d'ouvrir un de ces romans dont tous les personnages sont de la bonne société. Quel goût exquis et délicat dans les œuvres de mistress Barnaby! Comme on est toujours en bonne compagnie dans les livres de mistress Armytage! Elle ne vous expose jamais à rencontrer moins qu'un marquis.

Quelle chose ravissante que ces peintures de la vie des gens de qualité dans *Cinq cent mille francs de rente!* Je ne vois guère à y comparer que *le Jeune duc* ou *Coningsby.* Il règne dans tous ces romans une grâce pudique et un laisser aller de grand seigneur qui, voyez-vous, mon cher lecteur, n'appartient qu'aux gens de bonne race.

Et puis, comme la plupart de nos écrivains sont au fait de toutes les langues! Lady Bulwer, lady Londonderry, sir Edward lui-même, qui vous écrivent le français avec cette abondance et cette grâce facile qui laissent bien loin derrière eux leurs rivaux du continent, dont pas un, si l'on excepte Paul de Kock, ne sait un mot d'anglais.

Quel fils de la blanche Albion pourrait lire sans tressaillir d'aise les pages si merveilleusement concises de James? qui ne serait séduit à ce petillement continuel de grâce et d'esprit qui brille et éclate dans les œuvres d'Ainsworth? Parmi les autres fantaisistes, un souvenir en passant pour Jerrold, le chevaleresque défenseur du parti tory, de l'Église et de la couronne; pour Beckett, dont la plume légère sautille à travers l'inflexible gravité de son sujet; pour James, dont le style irréprochable sait avoir de l'esprit sans tomber dans le grotesque, et se voit toujours bien accueilli d'un public idolâtre.

Puisque nous en sommes à parler de la critique, comment passer sous silence cet excellent recueil du *Quarterly Review,* si admirable pour les services signalés qu'il a rendus aux lettres? Il a ses préjugés, soit; mais qui de nous n'a pas les siens? Il se détourne parfois de sa route pour aboyer contre un grand du jour ou pour engager une lutte à mort avec quelque intelligence de la taille de Keats ou de Tennyson; mais il faut dire aussi qu'il est l'ami de tous les jeunes débutants, qu'il est le directeur et le soutien de tous les talents naissants. Aussi rencontre-t-il une sympathie universelle. Nous citerons encore le *Blackwood's Magazine,* qui se distingue par son élégance sans prétention, par sa critique sans amertume. Même en plaisantant cette revue sait toujours rester dans les limites de la politesse et du bon goût. Elle est le tribunal souverain des gens bien élevés, et, tout en raillant avec une finesse attique les ridicules des badauds de Londres, qui sont pour les *beaux esprits* d'Édimbourg un si légitime sujet de mépris, elle ne va jamais jusqu'à emporter le morceau.

Tout le monde connaît les fusées d'enthousiasme que prodigue l'*Athenæum*, ainsi que les boutades vénéneuses de l'acariâtre *Literary Gazette*. L'*Examiner* est peut-être trop réservé et le *Spectator* trop expansif dans ses éloges. Mais qui songerait à se montrer sévère pour des torts si légers? Personne, assurément; et les critiques, comme les écrivains de l'Angleterre, restent au-dessus de toute comparaison, considérés dans leur ensemble, bien entendu; il nous devient donc impossible d'y trouver rien à redire.

Mais le plus beau de notre affaire, c'est que je ne sais pas d'homme de lettres qui ait honte de sa profession. Et puis il règne parmi nous un esprit d'affectueuse confraternité, comme il est facile de s'en apercevoir pour peu qu'on nous fréquente. L'un de nous perce-t-il dans le monde, les autres se gardent bien de l'attaquer et d'en faire l'objet de leurs railleries; que dis-je? il n'en est pas un qui n'applaudisse à son succès. Parce que Jones dîne ce soir chez un lord, Smith n'ira pas le traiter de courtisan et de pique-assiette; et, d'autre part, Jones, qui fréquente les salons des gens de qualité, n'affectera pas les airs hautains du monde auquel il se frotte; mais il quittera dans Pall-Mall le bras d'un duc pour venir parler au pauvre Brown, qui vend encore sa prose au rabais.

Cet esprit d'égalité, cette bonne confraternité dans les rapports d'auteur à auteur m'a toujours apparu comme un des caractères les plus touchants et les plus aimables de la république des lettres. C'est à raison de la considération que nous avons les uns pour les autres que le monde nous considère comme il le fait; ce sont ces égards réciproques qui nous ont mis sur un si bon pied dans la société; c'est cet esprit de prévenance qui fait admirer notre manière d'être du public qui nous entoure.

L'estime dont jouissent les gens de lettres auprès de la nation est si considérable, qu'on en compterait bien jusqu'à deux qui, sous ce règne, ont été admis à la cour. Et d'ici à la fin de la saison il y a tout lieu de croire qu'il y en aura bien un ou deux qui seront invités à dîner chez sir Robert Peel.

Que vous dirai-je? le public, dans son admiration, s'arrache leurs portraits, et j'en désignerais jusqu'à trois qui sont obligés de poser tous les ans, parce que, tous les ans, le public veut un portrait nouveau. Peut-il exister une preuve plus touchante des sentiments affectueux de notre pays pour ceux qui lui prodiguent les lumières de leur intelligence?

Les lettres sont en si grand honneur dans le Royaume-Uni, que chaque année une somme de douze cents livres sterling est mise au budget pour faire des pensions aux gens de lettres malheureux et recommandables. Voilà qui est flatteur pour les pédagogues de la nation et qui dit assez haut combien leur condition est prospère et florissante, puisqu'ils sont en général assez riches ou assez économes pour que si peu d'argent suffise à leur venir en aide!

Si je n'ai avancé ici que la vérité, qu'y a-t-il à dire, je vous le demande, sur les Snobs littéraires?

CHAPITRE XVII.

De quelques Snobliots irlandais.

Apprenez, si vous ne le savez pas, qu'il existe en Irlande d'autres Snobs que ces aimables créatures qui arrachent les rails des chemins de fer pour se faire des piques (c'est là une économie à la mode d'Irlande) et pour embrocher quiconque tenterait de les civiliser. Voilà une bien méchante espèce de Snobs, et, s'ils eussent existé du temps de saint Patrick, il n'aurait certainement pas manqué de les exorciser et de les bannir du royaume avec les autres reptiles qui l'infestaient.

C'est, je crois, la légende bleue d'Olaüs le Grand ou l'*Abrégé de l'histoire d'Irlande* qui raconte que, lors de la visite de Richard II dans ce pays, les principaux chefs irlandais vinrent lui prêter serment de fidélité et se prosterner en sa présence. Les bonnes gens ! ils ne savaient pas trouver assez de marques de respect et d'admiration pour le monarque anglais et les petits-maîtres de sa suite. En retour, nos beaux seigneurs les Anglais s'amusèrent aux dépens de cette naïveté primitive et se moquèrent beaucoup de leurs grossiers admirateurs. Ils imitaient en charge leurs cris et leurs postures, secouaient ces vieilles barbes blanches, et raillaient à cœur joie l'étrangeté de ces accoutrements.

Le Snob anglais, être rampant par excellence, n'agit pas autrement de nos jours. Il n'y a peut-être pas de Snob au monde qui pousse si loin la confiance en lui-même, qui témoigne un plus profond dédain à tout ce qui l'approche, qui manifeste pour toute autre nation, que dis-je ? pour toute autre coterie que la sienne, un mépris aussi insultant, aussi prodigieux et aussi bête. *Paole d'honneu*, ils ont eu à en conter de belles sur ces braves *Illandais*, ces petits marquis du roi Richard, lorsque, à leur retour à Pall-Mall, ils ont fait le récit de leurs impressions de voyage, du haut des marches de leur taverne, entre deux bouffées de cigare !

Le Snobisme irlandais est moins orgueilleux que servile. C'est, de la part des naturels, une admiration abjecte, stupide, qui s'attache à une imitation mensongère de leur voisin et s'arrête à la surface. C'eût été un beau sujet d'amplification oratoire pour MM. de Tocqueville et de Beaumont et pour le correspondant du *Times*, de nous expliquer les causes secrètes des contrastes qui existent entre le Snobisme irlandais et le nôtre. Notre Snobisme est celui des chevaliers normands de Richard, insolent, brutal et stupide, avec une confiance entière en lui-même ; le Snobisme des Irlandais est resté celui de ces chefs sauvages naïfs dans leur admiration et toujours prêts à se prosterner devant toute chose. Ce peuple mal dégrossi et primitif en est encore à se mettre à genoux devant la mode anglaise ; et, franchement, il faut se faire violence pour ne pas rire des grotesques exhibitions que donnent parfois au public les naturels de ce pays.

Ceci remonte à plusieurs années. Un illustre orateur était, à cette époque, lord-maire de Dublin ; son costume favori pour paraître en public consistait en une robe rouge et un chapeau à cornes, et, dans ce splendide accoutrement, il était aussi satisfait de sa personne que la reine Quashiboo avec l'anneau de rideau qu'elle se passe dans le nez ou le collier de verroterie qu'elle se pend au cou. Il ne se fût point montré à la foule sans son manteau rouge, et il le mettait inévitablement pour se rendre à des meetings qui se tenaient à plusieurs centaines de milles de sa demeure. A entendre le peuple crier dans des transports de délire enthousiaste : « Oui, milord ! » et : « Non, milord ! » à lire les récits fantastiques que Sa Seigneurie donnait de ces assemblées dans les journaux, il était facile de voir que ses partisans et lui se complaisaient dans ces splendeurs de faux aloi, dans cette magnificence à bon marché. Eh mon Dieu oui ! toute l'Irlande en est là, et l'amour de beaucoup d'étalage à peu de frais peut être considéré comme la marque distinctive du Snobisme de ce pays.

En allant s'installer dans sa petite maison de Kingstown, mistress Mulholligan, la femme de l'épicier, n'a pas manqué de faire peindre sur la porte d'entrée *Villa Mulholligan*. Or, les battants de cette porte sont à moitié pourris, et la châtelaine apparaît dans la perspective à l'une des fenêtres ombragées de vieux jupons en guise de store.

Quelque râpé, quelque misérable que l'on soit, on cherche toujours à se donner le change sur sa condition de boutiquier. Vous voyez ce pauvre diable avec ses deux ou trois pains de seigle ou son bocal de sucre d'orge, il aura bien soin de faire mettre sur son échoppe : *Comptoir général des farines américaines*, ou bien encore : *Entrepôt de denrées coloniales*, ou telle autre enseigne du même genre.

Dans ce pays, on ne sait point ce que c'est qu'une auberge, mais vous y trouverez des hôtels tant que vous voudrez, et tous dans le style de la villa Mulholligan. Et puis c'est là qu'on rencontre des hôteliers et des hôtesses comme on n'en voit pas. Les hôteliers ne sont jamais chez eux ; ils courent les champs avec leurs meutes. Quant aux hôtesses, elles restent dans la salle commune, à causer avec un capitaine en retraite ou à jouer du piano.

Qu'un père de famille laisse à sa mort un revenu de cent livres sterling, tous ses enfants s'empressent bien vite de faire les gros seigneurs ; chacun aura son bidet et ses meutes ; ils iront user les heures de la journée dans les promenades publiques, et laisseront pousser une houppe de poil à leur menton, car rien ne donne un air plus aristocratique.

Un de mes amis qui s'est fait peintre a dû quitter l'Irlande. On le regarde, en effet, dans le pays comme ayant déshonoré sa famille par le choix d'une semblable profession : son père était marchand de vin ; l'aîné de ses frères est apothicaire.

Il est bien rare que les Irlandais que vous rencontrez à Londres ou sur le continent ne vous parlent pas des petites propriétés qu'ils ont dans leur pays, et de leurs deux mille cinq cents livres sterling de rente ou environ. Combien vous diront encore qu'ils sont destinés à recueillir un gros héritage à la mort d'une certaine personne de leur famille ! Quant à moi, je suis convaincu qu'avec tous ceux qui m'ont affirmé qu'ils avaient des rois d'Irlande pour ancêtres, il y aurait de quoi former un régiment au grand complet.

Il n'est personne qui n'ait rencontré quelque part de ces Irlandais, espèce de contrefaçon anglaise, qui ne veulent point se souvenir du pays où ils sont nés, qui font tout au monde pour en perdre l'accent et pour en effacer jusqu'au dernier vestige.

« Cher, venez dîner avec moi, dit O'Dowd d'O'Dowdstown, *nous ne serons que des Anglais;* » et s'il ne vous débite pas cette phrase comme un Anglais pur sang, ce n'est pas faute de se tordre la bouche. Avez-vous encore entendu le capitaine Macmanus parler de l'Irlande, ou faire le détail du « pâtimoine pâtrenel? » Il faut être tout à fait étranger au monde pour n'avoir pas rencontré un de ces prodiges vivants de l'Ibérie, une de ces illustrations à bon marché.

Et que croyez-vous voir, dites-moi, au faîte de la société, dans ce manoir de rencontre où siégent un roi de carton, des ministres de fausse monnaie, une loyauté d'emprunt et une contrefaçon d'Haroun-al-Raschid, qui, sous une espèce de déguisement, cherche à tromper les gens avec un faux air d'affabilité et de magnificence? Ce manoir est l'orgueil et le repaire du Snobisme. Les nouvelles de cour sont une chose détestable avec ces deux colonnes qu'elles usent à nous apprendre le baptême d'un petit môme; mais que penser de gens qui se délectent à lire des nouvelles fabriquées sur une cour qui n'existe pas?

Je ne crois pas qu'il puisse être de pays où la supercherie et le mensonge poussent l'impudence plus loin qu'en Irlande. Un paysan vous montrera un petit tertre en vous disant : « Voilà la montagne la plus élevée de toute l'Irlande. » Un monsieur bien mis viendra vous dire qu'il remonte en ligne directe jusqu'à Brian Boroo, et qu'il jouit d'un revenu de trois mille cinq cents livres sterling ; ou bien mistress Macmanus vous détaillera, par le menu, le patrimoine qui lui vient de son père ; ou le vieux Dan, la taille cambrée et la voix ferme, soutiendra qu'il n'est pas de plus jolies femmes que les Irlandaises, de terres plus fertiles que les plaines de l'Irlande. Du reste, en tout cela, il n'y a point de dupe ; celui qui parle ne croit pas plus à ce qu'il dit que celui qui l'écoute. Mais toujours font-ils semblant d'y croire, et, à charge de revanche, ils accueillent avec un air de componction toute cette fantasmagorie du charlatanisme.

O mon Irlande! ô mon noble pays (car, au fait, pourquoi ne descendrais-je pas d'un Brian Boroo quelconque?)! quand donc en viendrez-vous à convenir que deux et deux font quatre, et quand appellerez-vous un balai un balai ? Croyez-moi, c'est ce que vous avez de mieux à faire ; les Snobs irlandais disparaîtront alors, et je leur souhaite d'avance bon voyage.

CHAPITRE XVIII.

Des Snobs qui donnent à dîner.

La collection de Snobs exclusivement politique que nous avons offerte à nos lecteurs depuis quelques semaines a soulevé contre nous un *tolle* général de la part de nos charmantes lectrices. « Donnez-nous maintenant des Snobs de la vie privée, nous crient-elles de toutes parts. » Je lis la lettre d'une de mes aimables correspondantes du petit village de Brighthelmstone, et le moyen de désobéir à des ordres donnés par d'aussi jolies lèvres ! « Parlez-nous davantage, cher monsieur Snob, de ce que vous avez observé sur les mœurs et la manière d'être des Snobs dans la société. »

Mais, Dieu me pardonne, charmantes lectrices, il me semble que vous voilà assez bien familiarisées avec ce terrible mot, qui, malgré tout ce qu'il peut avoir d'odieux, de trivial, de repoussant, d'amer pour votre gosier, voltige maintenant sur vos lèvres mignonnes avec toute la légèreté désirable. Je ne m'étonnerais pas de le voir bientôt en vogue au palais, parmi les dames d'atours, et, quant à nos salons les plus brillants, je sais qu'il y jouit déjà du droit de cité. Et pourquoi non ? je vous prie. Rien de plus vulgaire que le Snobisme, je le veux bien ; mais les mots ne sont toujours que des mots, et un Snob serait toujours un Snob sous tout autre nom qu'il vous plairait de lui donner.

Ceci dit, revenons à nos moutons. La saison tire sur sa fin ; Londres est désert de ses habitants, Snobs ou autres ; on roule les tapis qui naguère étendaient sous les pieds leur moelleuse épaisseur; les jours des croisées mal jointes sont énergiquement bourrés de feuilles déchirées au *Morning Herald*, et ces demeures, hier encore frémissantes de la gaieté d'une nombreuse famille, sont maintenant placées sous la garde de quelque cerbère femelle qui trône dans cette solitude, de quelque vieille édentée qui, en réponse à vos coups de sonnette désespérés, montre sa tête à l'un des carreaux de la cuisine, puis, sans plus se presser, vient tirer le verrou de la porte des maîtres, et vous apprendre que milady n'est plus à la ville, que la famille est partie pour la campagne, ou est en train de faire le voyage du Rhin, ou tout ce qu'il vous plaira. Ainsi donc, puisque la saison s'est enfuie avec ses plaisirs, ce serait, je crois, le moment favorable de nous arrêter un instant sur le chapitre des Snobs qui reçoivent, et de jeter un coup d'œil rétrospectif sur la conduite de quelques-uns de ces fuyards de notre grande cité.

Parmi ces dignes adeptes du Snobisme, les uns ont fini par se persuader qu'ils étaient des navigateurs intrépides : aussi les voit-on avec une longue-vue passée en bandoulière sur une vareuse verte, toujours en route entre Cherbourg et Cowes. D'autres vivent pêle-mêle avec les paysans dans les misérables cahutes de l'Écosse, n'ayant pour toute provision que des légumes secs et des fricandeaux conservés dans des boîtes de fer-blanc. Ils sont toute la journée au milieu des landes à fusiller les coqs de bruyère. D'autres se droguent aux eaux de Kissingen et cherchent, à force de bains, à réparer les ravages des plaisirs de l'hiver; ou bien encore, à Hombourg ou à Ems, ils suivent avec un intérêt toujours croissant les vicissitudes de ce joli jeu qu'on appelle le *trente et quarante*. Nous pouvons nous en donner à cœur joie sur leur compte; maintenant qu'ils sont dispersés au loin, maintenant qu'il n'y a plus d'invitations à ménager, sus sur les Snobs qui les envoient. Il y en a de toute sorte : Snobs à dîners, à déjeuners ou à soirées de bel esprit. Grand Dieu! quand j'y pense, quelle magnifique scène de carnage ! Si nous avions donné le signal de l'attaque au moment où nos salons en avaient à revendre, il eût fallu un rempart de soldats à ma porte pour me protéger contre les violences des crins-crins et des gâte-sauces, qui seraient venus me demander raison de mon peu de ménagement pour les protecteurs éclairés de leur art.

Déjà il est arrivé à mes oreilles que, par suite de quelques propos légers et inconsidérés de ma part, où j'aurais manqué à la révérence qui est due aux quartiers de Baker-Street et Harley-Street, les loyers y seraient en baisse, et que les propriétaires stipuleraient désormais dans les baux, qu'on ne pourrait sous aucun prétexte adresser une invitation pour dîner ou pour bal à M. Snob ; mais, comme on dit, lorsque les chats n'y sont pas, les souris dansent : faisons donc comme les souris en l'absence des chats. Impossible qu'ils sachent ce qui va se passer pendant qu'ils sont au loin ; et s'il leur en revient quelques bruits, eh bien ! ils auront six mois devant eux pour calmer leur ressentiment. Nous procéderons à la réconciliation au mois de février prochain, et nous aviserons à la manière de nous y prendre quand nous y serons. Le pis serait de ne plus trouver notre couvert mis chez les Snobs qui donnent à dîner, de ne plus aller au bal des Snobs qui font danser, de ne plus être des soirées littéraires chez les Snobs qui se sont réservé cette spécialité. Sont-ce là des considérations assez fortes pour nous empêcher de dire la vérité ?

Finissons-en tout de suite avec le Snobisme des soirées où l'on fait du bel esprit ; c'est le temps d'avaler cette tasse d'eau tiède qu'on vous offre autour d'une table à thé, ou d'absorber ce noyau de glace à moitié fondue qui nage dans un liquide épais, et que vous avez enlevé de haute lutte au milieu de cette fournaise vivante qui s'agite dans les salons d'un premier étage. Dites-moi un peu quel est le but de tous ces braves gens, en allant s'engouffrer là dedans. Quel plaisir espèrent-ils pour se résigner à s'empiler ainsi dans trois ou quatre petites pièces ? C'est pour prendre sans doute un avant-goût des douceurs qui les attendent dans le palais du diable, que d'honnêtes enfants de la Grande-Bretagne s'enferment ainsi par les plus grandes chaleurs de la canicule.

Après avoir été mis en presse entre deux battants de porte d'où vos pieds, bien malgré vous, ont été se frayer un passage dans les volants festonnés de lady Barbara Macbeth, ce qui vous a valu, de la part de cette vieille harpie toute peinte à neuf, un regard furibond auprès duquel ceux d'Ugolin peuvent passer pour tendres; après être parvenu, non sans peine, à retirer la pointe de votre coude de l'estomac du malheureux Bob Guttleton, qui, transformé ainsi en pelote d'un nouveau genre, sentait ses jambes se dérober sous lui, et éprouvait les premiers symptômes d'une attaque d'apoplexie, vous voilà enfin dans la pièce d'honneur, et vous tâchez de vous placer dans la direction des regards de mistress Botibol, la déesse de la fête. Elle vous a aperçu; aussitôt vous lui décochez un de ces sourires agréables qui relèvent la bouche jusqu'aux oreilles; elle y répond par une gracieuse grimace qu'elle répète peut-être pour la millième fois de la soirée, et, si votre présence lui cause une vive satisfaction, elle vous fait un signe de la main à la hauteur des lèvres, comme si elle vous envoyait un baiser.

En vérité, j'ai bien affaire des baisers de mistress Botibol, et Dieu sait si j'éprouve le moindre désir de les lui rendre! Mais alors pourquoi ma bouche se fend-elle jusqu'aux oreilles, comme si j'y trouvais un attrait des plus vifs? Où est-il donc ce plaisir, pour moi qui ne ferais pas un pas pour mistress Botibol? Je n'ignore point son opinion sur mon compte, et je sais fort bien ce qu'elle a dit de mon dernier volume de poésie; un ami commun a eu la charité de m'en instruire. Pourquoi donc alors ces œillades et ces signes télégraphiques que nous nous envoyons de la manière la plus ridicule? C'est que nous accomplissons les rites prescrits par les lois du Snobisme; il commande, c'est à nous d'obéir.

Mais assez de digressions comme cela; les politesses échangées, mes mâchoires sont revenues à leur position naturelle, et ma figure exprime cette douleur résignée, cette mélancolie profonde, ordinaire aux physionomies anglaises. Quant à la Botibol, elle reprend le cours de ses sourires et de ses baisers en faveur d'un nouvel arrivant, qui a réussi à gravir le défilé que nous avons eu tant de peine à franchir. C'est lady Anne Clutterbuck, qui a ses vendredis à l'instar des mercredis de mistress Botibol. Puis voici venir miss Clémentina Clutterbuck, cette jeune fille à la robe verte et à l'air sépulcral, dont l'exubérante chevelure châtaine déborde en flots sur ses épaules; elle a publié un volume de poésies dont voici les titres les plus remarquables : *les Chants d'un cadavre, la Forêt vierge ou la Fille coupable*, et quelques imitations de l'allemand. Tous ces bas-bleus se font des saluts à n'en plus finir; les épithètes les plus tendres se croisent en tous sens : Chère lady Anne par-ci, chère Élisa par-là, bien qu'au fond elles se détestent toutes du meilleur de leur cœur, comme c'est inévitable entre femmes qui reçoivent chez elles les mercredis et les vendredis. La chère Élisa étouffe de dépit en voyant les avances et les cajoleries que la chère lady Anne fait à Abou-Gosh, qui arrive tout droit de Syrie, afin d'obtenir de lui qu'il veuille bien honorer de sa présence ses soirées du vendredi.

Tout ce petit manége a lieu au milieu d'une foule compacte et d'un roulis vivant. C'est un bourdonnement continuel, c'est un bruit confus de causeries particulières, c'est l'éclat des bougies, c'est une odeur écœurante de musc, toutes choses que nos petits Snobliots, auteurs de romances de salon, sont convenus d'appeler, par euphémisme sans doute, « les lueurs fulgurantes du diamant, l'odeur suave des parfums, les éblouissantes splendeurs de lampes aussi nombreuses que les sables de la mer. » Un noble étranger aux apparences maladives, plus jaune qu'un coing et avec des gants tout frais nettoyés, miaule d'une manière inintelligible dans un coin du salon avec accompagnement de piano.

« C'est le grand Cacafogo, vous glisse à l'oreille mistress Botibol en passant près de vous, un bien grand artiste. Quant à celui qui est au piano, c'est le fameux Thumpenstrumpff, pianiste attitré de l'hetmann Platoff, que vous devez connaître. »

Mais passons donc un peu en revue cet assemblage de personnes réunies pour entendre ces deux prodiges; cette troupe de badauds qui se montent à l'envi sur les épaules les uns des autres ; cet assortiment de douairières grosses et maigres flanquées de quelques misses à la tournure embarrassée ; ces cinq ou six lords à l'air maussade, et aussi impassibles que majestueux ; ces comtes exotiques, et qui provoquent l'admiration générale avec leurs favoris touffus, leur face olivâtre, et cette orfévrerie qui leur pend de tous les côtés, et dont il ne faudrait peut-être pas trop chercher le poinçon ; ces jeunes élégants à la taille pincée, au cou découvert, au sourire bête et satisfait, à la boutonnière fleurie, et puis ces vieux bas-bleus, ces vétérans du bel esprit, roides, grasses et chauves, que l'on rencontre partout sous ses pas, et qui seraient au désespoir de manquer les ineffables jouissances de ces délicieuses soirées.

Voici encore les trois célébrités de la saison : Higgs le Voyageur, Biggs le Romancier, et Toffey qui a fait sa réputation dans la question des sucres ; puis c'est le capitaine Flash, qu'on invite pour les beaux yeux de sa femme, et lord Ogleby, qui la suit comme son étoile polaire : c'est tout ce qu'il m'est permis d'en dire. Enfin, si vous voulez savoir à qui sont ces épaules cachées sous ces splendides écharpes, quels sont ces cavaliers si irréprochables dans leurs cravates blanches, adressez-vous au petit Tom Prig, qui trône là-bas dans toute sa gloire. Il n'est pas une de ces figures sur laquelle il ne soit à même de vous mettre un nom ; il a même une histoire à votre service sur chacune de ces personnes, et le soir, quand il regagne son logis de Jermyn-Street, avec son chapeau Gibus et ses souliers vernis, il se retire avec la douce conviction que dans toute la ville il n'a pas de rival pour la toilette et l'élégance, et que cette soirée lui a procuré les plus exquises jouissances que l'on puisse goûter.

Si dans le cours de la soirée vous cherchez, avec cette grâce facile et polie qui vous caractérise, à lier conversation dans quelque coin du salon avec miss Smith : « Non ! non ! monsieur Snob, s'écrie-t-elle ausssitôt, je me défie de votre esprit railleur et caustique. »

N'espérez pas qu'elle cause plus longuement. Si vous lui dites qu'il fait beau, aussitôt elle éclate de rire; si vous avez l'air de lui donner à entendre qu'on étouffe, la voilà qui trouve que vous donnez un tour plaisant à toutes choses. Mistress Botibol continue à faire pleuvoir ses plus gracieux sourires sur les nouveaux arrivants. L'automate de service à la porte fait retentir les noms d'une voix de stentor. Le pauvre Cacafogo continue à envoyer ses roulades aux échos du salon, et se regarde comme lancé dans le monde pour avoir bredouillé de fades romances devant un auditoire endormi.

Enfin, grâce au ciel, nous parvenons à gagner la porte, et nous voici dans la rue, où attendent en file une cinquantaine de voitures. Un gamin, porteur d'une formidable lanterne, s'élance sur tous ceux qui sortent comme sur une proie, et vous poursuit de ses offres obséquieuses d'aller querir l'équipage de Votre Excellence.

Eh bien, vous en penserez ce que vous voudrez; mais la plupart des gens qui étaient ce soir chez la Botibol seront vendredi chez la Clutterbuck.

CHAPITRE XIX.

Les Snobs à table.

Les Snobs qui donnent à dîner occupent une place considérable dans la société anglaise, et entreprendre de faire ici leur portrait n'est pas une petite affaire. Il fut une époque de ma vie où la reconnaissance de l'estomac me fermait la bouche sur les défauts de l'hôte dont j'avais mangé le dîner, et j'aurais regardé comme une mauvaise action, comme un crime de lèse-hospitalité, de laisser échapper la moindre médisance à son sujet.

Mais en définitive, pourquoi un gigot de mouton vous

mettrait-il un bandeau sur les yeux, ou un turbot à la sauce crevette vous murerait-il à jamais la bouche? A l'aide des lumières de l'âge et de l'expérience, les hommes aperçoivent plus distinctement leur devoir. Je ne me laisse plus suborner par une tranche de venaison, fût-elle digne de la table d'un roi, et quant à perdre l'usage de ma langue sous l'influence d'un morceau de turbot, eh bien ! oui, elle reste muette, ainsi que l'exigent les convenances, jusqu'à ce qu'elle l'ait précipité dans les profondeurs de mon gosier, mais pas plus longtemps; et, lorsque la dernière bouchée a disparu, que John a enlevé mon assiette, ma langue reprend sa liberté accoutumée. Et vous, n'en faites-vous pas autant au profit de votre aimable voisine, charmante créature de trente-cinq ans, dont les filles n'ont pas fait encore leur complète apparition dans le monde? en voilà au moins qui ne disent pas encore de sottises. Ces jeunes misses sont placées à table pour le coup d'œil, comme ces surtouts de fleurs qui en font la pièce du milieu. La pudique timidité de leur âge, qui ravive l'incarnat de leurs joues, les empêche de se laisser aller dans les caprices de la conversation à cet abandon et cette aisance qui font le principal attrait des paroles échangées avec leurs chères mamans. C'est uniquement pour ces dernières que le Snob parasite doit se mettre en frais, s'il veut se ménager une suite de prospérités. Vous voilà, par exemple, assis côte à côte de l'une de ces respectables matrones; quoi de plus charmant dans les entr'actes du service que de faire une critique amère du dîner de l'amphitryon? Est-il rien de plus piquant que de rire ainsi des gens à leur nez et à leur barbe?

« Mais que voulez-vous dire par un Snob qui donne à dîner ? » va nous demander un naïf adolescent qui n'a encore vu le monde que par le trou de la serrure, ou bien quelque candide lecteur auquel il manque l'avantage d'une pratique familière des usages de la vie.

Eh bien, mon cher monsieur, je vais vous faire connaître les Snobs qui donnent à dîner, non point tous, ce serait à n'en plus finir, mais du moins quelques variétés de l'espèce humaine. Et tenez, pour exemple, permettez-moi de supposer pour un moment qu'à vous, qui êtes dans une condition moyenne, dont l'ordinaire se compose d'un morceau de mouton qu'on vous sert rôti le mardi, froid le mercredi et haché le jeudi, il vous prenne un jour l'idée, avec vos ressources modiques et dans l'étroit espace de votre appartement, d'épuiser votre patrimoine en de folles dépenses et de tout bouleverser chez vous, pour le plaisir de donner des festins qui vous coûteraient les yeux de la tête. A partir de ce jour, la classe des Snobs qui donnent à dîner compterait un membre de plus. Mais vous allez à l'économie, vous commandez chez le pâtissier des plats au rabais, vous louez chez la fruitière ou chez l'épicier des garçons de boutique que vous affublez en valets de pied, et vous renvoyez à l'office l'honnête Molly, qui vous sert quand vous êtes seul. Votre table, qui brille à l'ordinaire d'assiettes de faïence ornées de fleurs et de papillons, se pare, en ce jour d'extra, de porcelaine opaque de Birmingham. Avec ces prétentions de passer pour plus riche et pour plus magnifique que vous n'êtes en réalité, c'en est fait de vous, il n'y a plus à y revenir, et vous appartenez à la catégorie des Snobs qui donnent à dîner.

Les gens qui donnent dans ce travers, et l'on n'en voit guère, hélas! qui y échappent, me font l'effet de ce pauvre diable qui emprunte l'habit de son voisin pour aller dans le monde, ou de cette dame qui se couvre de diamants prêtés. Charlatanisme et vanité! titres incontestables pour prendre rang parmi les Snobs.

Un homme qui fait tout pour sortir de la sphère où sa naissance l'a placé, qui court après les lords, les généraux, les aldermen et autres grands personnages, mais qui marchande son hospitalité à l'égard des gens de sa condition, est encore des Snobs qui donnent à dîner. Voilà, par exemple, notre ami Jacques Tufthunt, qui compte parmi ses connaissances un lord qu'il a rencontré à je ne sais quelles eaux, le vieux lord Mumble, brèche-dent comme un enfant de trois mois, muet comme un croque-mort et bête comme... il est inutile de prendre un terme de comparaison. Eh bien! Tufthunt ne donne plus de dîner où vous ne soyez sûr de voir à la droite de mistress Tufthunt les mâchoires dégarnies de ce majestueux patricien. Tufthunt est un Snob qui donne à dîner.

Vous connaissez encore le vieux Livermore, le vieux Soy, le vieux Chuttney, directeur de la compagnie des Indes, Cutler, le chirurgien, et les autres. Ce parfait assemblage de vieux gloutons qui se traitent à tour de rôle, et n'ont d'autre préoccupation que leur panse, font encore une classe à part des Snobs qui donnent à dîner.

Vous savez bien cette bonne lady Macsrew : autour de sa table se dressent trois grenadiers en livrée qui vous servent dans de la vaisselle plate une épaule de mouton bouilli et vous distillent goutte à goutte, dans des verres de la dimension d'un dé, un détestable liquide qu'on annonce sous le nom de *xérès* et de *porto*. Autre catégorie de Snobs qui donnent à dîner ; et franchement j'aimerais beaucoup mieux dîner avec Livermore qu'avec cette excellente dame.

Dans la mesquinerie comme dans l'ostentation, dans la prodigalité comme dans le parasitisme, je vois le Snobisme et toujours le Snobisme. Mais, il faut le dire, il en est de plus Snobs encore que ceux dont nous venons d'exposer ici les travers. J'entends ces individus qui pourraient donner à dîner et n'invitent jamais personne. Arrière ces hommes qui ne comprennent point l'hospitalité ! Jamais le même toit n'abritera leur tête et la mienne. Laissons ces ladres verts ronger leurs os dans leur isolement.

Eh quoi donc! ne serait-il plus de gens qui exercent une véritable et sincère hospitalité? Hélas! mes chers amis et confrères en Snobisme, s'il en est, il en est bien peu ; et, entre nous, lorsque vous invitez un ami à dîner, vos motifs sont-ils toujours bien purs et bien désintéressés? Cette réflexion est venue bien souvent se jeter au travers de mon esprit. Cet homme qui vous offre un si bon dîner n'attend-il pas quelque service de vous? Dieu sait si je suis d'un naturel soupçonneux ; mais enfin, lorsque Hookey accouche de quelque nouvel ouvrage, il convoque aussitôt à sa table tous les critiques influents; lorsque Walker est sur le point d'envoyer un tableau à l'exposition, on lui trouve, dès lors, l'humeur la plus hospitalière, il y a toujours chez lui, pour les princes de la presse, la côtelette de l'amitié et un verre de champagne. Le vieux Hunks, cet avare si connu, qui est mort dernièrement en instituant sa gouvernante son unique légataire, depuis longues années était toujours sûr d'avoir, partout où il allait, les meilleurs morceaux; sa méthode était bien simple : il prenait soigneusement sur son carnet les noms des enfants de ceux qui lui donnaient à dîner. Mais, quels que soient les motifs que vous puissiez supposer à l'hospitalité que vous trouvez auprès de vos amis, laissez vos hôtes, en raison de leurs vues basses et intéressées, prendre rang parmi les Snobs qui donnent à dîner, et, pour vous, il vaut mieux ne pas sonder trop avant ce mystère; à cheval donné on ne regarde point la bouche, et, après tout, ce n'est point vous faire insulte que de vous inviter à dîner.

A ce propos, j'ai encore à vous dire que je connais de par la ville certaines gens qui se tiennent pour offensés et outragés si le dîner ou la compagnie ne sont pas de leur goût. Voilà, par exemple, Guttleton qui dîne d'ordinaire chez lui avec une portion de bœuf qu'il fait prendre à la gargote voisine; vous l'invitez à dîner chez vous : si par hasard vous ne lui donnez pas des petits pois à la fin de mai, des concombres au mois de mars pour manger avec le turbot, c'est, à ses yeux, une offense irrémissible que de l'avoir invité à ce pauvre dîner. « Que diable! murmure-t-il, les Forkers ont-ils besoin de me faire venir pour manger leur ordinaire? Quand je veux du mouton, j'en ai chez moi. » Ou bien! s'écriera-t-il encore : « Vraiment ces Spooners sont d'un sans gêne qui dépasse toute limite ils vont commander leur dîner chez un rôtisseur au rabais, et puis ils s'imaginent que je vais donner dans leurs ragots de cuisinier français. »

Voulez-vous que je vous en serve un autre? C'est Jack Puddington que j'ai rencontré l'autre jour, furieux contre sa mauvaise étoile, qui l'avait fait inviter par sir John

Carver, en compagnie des mêmes personnes qu'il avait rencontrées la veille chez le colonel Cramley ; et le moyen, en si peu de temps, de faire provision d'histoires à leur débiter ?

Pauvres Snobs qui donnez à dîner ! vous ne vous doutez guère combien peu de reconnaissance vous rapportent tant de soucis et tant d'argent dépensé. Si vous saviez de combien de plaisanteries vos parasites assaisonnent le dîner que vous leur servez ; comme ils font la grimace à votre vieux vin du Rhin ; comme ils dénigrent votre champagne ; comme ils savent à quoi s'en tenir sur le dîner d'aujourd'hui, réchauffé de la veille ; comme ils remarquent impitoyablement les plats qu'on enlève intacts du banquet de ce jour pour les faire figurer au banquet du lendemain, vous ne vous donneriez point tant de tracas. Pour ma part, toutes les fois que je vois un maître d'hôtel tout près d'escamoter, par une manœuvre habile, un fricandeau ou un blanc-manger, je l'appelle aussitôt et l'oblige, de gré ou de force, à enfoncer dans ce chef-d'œuvre un acier destructeur qui ne laisse plus que des ruines fumantes. Voilà comme il faut se conduire avec les Snobs qui donnent à dîner, si l'on veut être puissant et redouté. Un de mes amis produisit une très-vive sensation, dans une des meilleures sociétés, en déclarant, à propos d'un certain plat qu'on lui offrait, qu'il ne mangeait jamais de l'aspic que chez lord Tittup, et que le chef de lady Jiminy était le seul à Londres qui sût dresser un filet en serpenteau ou un suprême de volaille aux truffes.

CHAPITRE XX.

Où l'on voit encore de plus près les Snobs à table.

Conformément à un usage assez généralement répandu par le temps qui court, je trouverais bon que mes amis m'offrissent quelque présent d'honneur comme témoignage de leur satisfaction pour la tirade que je suis en train d'écrire sur les Snobs qui donnent à dîner, comme qui dirait, par exemple, un joli petit service de table en vaisselle plate. Et tenez, je leur fais grâce des assiettes; car, à vous le dire franchement, je trouve que les assiettes d'argent ne servent qu'à l'étalage et à l'ostentation, et du même coup nous rayerons, pour leur être agréable, les tasses à thé en argent. Mais il faudrait une jolie paire de théières ciselées avec la cafetière et les plateaux. Ils auront surtout soin de faire graver sur chaque pièce une dédicace à cette bonne mistress Snob, et ils ajouteront en outre une dizaine de timbales d'argent pour notre nichée de petits Snoblings, ce qui serait d'un effet éblouissant sur la table autour de laquelle la famille se réunit pour partager le mouton quotidien.

Je disais donc que, si l'on voulait en faire à ma tête et s'appliquer à suivre mon programme, il y aurait beaucoup plus de gens donnant à dîner, mais on rencontrerait parmi eux beaucoup moins de Snobs. Tout le monde connaît le charmant ouvrage que vient de publier mon très-estimable ami, si toutefois l'auteur me permet, après une liaison de date aussi récente, de le qualifier ainsi, tout le monde connaît le livre d'Alexis Soyer, le grand rénovateur de la cuisine moderne; or, à mon goût, les passages que, dans son noble style, il désigne comme les plus succulents, les plus savoureux et les plus relevés, ne sont point ceux où il fait une pompeuse description des banquets d'apparat, festins renouvelés de Balthazar, mais où tout bonnement, au contraire, il parle du dîner quotidien, du dîner domestique.

Le dîner domestique, entendez-vous bien? voilà la clef de voûte, voilà le résumé de toute science culinaire. Votre ordinaire doit jouir d'une abondance et d'un confortable qui soient assez parfaits pour que vous puissiez y convier vos amis sans avoir rien à y changer.

Suivez bien, en effet, mon raisonnement. Est-il femme au monde qui soit placée plus haut dans mon estime et dans mon affection que ma chère moitié, mistress Snob? Qui peut prétendre à une plus large part dans mon amitié que les six frères de ma femme, dont trois ou quatre au moins ne demandent pas mieux que de nous favoriser de leur compagnie sur le coup de sept heures? Sans oublier non plus notre angélique et estimable belle-mère. Enfin, s'il y a quelques bons morceaux à avoir, j'avoue que je ne saurais mieux les adresser qu'à votre très-humble et très-obéissant serviteur, l'auteur de ces lignes. Et pour bien traiter toutes ces personnes dont je viens de vous faire la liste, il n'est pas besoin, j'imagine, de tirer des armoires la vaisselle en melchior, de substituer des laquais d'emprunt à la petite bonne en tablier blanc, de commander de misérables ragoûts au rôtisseur du coin, de reléguer la marmaille dans les chambres des bonnes, comme on se l'imagine, tandis qu'en réalité les enfants rôdent dans l'escalier, où ils se sont établis pour le temps du dîner, afin de dévaliser au passage les plats que l'on emporte, de tremper les doigts dans les gelées et de pêcher les godiveaux dans la sauce des vol-au-vent. Personne, je le répète, n'ira croire qu'un dîner domestique est accompagné de cet atroce cérémonial, de cette grotesque mise en scène, de ce luxe indigent qui distingue nos festins aux jours de grand gala. Je ne peux pas plus me faire à cette idée qu'à celle de voir tous les jours, assise en face de moi, ma bonne ménagère, coiffée d'un turban avec oiseau de paradis, et étalant aux regards la richesse de ses bras potelés à travers la transparence de la blonde qui garnit si magnifiquement sa fameuse robe de satin rouge ; et encore d'entendre derrière moi, à chaque service, un maître d'hôtel en cravate blanche me répéter d'un ton monotone : « Xérès ou porto, désirez-vous, monsieur ? »

Or donc, je conclus : la vaisselle en melchior et le travestissement d'un laquais d'emprunt ont quelque chose de répugnant et de bouffon dans l'ordinaire de la vie ; pourquoi n'en serait-il pas de même en toute autre circonstance ? Pourquoi Jones et moi, qui sommes de la classe moyenne de la société, irions-nous modifier notre manière d'être et nous entourer d'un éclat auquel nous n'avons nul droit, le tout pour fêter des amis qui, si nous sommes au fond de braves et honnêtes gens, appartiennent comme nous à la classe moyenne et ne sont pas le moins du monde les dupes de cette splendeur passagère, mais qui, néanmoins, lorsqu'ils nous inviteront à leur tour à dîner, ne manqueront pas de faire à notre profit ce ridicule étalage ?

Il n'est rien de plus agréable qu'un dîner d'amis, comme le reconnaîtront avec moi tous ceux qui sont doués d'un bon estomac et d'un cœur sensible ; deux dîners de la sorte valent mieux qu'un. Or, pour des gens dont la bourse n'est pas très-ronde, ils n'iront pas loin à dépenser sans cesse vingt-cinq ou trente schellings par tête d'ami qui s'assied à leur table ; on peut dîner à moins, et, pour ma part, j'ai vu, à mon club de prédilection, l'ancien club de l'Armée et de la Marine, Sa Grâce le duc de Wellington dîner pour la modique somme de deux schellings, avec une tranche de rosbif et une demi-pinte de xérès ; si Sa Grâce s'en contentait, pourquoi serions-nous plus difficiles ?

Voici une règle de conduite que je me suis tracée, et dont je me trouve bien : toutes les fois que j'ai à ma table des ducs, marquis ou gens de cette sorte, je leur sers tout uniment mon rôti de bœuf et mon gigot bouilli avec des légumes pour garniture. Ces grands personnages me font des remercîments de la simplicité de cet accueil, et je n'en perds pas un pouce dans leur estime. Vous pouvez, mon cher John, questionner tous ceux que vous avez l'honneur de connaître, et vous verrez si ce n'est pas comme je vous le dis.

Mais quand ces Excellences me traitent à leur tour, je n'entends point qu'elles aient à se régler sur ce que j'ai fait pour elles. La magnificence et le luxe conviennent à leur rang dans le monde, tout comme un honnête confort, croyez-m'en, est de mise pour vous et moi. C'est une des fantaisies de la destinée d'avoir voulu que quelques êtres privilégiés fussent servis dans de la vaisselle d'or, tandis que d'autres devraient se contenter de manger dans des assiettes à fleurs; et certes, mon cher John, nous devons nous estimer fort heureux, que dis-je? nous devons être pénétrés de la plus profonde reconnaissance en considérant autour de nous cette foule de malheureux. La toile que nous portons n'est point déjà si grosse; et que nous fait, en somme, que les richards du siècle se parent de batiste et de dentelles? Nous devons éprouver une triste pitié pour ces fous envieux, pour ces dandys indigents de la société, qui montrent un devant de chemise brodé et qui n'ont pas de linge sous leurs habits. Déplorables maniaques qui, parce qu'ils traînent derrière eux quelques plumes dérobées au paon, s'imaginent qu'on va les prendre pour ce glorieux oiseau, commensal ordinaire de la demeure des rois et tout fier de faire briller au soleil les splendeurs de ses plumes.

Le geai paré des plumes du paon figure on ne peut mieux maint Snob de la société, et, depuis le temps d'Ésope, je ne crois point qu'il y ait eu pays plus peuplé de cette espèce de volatiles que ne l'est de nos jours notre chère patrie, cette terre classique de la liberté.

Mais quel rapport entre cet apologue d'un autre âge et le sujet que nous traitons, les Snobs qui donnent à dîner? La contrefaçon des grands a lieu sur une vaste échelle dans notre immense cité; depuis les palais de Kensingtonia et de Belgravia jusqu'aux réduits les plus humbles de Brunswick-square, il n'est pas de famille dont les membres ne se plantent dans la queue plus ou moins de plumes de paon. Et tous tant que nous sommes, nous autres oiseaux de basse-cour, nous mettons les plus grands soins à imiter la démarche orgueilleuse et hautaine, les cris arrogants et aigus de l'oiseau de Junon. Ah! pauvre Snob fourvoyé qui vous saignez pour donner ces festins, vous ne saurez jamais toutes les joies que vous vous enlevez, tous les mécomptes que vous vous préparez, pour bâtir sur l'hypocrisie et le mensonge ces sottes et ridicules grandeurs. En bourrant ainsi vos convives de mets malsains et qu'il faut entasser de force, à charge de revanche, vous ruinez la bonne et franche amitié (nous parlerons une autre fois de l'estomac), vous détruisez les joyeuses traditions de l'hospitalité et de la camaraderie, tandis que, si vous vouliez seulement mettre de côté votre queue de paon, vous n'auriez qu'à lâcher la bride à votre langue pour goûter le plaisir d'une conversation enjouée et sans contrainte.

Plaçons un homme d'un tour d'esprit tant soit peu philosophique au milieu d'une nombreuse société de Snobs qui donnent des dîners et de Snobs qui les mangent, il s'apercevra bien vite du prodigieux charlatanisme qui est en jeu de part et d'autre. Les mets, les vins, les laquais, la vaisselle, l'hôte, l'hôtesse, la conversation, les invités, sans en excepter le philosophe lui-même, tout est faux et frelaté.

L'hôte sourit et fait raison à tout le monde; c'est un feu roulant de paroles échangées d'un bout à l'autre de la table. Eh bien, si vous pouviez sonder le fond de son cœur, vous le verriez en proie à des terreurs secrètes, aux angoisses les plus poignantes. Il a peur que le vin qu'il a monté de la cave ne soit pas suffisant; il a peur qu'une certaine bouteille cachetée ne réponde pas à son attente, que ses valets d'emprunt ne commettent quelque bévue, et, trahissant leur incapacité, ne découvrent à tous qu'ils ne sont là qu'en passage et ne connaissent point le service de la maison.

L'hôtesse conserve un impertubable sourire à travers toutes les catastrophes qui se succèdent; elle sourit au milieu même des souffrances de l'agonie; sa pensée est à la cuisine, et elle frémit en songeant à tous les désastres qui, de là, planent sur sa tête. Le soufflé s'est peut-être effondré sur lui-même, Wiggins aura manqué d'exactitude pour les glaces, et des idées de suicide traversent cette charmande tête que vous voyez si gracieuse et si souriante.

Les enfants font, à l'étage supérieur, des hurlements lamentables, parce que leur bonne, pour les friser, leur serre leurs pauvres petites boucles dans les pincettes à moitié échauffées sous les cendres; c'est miss Emmy qui pleure parce qu'on lui tire les cheveux pour la coiffer à la chinoise, ou cette petite rebecca de miss Polly dont on débarbouille le petit nez retroussé avec du savon marbré, et qui frappe du pied jusqu'à en avoir des convulsions. Quant aux rejetons mâles de la famille, ainsi que nous l'avons dit plus haut, ils sont en embuscade sur le passage de la cuisine et s'y livrent aux douceurs du brigandage.

Les domestiques, suivant le programme, ne sont point des domestiques pour de vrai, mais bien des garçons de boutique déguisés pour la circonstance.

La vaisselle n'est point en argent, mais en une espèce de composition métallique dont l'éclat trompeur n'est point déplacé au milieu de cette hospitalité de convention, et de tout ce qu'on rencontre dans cet endroit.

La conversation n'est point de meilleur aloi que le reste. Écoutez le bel esprit de la société; il ne tarit pas, c'est un feu roulant de bons mots, et cependant il a la mort dans l'âme de la scène qu'est venue lui faire sa blanchisseuse pour être payée. Voyez en face l'autre bel esprit qui meurt de rage de ne pouvoir placer son mot. Jawkins, le causeur sérieux, hausse les épaules et ne cherche même pas à dissimuler son mépris pour ces sempiternels bavards qui le réduisent ainsi au silence. Un jeune muscadin, type des dandys à bon marché, discourt tout au long des dernières modes et des bals d'Almack's, d'après ce qu'il en a lu sans doute dans le *Morning-Post*, ce qui fait du reste assez mal au cœur à sa voisine, mistress Fox, qui rêve alors qu'elle n'a jamais mis le pied dans ces brillantes réunions. Voyez encore cette veuve, toute vexée de ce qu'on a placé sa fille Maria à côté de M. Cambric, jeune ministre qui tire le diable par la queue, tandis qu'elle eût été si bien auprès du colonel Goldmore, qui a perdu sa femme aux Indes et y a trouvé une fortune. La femme du docteur a pris sa mine boudeuse parce qu'on a donné la place d'honneur à la femme de l'avocat, et le vieux docteur Corck fait la grimace à chaque verre qu'il avale, tandis que Guttleton se moque à cœur joie de la cuisine et des cuisiniers.

Dire pourtant que tous ces gens-là pourraient être les plus heureux du monde, que la cordialité la plus franche pourrait régner dans leurs rapports, s'ils voulaient mettre de côté leurs prétentions et leurs grands airs, et que tout ce malentendu résulte de l'amour immodéré que l'on professe en Angleterre pour les queues de paon! Où êtes-vous, ombres aimables de Marat et de Robespierre? Quand j'ai devant les yeux le spectacle d'une société corrompue jusque dans ses sources les plus pures, et par quoi? par le plus grossier fétichisme de la mode, je me sens le cœur aigri comme cette bonne mistress Fox, déjà nommée, et, s'il ne tenait qu'à moi, j'ordonnerais un abatis général de toutes les queues et plumes de paon de ce royaume.

CHAPITRE XXI.

Les Snobs voyageurs.

Maintenant que le mois de septembre est arrivé, que la session parlementaire est close, c'est le moment de tourner nos observations du côté des Snobs voyageurs; car il n'en est peut-être pas qui méritent une attention aussi particulière pour la longueur de la queue. Je prends plaisir à aller les voir chaque jour s'élancer de la plage de Folkstone vers de lointains parages. Je suis de l'œil ces longues files d'émigrants, et, pourquoi le cacher? ce n'est point sans un secret désir de faire comme ces heureux Snobs et de quitter notre île flottante. Bon voyage, mes chers amis, bon voyage! vous ne vous doutez guère que celui qui vous contemple ainsi du haut de la jetée est votre ami, votre historiographe et votre confrère.

Ce matin, en allant faire la conduite à mon ami Snooks, qui s'embarquait sur *la Reine de France*, je trouvai le pont de ce superbe navire garni de Snobs; ils se promenaient bravement en long et en large, tout bouffis de vanité. Dans quatre heures ils devaient aborder à Ostende, et dans huit jours il devait y en avoir un peu sur tous les points du continent. Grâce à eux, les régions les plus lointaines allaient faire connaissance avec le type incomparable du Snob britannique. Je ne les verrai point là où ils vont aller, mais du moins je me les représente par la pensée; et, en vérité, il n'est pas un coin du monde civilisé où ces yeux n'aient été à même d'en rencontrer et d'en observer quelques-uns.

J'ai vu des Snobs en veste rouge et en bottes à l'écuyère sillonner en tous sens la campagne de Rome. Leurs jurons et leur baragouin bien connus ont plus d'une fois frappé mes oreilles dans les galeries du Vatican et à l'ombre des voûtes du Colisée. J'ai rencontré un Snob dans le désert, enfourché sur un chameau et mangeant, sur le pouce, au pied de la pyramide de Chéops; et c'est un plaisir pour moi de penser qu'au moment même ou j'écris, il y a une multitude de Snobs britanniques accoudés sur leurs croisées dans la cour intérieure de l'hôtel Meurice, rue de Rivoli, et criant à pleins poumons : « Garçon, du pain! garçon, du vin! » ou bien d'autres encore, fièrement campés sur leurs jambes, qui montent et descendent la rue de Tolède, à Naples, ou même quantité d'autres qui font gravement faction sur la jetée d'Ostende pour assister au départ de Snooks et autres Snobs embarqués sur *la Reine de France*.

Mais tenez, voici le marquis de Carabas et ses deux voitures. La marquise vient d'arriver à bord, elle a regardé tout autour d'elle de cet air de répugnance inquiète et d'insolence affectée qui la distingue, puis elle n'a fait qu'un bond jusqu'à sa calèche; car jamais, au grand jamais, elle ne consentirait à frayer avec les Snobs qui fourmillent sur le pont. Installée au fond de son carrosse, elle pourra y être malade à son aise, loin des yeux des profanes. La couronne de marquis qu'on voit peinte sur le panneau de la portière est bien plus profondément gravée dans le cœur de Sa Seigneurie. Si au lieu d'aller à Ostende elle se rendait au ciel, elle voudrait, j'en suis sûr, y monter en places réservées, et se ferait retenir à l'avance les meilleures chambres du paradis. Voyez donc ce courrier qui porte en sautoir la bourse de cuir insigne de sa charge, ce grand diable de laquais à la mine imposante, dont la livrée grisâtre laisse encore mieux ressortir l'écusson des Carabas, et puis cette camériste française, au regard agaçant! Une plume féminine pourrait seule vous détailler avec précision cette renversante toilette d'une femme de chambre de grande maison en voyage. Enfin, voici la demoiselle de compagnie, bien piteuse et bien râpée, et tout ce monde n'est occupé qu'à secourir les défaillances de milady et de son King Charles's. Ils font pleuvoir sur elle une voie d'eau de Cologne, la tamponnent avec des mouchoirs qui ne sont que dentelles et broderies, et l'ensevelissent sous un rempart de coussins qu'ils tirent on ne sait d'où, et lui font essayer les poses les plus commodes.

Son mari, un petit bout de marquis, se promène sur le pont de l'air le plus effaré, ayant à chaque bras une de ses maigres filles. L'espoir de la famille, jeune insulaire aux crins rougeâtres, est déjà en train de fumer un cigare à l'avant du navire; il porte un costume de voyage moucheté comme une peau de serpent; il a aux pieds des bottines d'étoffe avec un bout de cuir verni. Sa chemise brodée représente des boas constrictors entrelacés. Pourriez-vous me dire pourquoi le premier soin du Snob en voyage est de s'affubler bien vite d'un costume particulier? Pourquoi ne pas conserver sa redingote de tous les jours, au lieu d'aller se travestir en Arlequin qui a pris le deuil? Regardez encore le jeune Aldermanbury, ce jeune marchand de suif qui met à ce moment le pied sur le navire, et dont la jaquette est fendillée de mille poches béantes, et le petit Tom Tapeworm, clerc d'avoué dans la Cité, qui, pour passer un congé de trois semaines, a endossé à la hâte une jaquette de chasse toute neuve et des guêtres à l'avenant; par ma foi! ne le voilà-t-il pas qui laisse croître ses moustaches sur sa lèvre toute barbouillée de tabac!

Pumpey Hicks donne à son domestique les plus minutieuses instructions sur la disposition de son bagage, et lui crie de sa plus belle voix : « Davis! où avez-vous mis mon nécessaire de voyage? Davis! n'oubliez pas de mettre ma boîte de pistolets dans ma cabine. » Le jeune Pumpey emporte un nécessaire de voyage, pour se faire la barbe quand elle aura poussé, et quand on l'aura découvert, je serai bien aise de savoir quel est l'infortuné qu'il prétend mettre à la gueule de ses pistolets. Quant à son domestique, me trouvant à bout de conjectures, je ne lui vois d'autre emploi que celui de surveiller son maître.

Regardons maintenant cet autre personnage : c'est l'honnête Nathan Houndsditch et sa dame, avec leur petit garçon. Quel air de rayonnante satisfaction perce sur la figure de ces Snobs d'origine orientale! Regardez-moi un peu cette toilette de Houndsditch! A voir cette quantité de bagues et de chaînes, de diamants et de cannes à pommeau d'or, on dirait la boutique d'un orfévre. Le drôle, je crois, se laisse pousser une houppe de poil au menton. Ah! c'est que c'est un gaillard qui ne marchande pas ses plaisirs, surtout quand ils ne lui coûtent rien. Le petit Houndsditch a aussi une canne à pommeau doré qui enchâsse une espèce de mosaïque, et une tournure qui n'est pas celle de tout le monde. Quant à la dame, elle réunit sur elle toutes les couleurs de l'arc-en-ciel : elle a une ombrelle rose frangée de blanc, un châle vert émeraude sur une douillette de soie gorge de pigeon, des bottines de prunelle et des gants violets; le corsage est garni de boutons de cristal versicolore qui vont en grossissant, de la ceinture au menton, dans la proportion d'un haricot à un œuf de canard, et brillent et scintillent sur cette large poitrine comme autant d'étoiles au firmament. Je l'ai déjà dit, c'est aux jours d'extra que j'aime à faire mes observations sur les gens. Il y a alors quelque chose de si réjouissant et de si pittoresque dans l'inexpérience du luxe heureux qu'ils étalent !

De ce côté s'avance le capitaine Bull, frotté, ciré, astiqué et vernissé. Il voyage régulièrement pendant cinq ou six mois de l'année. Ce n'est ni au luxe de son costume ni à l'insolence de sa tournure qu'on pourrait trouver à redire, ce qui n'empêche pas que je le tiens pour le plus grand Snob qu'on puisse trouver à bord. A Londres, Bull passe ses journées en quête d'un dîner et ses nuits dans un galetas, non loin de son club. En dehors de son île, il n'est pas de pays où il n'ait porté ses pas. Il sait quel est le meilleur vin du meilleur hôtel de chaque capitale de l'Europe ; il fréquente à l'étranger la meilleure société anglaise ; il a visité tous les palais et toutes les galeries de tableaux qui existent de Madrid à Stockholm ; il vous débite un affreux jargon, mélange informe d'une demi-douzaine de langues, et, au fond, ne sait rien de rien. En voyage, le capitaine se met volontiers à la remorque des gros personnages et devient sans peine le complaisant de leurs caprices. Avant l'arrivée à Ostende, soyez sûr qu'il aura trouvé le moyen de jeter son grappin sur le vieux Carabas : il lui rappellera, par exemple, qu'il l'a rencontré à Vienne il y a quelque vingt ans, ou qu'ils ont bu à la même gourde au sommet du mont Vésuve. En disant que Bull ne savait rien, nous avons été trop loin : il connaît les généalogies, le blason et le parentage de toute la pairie. Ses petits yeux ont déjà passé l'inspection de toutes les voitures qui se trouvent sur le pont ; il a examiné les portières et pris bonne note des armoiries. Il connaît à fond la chronique scandaleuse de ses compatriotes sur le continent : comme quoi miss Baggs s'est fait enlever à Naples par le comte Torowski ; comme quoi une liaison des plus intimes s'était formée entre lady Smigsmags et le jeune Cornichon, de la légation française à Florence. Il vous dira aussi le chiffre exact des sommes gagnées à Bade par Jack Duceace à Bob Grossoy ; les motifs qui ont déterminé Staggs à venir se fixer sur le continent ; enfin la somme précise pour laquelle les biens d'O'Goggarty se trouvent grevés d'hypothèques. S'il ne peut mettre la main sur un lord, il se rabattra sur un baronnet, ou tout au moins le vieux roué saura bien dépister quelque novice imberbe auquel il se chargera de faire connaître la vie sous ses aspects les plus accidentés, les plus riants et les plus mystérieux. Eh bien! si ce triple butor réunit tous les vices de la jeunesse la plus outrecuidante, ce qui du moins le met fort à l'aise, c'est de n'avoir conservé aucune sensibilité de conscience. Il est profondément bête, mais d'une bêtise amusante; il passe à ses propres yeux pour un des hommes les plus respectables de la société, et la seule bonne action qu'il ait commise dans sa vie, quoique bien involontairement, c'est de donner le perpétuel exemple de tout ce qu'il faut éviter, et de montrer de quel vilain effet est au milieu des autres figures de la société ce type du débauché endurci qui traverse le monde comme un vieux Silène, plus convenable que l'ancien, mais à peu de chose près, et qui, un beau jour, mourra sur son grabat sans amis, sans remords, sans que personne y prenne garde, si ce n'est, toutefois, ses héritiers, étonnés que la misère et le vice aient pu laisser encore quelque argent après eux. Mais, tenez, ne vous l'avais-je pas dit? le voilà compère et compagnon avec le marquis de Carabas.

Voyez maintenant de ce côté : c'est la vieille lady Marie Macscrew, et ces êtres féminins, d'un âge indéfinissable, ce sont ses filles. Ces dames vont explorer la Belgique et les bords du Rhin, marchandant et se débattant sur toutes choses, jusqu'à ce qu'elles découvrent un hôtel où elles puissent vivre à un prix inférieur à celui que Sa Seigneurie compte à ses laquais pour leur nourriture en son absence. Mais elle exigera et recueillera de nombreuses marques de respect de la part des Snobs britanniques qui viennent prendre les eaux dans l'endroit qu'elle a choisi pour sa résidence d'été : elle est en effet la fille du comte d'Haggistoun. Cette espèce de taureau, aux épaules carrées, aux épais favoris, et ganté de chevreau blanc, c'est M. Phélim Clancy de Poldoodystown; de son autorité privée, il s'intitule M. de Clancy, et s'efforce de déguiser le zézayement désagréable de son accent naturel sous le pompeux attirail des mots les plus sonores. Au billard ou à l'écarté, vous êtes sûr de gagner contre lui la première manche, mais il aura pour lui les sept ou huit suivantes.

Ce grenadier femelle, escortée de ses quatre filles et de son fils, jeune, beau, tout fraîchement échappé de l'Université, est mistress Kewsy, la femme du célèbre avocat; pour rien au monde, elle ne consentirait à être en retard sur la mode. Elle porte l'*Almanach de la Pairie* dans son sac de voyage, vous pouvez en être sûr. Mais ce n'est rien auprès de mistress Quod, la femme de l'avocat général; son carrosse, avec ses sièges sur le devant, ses banquettes sur le derrière, le cède à peine en magnificence à la berline du marquis de Carabas. Je crois même que son coureur a de plus épais favoris et un plus grand sac de cuir que celui du marquis. Regardez, elle cause en ce moment avec M. Spout, membre tout nouvellement élu par les électeurs de Jawborough. Il va de ce pas examiner de près les opérations du Zollwerein, et préparer pour la prochaine session de vigoureuses interpellations à lord Palmerston sur le commerce du bleu de Prusse, du savon de Naples et de l'amidon germanique, et autres sujets d'un intérêt aussi actuel pour l'Angleterre. A Bruxelles, il daignera se montrer bienveillant pour le roi Léopold. Il écrira pendant son voyage une correspondance étrangère pour *l'Indépendant de Jawboroug*, et, en sa qualité de *Membre du parlement britannique*, il s'attend à ce que chacun des souverains dont il honorera les États de sa présence s'empresse à l'inviter à un dîner de famille.

Plus loin, c'est.... mais bonsoir la compagnie; la cloche tinte le signal du départ, et, après avoir donné une dernière poignée de mains à Snooks, nous nous élançons sur la jetée, d'où nous lui envoyons un suprême adieu. Pendant ce temps, le vaillant navire plonge ses sombres flancs dans l'écume azurée que dorent les derniers feux du soleil, et emporte cette cargaison des Snobs en destination des pays d'outre-mer.

CHAPITRE XXII.

Considérations générales sur les Snobs voyageurs.

Nous sommes assez disposés à rire des allures fanfaronnes de nos bons voisins et de la grosse voix qu'ils prennent pour parler de la France, de la gloire, de leur Empereur, etc. Et pourtant on ne m'ôtera jamais de la pensée que, pour la fanfaronnade et l'outrecuidance, le Snob britannique défie toute comparaison. Il y a toujours quelque chose de gêné et de gauche dans les allures prétentieuses du Français ; quand il se vante, c'est toujours avec une exagération d'emportement, de clameurs et de gestes ; il vous crie, à vous briser le tympan, que la France tient la tête de la civilisation ; qu'elle est le foyer de l'intelligence, etc. : mais, dans la manière dont se démène le pauvre diable, on entrevoit que, secrètement, il n'est pas lui-même bien sûr d'être aussi prodigieux qu'il le dit.

Pour le Snob britannique, tout se passe sans bruit, sans fracas, dans ce calme placide qu'accompagne une conviction profonde. Le peuple anglais n'a pas son égal au monde, et cette opinion n'admet pas la discussion, puisque c'est un axiome. Quand un Français vient vous hurler aux oreilles : « La France, monsieur, la France est à la tête du monde civilisé, » il vous prend une violente envie de rire au nez du pauvre possédé. Pour notre part, nous sommes le chef-d'œuvre de la création, et cette persuasion est si profondément ancrée dans notre esprit, que toute objection qu'on élèverait contre nous paraîtrait tout simplement burlesque. Répondez-moi, ami lecteur, la main sur la conscience, n'êtes-vous point de cette opinion ? Un Français, votre égal ! Allons donc ! Amour de Snob britannique, cela ne peut être, cela ne sera jamais dans votre pensée, et qui sait? pas plus peut-être que dans celle de votre très-humble serviteur, votre confrère en Snobisme.

Et, si vous voulez que je vous le dise, je ne serais pas éloigné de croire que cette conviction profonde de notre supériorité, et la manière dégagée dont, par suite, les Anglais se conduisent à l'égard du peuple qu'ils daignent honorer de leurs visites, que cette présomption outrée qui fait dresser la tête et roidir le col à tout Anglais qui voyage avec son carton à chapeau, des volcans de la Sicile aux rives de la Newa, sont les véritables causes de cette réprobation universelle qu'on nous témoigne si libéralement dans toutes les contrées de l'Europe, bien plus encore que toutes nos petites victoires, dont les Français et les Espagnols ne connaissent pas même le nom. Toujours et partout ce gigantesque et insurmontable orgueil britannique, qui tourne aussi bien la tête de milord au fond de son carrosse que celle de maître John sur son siége !

Lisez les vieilles chroniques des guerres de France, vous y retrouverez chez les Anglais du temps de Henry V le même caractère, le même esprit flegmatique et dominateur que chez nos braves vétérans qui ont fait la campagne de France et celle de la Péninsule. Vous est-il jamais arrivé d'entendre une conversation du colonel Cutler et du major Slasher, causant batailles après dîner? ou bien encore le capitaine Boarder, racontant, pour la centième fois, son engagement avec *l'Indomptable?* « De par tous les diables, s'écrie-t-il, il me fallut revenir trois fois à la charge avant d'en avoir raison. — Ces enragés carabiniers de Milhaud, continue Slasher, ont fait de la belle besogne dans nos escadrons de cavalerie légère ! » Ils ne s'expliqueront jamais que des Français aient pu tenir tête, fût-ce un seul instant, à la bravoure britannique, et il serait prodigieux à leurs yeux qu'il se trouvât, à l'heure qu'il est, des gens capables de pousser l'aveuglement, la folie et la présomption, jusqu'à faire de la résistance à un Anglais. A ce moment, il y a des milliers d'Anglais qui parcourent l'Europe avec des airs protecteurs, daignant avoir quelques bontés pour le pape, se montrer bons princes avec le roi de Hollande, et allant même jusqu'à présider les revues des troupes prussiennes. Lorsque nous reçûmes, à Londres, Nicolas, qui, tous les matins, pour s'ouvrir l'appétit, passe en revue environ deux cent cinquante mille paires de vieilles moustaches, nous le conduisîmes à Windsor pour lui montrer deux régiments, formant un total de six à huit cents habits rouges, comme par manière de lui dire : « Regardez-moi ça, mon garçon ; ce sont des Anglais ; ils sont vos maîtres et le seront partout où ils vous rencontreront. » Comme dit une vieille chanson de nourrice. Le Snob britannique a depuis longtemps acquis le juste sentiment de sa valeur, et il ne peut voir, sans rire du meilleur de son cœur, ces Yankees vaniteux ou ces petits Français infatués d'eux-mêmes, qui s'érigent en modèles de l'humanité ; ils font mal à voir !

Ce qui m'a suggéré cette suite de réflexions, c'est la scène suivante dont j'ai été témoin à l'hôtel du Nord à Boulogne, où se trouvait un de nos compatriotes, qui, évidemment, appartenait à la classe des Slasher. Il vint s'asseoir à la table commune, le sourcil menaçant et épais, la figure rouge saumon, le cou étranglé dans sa cravate, avec un nœud immense qui débordait le gilet des deux côtés ; il y avait dans toute sa toilette une si irréprochable roideur, que chacun eut bientôt reconnu un de nos estimables compatriotes. Le vin de Porto et nos admirables institutions peuvent seuls produire une figure aussi insolente, aussi bête, et qui offre aussi complètement le type du gentleman anglais. Au bout d'une minute, notre attention fut attirée de son côté par un son guttural qu'il proféra avec la fureur d'un homme exaspéré, par un : O ! qui retentit dans toute la salle.

A ce O ! chacun se tourna vivement, pensant, à voir la figure et les gestes du colonel, qu'il éprouvait quelque malaise des plus violents. Mais les garçons, qui savaient mieux à quoi s'en tenir, au lieu de partager l'émoi général, lui apportèrent tout simplement une bouillotte. A ce qu'il paraît, en français, O ! veut dire eau bouillante ! Tout en témoignant le plus complet dédain pour la langue française, le colonel s'imaginait qu'il la parlait avec la dernière correction. Tandis qu'il continuait à absorber son thé brûlant, qui s'engouffrait avec le fracas d'une cataracte dans les profondeurs de son estomac, sans que le palais cuirassé de ce respectable vétéran parût le moins du monde en souffrir, un de ses amis, à la face anguleuse, à la perruque d'un noir foncé, et qui avait tout l'air d'être aussi un colonel, vint prendre place à ses côtés.

Nos deux grognards, inclinant leurs têtes l'une vers l'autre, se mirent à déjeuner de compagnie; une conversation animée s'engagea. Nous avions l'avantage de les entendre causer de leurs campagnes d'autrefois et de recueillir leurs curieuses appréciations sur les éventualités d'une guerre prochaine, qu'ils regardaient comme inévitable. La flotte française était pour eux l'affaire d'une bouchée; la marine marchande de nos voisins.... il n'y avait même pas à en parler. Puis ensuite, discutant leur plan de campagne, ils montraient comme quoi, pour la guerre, il faudrait établir un blocus. S.... N.... Un blocus de bateaux à vapeur tout le long de la côte S.... N..., prêt à opérer un débarquement sur n'importe quel point du littoral, de manière à donner aux Français une fameuse danse, dans le genre de celle qu'on leur avait administrée dans le cours de la dernière guerre S.... N.... En somme, il ne résulta de tout cela qu'une canonnade de jurons que ces vétérans échangèrent à bout portant tout le temps que dura leur conversation.

Il se trouvait un Français précisément dans la même pièce. Mais comme heureusement il n'avait résidé que dix ans à Londres, il n'entendait pas un mot de la langue, et ne put faire son profit de cette aimable conversation. « Mais, dis-je en moi-même, il n'est pas étonnant, ô mon pays! que l'on vous aime aussi peu, car, pour ma part, si j'étais Français, je vous détesterais cordialement! »

Ce type du matamore brutal, ignorant et bourru, se montre dans toutes les capitales de l'Europe : c'est la pâte la plus épaisse et la plus grossière que l'on puisse rencontrer là-bas. Ces messieurs prétendent écraser l'Europe sous le talon de leurs bottés. Ils s'ouvrent passage dans les endroits publics et les églises à la pointe de leur coude, et se carrent dans les palais des souverains avec leur uniforme boutonné jusqu'au menton. A l'église ou au théâtre, dans un banquet ou devant un tableau, leur figure reste impassible. On déroulerait devant leurs petits yeux injectés de sang les vues les plus magnifiques et les plus riches de la nature sans les rendre le moins du monde émus. Les spectacles les plus brillants, les fêtes les plus splendides s'offrent à leurs regards sans pouvoir rompre leur glace ordinaire. A l'église, ils traitent toutes les cérémonies du culte de superstitions avilissantes, comme si leur divinité était la seule devant laquelle on dût s'incliner. Ils visitent les galeries de peinture, et leur ignorance en fait d'art dépasse celle d'un décrotteur français. Les chefs-d'œuvre du génie, les merveilles de la nature ne laissent sur ces figures stupides aucune trace d'admiration. La seule chose qui les touche et les émeuve, c'est lorsqu'il vient à passer près d'eux quelque grand du jour ; oh! alors cette inflexible fierté, ce farouche amour-propre du Snob anglais rentre sous terre pour faire place au laquais, et son échine devient aussi souple que celle d'arlequin.

CHAPITRE XXIII.

Les Snobs anglais sur le continent.

« La belle affaire que le télescope de lord Ross! s'écriait l'autre jour mon ami Panwiski ; vous voilà bien avancés, quand il vous aura fait voir quelques centaines de milles plus loin! Ce que vous aviez pris jusqu'alors pour de simples nébuleuses devient tout un système d'étoiles parfaitement distinctes à vos yeux ; mais aussitôt vous apercevez au delà d'autres nébuleuses qu'une lunette plus puissante vous fera peut-être reconnaître un jour pour des étoiles du premier ordre : car c'est ainsi que vont les choses dans ce monde lumineux qui brille et resplendit jusque dans les profondeurs les plus reculées de l'infini. »

Et là-dessus notre ami Pan, poussant un gros soupir, comme s'il avouait son impuissance à contempler en face ces redoutables mystères, se renversa dans son fauteuil d'un air résigné, après avoir avalé, toutefois, une bonne rasade de bordeaux.

Mais moi qui, comme tous les grands hommes, n'ai en tête qu'une seule idée, je me mis à réfléchir qu'il en était des Snobs comme des étoiles : plus vos regards s'arrêtent sur ces corps lumineux, et mieux vous vous apercevez que tantôt ils se forment d'une agrégation de nébuleuses que l'œil peut à peine distinguer, et que tantôt ils brillent du plus vif éclat, jusqu'à ce que, décrivant une longue traînée de feu, ils disparaissent dans d'impénétrables ténèbres. Moi, je ne suis que l'enfant qui joue sur le bord de la mer en s'amusant à contempler la voûte étoilée ; mais quelque jour il se trouvera peut-être un philosophe qui, à l'aide d'un puissant télescope, deviendra le Nostradamus du Snobisme, nous tracera les lois de cette vaste science qui n'est encore pour nous qu'un passe-temps et un jouet, précisera le caractère et les divisions d'une théorie encore confuse, et établira des principes dogmatiques à la place de ces premières données déjà séduisantes, mais fragiles.

Eh ! sans doute l'œil nu ne peut distinguer que les variétés les plus simples, les plus rudimentaires, dans ce chaos confus des Snobs. C'est pour cela que parfois je songe à faire appel au public, à convoquer un congrès de savants qui se réunirait à Southampton, où chacun devrait apporter le concours de ses lumières, et lirait un mémoire sur ce grave et important sujet. Comment, en effet, des observations isolées pourraient-elles avancer la grande question qui nous préoccupe ? Les Snobs anglais, sur le continent, sont sans doute mille fois moins nombreux que dans leur île natale ; mais encore le total en est-il considérable, et, quand on est seul à observer, on ne peut étudier çà et là qu'un individu que l'on détache du troupeau; pendant que vous saisissez les traits d'un individu, il en est mille qui vous échappent. Voici trois ébauches que j'ai faites ce matin, d'après original, en me promenant sur le port de Boulogne.

Le premier de ces Snobs anglais s'appelle Raff; c'est un pilier d'estaminet, on peut l'entendre chanter à tue-tête dans les rues : *J'ai souvent fait la noce*, et autres chansons de ce genre, en hurlant des mots inconnus, dans une espèce de baragouin britannique qui fait gémir après minuit les paisibles échos des villes du continent. Ce vaurien, les cheveux en désordre, la barbe longue, les vêtements débraillés, flâne sur les quais à l'heure de l'arrivée du paquebot, et passe une bonne partie de sa journée à absorber des petits verres sur les comptoirs où il a du crédit. Il parle un français qui sent l'argot; c'est en grande partie parmi les gens de son espèce que se recrute la population flottante des prisons de dettes du continent. Il joue la poule dans les cafés, et dès le matin on peut le voir battre les cartes ou les dominos; il a prodigué sa signature au bas d'une innombrable quantité de lettres de change; il est fort probable qu'il appartient à une estimable famille, car, selon toute apparence, il a débuté par être un honnête homme, et il a, de l'autre côté du détroit, un père qui rougit de penser que son fils porte son nom. Dans des temps meilleurs, il a maintes fois abusé de la confiance du papa, il a mangé la dot de sa sœur et entamé le patrimoine de ses jeunes frères; il vit maintenant de la fortune de sa femme; la pauvre créature se cache dans quelque affreux réduit où elle reprise un linge tout usé, et ravaude de vieux habits pour ses enfants : c'est le spectacle hideux de la plus désolante misère.

A certains jours, on la voit, elle ou ses filles, se glisser timidement dans la rue pour aller donner une leçon d'anglais ou de piano, ou faire en ville quelque travail d'aiguille, afin de pourvoir aux besoins du pot-au-feu. Pendant ce temps, Raff se promène sur le port, ou bien, assis dans quelque café, il engloutit petits verres sur petits verres;

Chaque année, la malheureuse compte un enfant de plus, et, à force de ruses pieuses, elle parvient à dissimuler à ses filles la triste conduite de leur père et à conserver à son mari le respect de ses enfants. Lorsqu'elle le voit rentrer au logis dans un état complet d'ivresse, elle l'entraîne bien vite dans sa chambre, loin de tout regard.

Ces pauvres malheureux, dénués de toutes ressources, ont cependant leurs petites réunions et se donnent des soirées entre eux; il y a quelque chose de navrant à voir ces efforts affectés d'une aisance qui n'existe pas, ces douloureuses tentatives de gaieté, ces éclats de joie où l'on sent les larmes mêlées aux accords criards d'un vieux piano : tout cela fait mal à voir et à entendre. Mistress Raff et ses filles, maigries par les privations, font le soir à mistress Diddler les honneurs d'un thé bien clair, et la conversation se reporte au temps passé et à la société élégante que l'on fréquentait alors ; l'une des demoiselles chante d'une voix affaiblie, en suivant la musique sur un vieux cahier aux coins racornis et crasseux. Ces femmes allaient oublier leur détresse, grâce à ces distractions de courte durée, lorsque tout à coup voilà le capitaine Raff qui rentre, le chapeau de travers, la démarche vacillante, et aussitôt la mansarde est infectée d'une odeur de tabac et d'eau-de-vie.

Qui n'a pas, dans ses voyages, rencontré ce capitaine Raff? La justice, par ministère d'huissier, prend la peine de faire afficher son nom de temps à autre sur les murs de Boulogne, de Paris ou de Bruxelles. Les gens de cette espèce sont si communs, que je m'attends à voir fondre sur moi, comme la grêle, les reproches de tous ceux qui prétendront que j'ai taillé ce patron sur leur personne. Il y a plus d'un gredin que l'on déporte et qui n'en a pas tant fait. Il y a des galériens qui pourraient passer pour d'honnêtes gens au prix d'un pareil être. Nous sommes le peuple des sentiments nobles, élevés, religieux et moraux, nous le disons du moins ; et je ne connais pas de pays comparable à la Grande-Bretagne pour s'y faire un jeu de ses dettes, et où l'on se montre aussi satisfait lorsqu'on a réussi à jouer quelque bon tour à ses fournisseurs. En France, on se croirait déshonoré si l'on ne tenait pas ses engagements, tandis qu'il n'est pas de royaume en Europe où l'escroquerie devienne comme chez nous un titre de gloire ; aussi n'est-il pas une ville un peu importante du continent dont les prisons ne donnent asile, plus ou moins, à quelques fripons anglais.

Il existe une espèce de Snobs plus immonde et plus dangereuse encore que ce bohème cynique sans déguisement, mais sans ressort, que nous venons de vous dépeindre. Comme elle est fort répandue sur le continent, je ne suis pas fâché d'en donner le signalement aux jeunes Snobs de mes amis, qui, s'ils en rencontrent sur leur route, feront bien de se tenir sur leurs gardes.

Le capitaine Legg est de bonne souche, comme Raff, mais d'un échelon encore plus élevé. Il a entrepris l'exploitation de sa famille, mais d'une manière tout à fait grandiose. Pour faire tant que d'avoir des billets protestés, il en a souscrit tout de suite pour plusieurs milliers de livres sterling, alors que Raff se démenait comme un beau diable pour se soustraire au payement d'une misérable note de dix livres. Legg descend toujours dans les meilleurs hôtels ; il porte des habits du drap le plus fin et des moustaches parfaitement cirées. Il s'étale dans de splendides phaétons, tandis que le pauvre Raff s'enivre avec du trois-six et fume du caporal. C'est vraiment quelque chose d'incroyable, que Legg, si souvent démasqué et dont la réputation est faite partout, trouve encore la fortune attachée à ses pas. Il y a longtemps qu'il aurait disparu dans un naufrage complet, sans la passion incorrigible du Snob anglais pour les gens de qualité. Voilà un honnête garçon de la classe moyenne qui sait fort bien que Legg est un fripon et un escroc ; néanmoins, le désir de paraître à la mode, une admiration aveugle pour tout ce qui affecte de grands airs, une ridicule gloriole à parader en public aux bras d'un fils de lord, livrent ce pauvre mouton aux ciseaux de Legg, qui saura le tondre de près, et sa victime sera encore trop heureuse de payer pour se voir en aussi estimable société. Combien de braves pères de famille, en apprenant que leur fils monte à cheval avec le capitaine Legg, fils de lord Levant, seront flattés de penser que le jeune espoir de leur vieillesse fréquente si bonne compagnie !

Legg et son ami le major Macer ont fait de l'Europe entière le théâtre de leurs exploits ; ils savent aux bons moments se trouver dans les meilleurs endroits. On m'a raconté que, l'année dernière, mon jeune ami M. Muff, tout fraîchement sorti d'Oxford, avait voulu voir comment se passait le carnaval à Paris. S'étant rendu au bal de l'Opéra, il y fut accosté par un Anglais au désespoir de ne pas savoir un mot de ce diable de français ; mais ayant entendu M. Muff qui le parlait admirablement, il le pria de vouloir bien être son interprète auprès d'un garçon avec lequel il était en discussion pour des rafraîchissements. L'inconnu se confondait en protestations, ne sachant comment lui exprimer le plaisir qu'il éprouvait à voir un compatriote, puis il finit par demander à Muff s'il ne connaissait pas un bon endroit pour aller souper. Ils partirent donc bras dessus bras dessous dans cette intention, et sur ces entrefaites survint, vous savez sans doute déjà qui, le major Macer. Legg présenta Macer à son nouvel ami ; on fut bien vite sur le pied de la plus parfaite intimité ; les cartes allèrent leur train ; vous n'avez pas besoin que je vous dise le reste.

Les années succèdent aux années sans que l'on voie diminuer la quantité de Muffs qui se font pigeonner dans les différentes parties du monde par des Leggs et des Macers. C'est là une bien vieille histoire ; ces moyens de séduction sont bien usés et bien rebattus ; on ne comprend pas que les gens puissent encore s'y laisser prendre, et pourtant ces tentations du vice et de la vanité exercent une si grande fascination sur les jeunes Snobs anglais que, chaque jour, voit tomber de nouvelles victimes dans la nasse. Du moment qu'il s'agit de se faire plumer et duper par des gens à la mode, le vrai Snob britannique est toujours là, rien ne lui coûte pour un pareil honneur.

Il est superflu de nous étendre ici sur cette espèce de Snobs qu'on rencontre partout sous ses pas et qui remueraient des montagnes pour avoir leurs petites et grandes entrées dans les salons aristocratiques du continent. Je n'en citerai qu'un, c'est Rolls, l'ancien boulanger, qui est venu établir ses pénates dans le faubourg Saint-Germain; il n'entend recevoir que des légitimistes, et encore faut-il avoir le titre de marquis, pour le moins, si l'on veut être admis dans ses salons. Courage, mes amis, il nous va bien de rire des prétentions de ce monsieur, nous qui nous sentons pris d'un respectueux frisson au moindre grand homme de notre nation qui vient à passer! Mais, mon cher John Bull, vieux Snob que vous êtes, il y a, comme vous le dites fort bien, une grande différence entre un marquis français qui compte vingt quartiers et un pair d'Angleterre. Le bon sens anglais hausse les épaules de mépris à la vue de cette meute de faméliques burgraves allemands et de principicules italiens; quant à notre aristocratie, ah! c'est bien autre chose! Voilà ceux qui sortent en ligne directe de la cuisse de Jupiter! Voilà, songez-y bien, la vraie et pure noblesse, la noblesse de bon aloi! Allons! maître Snob, chapeau bas, à genoux et courbez la tête!

CHAPITRE XXIV.

Les Snobs des champs.

Ce n'est pas un spectacle bien réjouissant que celui de persiennes fermées, alors que la noblesse a quitté la ville pour aller dans ses terres. Quant à moi, mes promenades en étaient tout attristées, et ce sentiment pénible ne faisait qu'augmenter lorsque je me retrouvais dans les vastes solitudes de Pallmall et dans les clubs déserts, où ma présence était une contrariété pour les garçons, qui, sans moi, fussent partis pour chasser à la campagne. Je résolus d'aller faire une petite tournée dans la province et de me rendre enfin à d'anciennes et pressantes invitations.

Ma première visite fut pour mon ami le major Ponto, de la cavalerie de la marine, qui avait pris sa retraite dans le Mangelwurlzelshire. Le major vint me chercher à la station, dans une espèce de petit char à bancs. La voiture n'avait rien de somptueux; mais c'était tout ce qu'il fallait pour un homme aux goûts modestes, comme prétendait l'être Ponto, et pour une nombreuse famille. La route que nous avions à parcourir se déroulait à travers des prés fleuris et verdoyants; c'était un délicieux paysage anglais. La chaussée était propre et unie comme les allées d'un parc de grand seigneur, et à travers l'ombre touffue des arbres pénétrait de loin en loin un rayon de soleil qui venait égayer cette ravissante promenade. Les paysans en blouses blanches nous levaient leurs chapeaux en souriant. Les enfants, aux joues rouges comme les pommes de leurs vergers, nous faisaient des signes d'amitié de la porte de leurs cottages, et l'on voyait se dessiner au loin la flèche bleuâtre des églises de village. Enfin, nous nous arrêtâmes devant une porte où grimpaient le lierre et le chèvrefeuille. Une bonne grosse paysanne, la femme du jardinier, vint nous ouvrir, et, à travers une double rangée d'arbres verts et de sapins, je pus apercevoir la maison du major. Mon cœur, bondissant de joie, éprouvait une douce sensation, impossible à ressentir, je crois, dans l'atmosphère enfumée des villes.

« Ici, du moins, m'écriai-je intérieurement, tout est calme, bonheur et abondance. Je vais donc être enfin délivré du voisinage des Snobs. Il ne peut s'en trouver assurément dans ce charmant séjour, dans cette nouvelle Arcadie. »

Stripes, qui est devenu l'homme de confiance du major, après avoir été caporal dans son brave régiment, prit mon portemanteau et un petit présent, espèce de bienvenue qu'il m'avait semblé convenable d'apporter à mistress Ponto;

c'était un turbot et des huîtres qui formaient une bourriche des plus respectables.

La campagne de Ponto, ou Evergreens, comme l'a baptisée mistress Ponto, est un véritable paradis terrestre. Ce ne sont que plantes grimpantes, allées de verdure et cabanes rustiques. La maison s'élève au milieu d'une pelouse gracieusement ondulée, qui fuit à travers mille corbeilles de fleurs du plus merveilleux coup d'œil. Les allées se déroulent, en rubans de sable, à travers des bosquets de myrtes au sombre et brillant feuillage et de lauriers-roses qui lui ont valu son nouveau nom. On l'appelait le chalet du Petit-Bullock, du temps du vieux père Ponto. De la chambre à coucher où Ponto me conduisit, j'avais vue sur le jardin, la basse-cour, le village et l'église; au delà, un grand parc s'étendait jusqu'à l'horizon. Ma chambre, tendue de jaune, avait l'air d'un reposoir des plus frais et des plus joyeux. Un énorme bouquet, placé sur le secrétaire, y répandait ses suaves parfums; les draps conservaient encore l'odeur de la lavande avec laquelle ils avaient été enfermés; les rideaux de perse et le large sofa, s'ils ne mêlaient pas la senteur de leurs bouquets aux aromes qui remplissaient déjà la chambre, semblaient du moins un parterre aux yeux; l'essuie-plume placé sur la table représentait un dahlia double, et un immense tournesol en bois sculpté, disposé en manière de pendule, devait me servir de porte-montre. Une vigne vierge aux feuilles écarlates grimpait le long de ma croisée et tamisait en poudre d'or les derniers rayons du soleil couchant. Tout était frais et fleuri. Quelle différence avec ces noires girouettes de la place de Saint-Alban, à Londres, seuls objets sur lesquels puissent se reposer ces pauvres yeux fatigués par le travail!

« Mais c'est ici le bonheur sur terre, dis-je à Ponto, en me laissant aller sur une moelleuse bergère, tandis que je m'enivrais doucement des délicieux aromes qui nous arrivaient par bouffées de la campagne, et que n'égaleront jamais les essences concentrées que M. Atkinson prépare pour les mouchoirs de nos belles ladies.

— C'est gentil, n'est-ce pas? me répondit Ponto. Pas

de bruit, pas de prétention. Ah! c'est que, voyez-vous, ce qu'il me faut, à moi, avant tout, c'est le calme. Vous n'avez pas amené de domestique avec vous; Stripes aura soin de votre garde-robe. »

Au même moment, ce digne serviteur, entrant dans la chambre, se mit à vider mon portemanteau et en sortit pièce à pièce l'habit et le pantalon de casimir noir, le gilet de velours broché, la fine cravate blanche, enfin tout ce dont se compose la grande tenue d'un homme du monde; et, disons-le à sa louange, il s'acquitta de cette tâche avec autant de gravité que de promptitude.

« Il y a grand dîner ce soir, ici, pensai-je en moi-même en voyant la solennité des préparatifs; au fond peut-être n'étais-je pas fâché qu'on eût convoqué l'élite de la société du voisinage pour avoir l'honneur de me contempler.

— Ah! mon Dieu, voici le premier coup de cloche, je vous quitte, » me dit Ponto, et il partit en courant.

Et en effet, un bruit clair et sonore, précurseur du dîner, se fit entendre du côté des communs, nous annonçant l'heureuse nouvelle que dans moins d'une demi-heure le dîner serait prêt. « Si le dîner est en rapport avec la cloche qui l'annonce, pensai-je en moi-même, cela promet, et la maison est bonne. »

Pendant la demi-heure que j'avais devant moi, j'eus tout le temps de parachever ma toilette et d'y mettre le dernier degré de coquetterie dont elle était susceptible, puis d'admirer l'arbre généalogique des Pontos suspendu au-dessus de la cheminée, la devise et les armes peintes sur la cuvette, et le pot à eau, sans compter mille petites réflexions que je me pris à faire sur le bonheur de la vie des champs, sur l'affectueuse franchise, sur la cordiale sincérité des mœurs champêtres; puis je me mis à soupirer après le temps où je pourrais, comme Ponto, m'enfuir loin des villes dans mes terres, y boire mon vin, y greffer mes arbres, y mener une douce existence entre une épouse chérie et une dizaine de chers gages d'une affection partagée, qui prendraient leurs ébats sur les genoux de leur père.

Drelin, drelin. Au bout des trente minutes, le son argentin de la cloche annonça de nouveau le dîner au beffroi du petit manoir. Je descendis les escaliers quatre à quatre, m'attendant à trouver au salon une vingtaine de gros et gras campagnards arborant sur leurs joues les couleurs de la santé. Il ne s'y trouvait qu'une seule personne, une grande lady portant un nez à la Roxelane et une robe noire toute chamarrée de perles et de jais. Elle se leva, s'avança de deux pas, me fit une profonde révérence, qui mit en mouvement toutes les boucles qui pendillaient de sa majestueuse coiffure.

« Monsieur Snob, me dit-elle, nous sommes tous bien heureux de votre visite à Evergreens. »

Puis elle poussa un énorme soupir. C'était mistress Ponto. Je lui répondis de mon mieux par une cérémonieuse salutation, et j'ajoutai que c'était un grand honneur pour moi de faire sa connaissance, et qu'Evergreens était un délicieux séjour.

Nouveau soupir.

« Quoique à un degré éloigné, nous sommes cependant parents, monsieur Snob, me dit-elle en remuant la tête d'un air lamentable. Pauvre lord Rubadub !

— Oh ! fis-je de mon côté sans deviner le sens de toutes les grimaces de mistress Ponto.

— Le major m'a dit que vous apparteniez à la famille des Snobs du Leicestershire ; ce sont des gens de la vieille roche, des parents de lord Snobbington, qui a épousé Laura Rubadub ; c'était une cousine à moi, comme je l'étais de son pauvre père, dont vous nous voyez porter le deuil. Quel coup, mon cher monsieur ! Soixante-trois ans à peine ! et jusqu'à lui il n'y avait pas eu d'exemple d'apoplexie dans notre famille ! La vie, mon cher monsieur Snob, c'est le vestibule de la mort. Et cette pauvre lady Snobbington, comment supporte-t-elle cette cruelle épreuve ?

— Mais, en vérité, madame..., je n'en sais trop rien, » lui répondis-je de plus en plus troublé.

Comme elle allait reprendre la parole, j'entendis un certain bruit bien connu qui m'annonçait qu'on venait de déboucher une bouteille, et en même temps le major Ponto parut sur le seuil de la porte, en cravate blanche bien empesée, et en habit noir qui montrait la corde.

« Mon ami, lui dit mistress Ponto, nous causions de votre cousin, ce pauvre lord Rubadub. C'est une mort qui a fait prendre le deuil aux premières familles de l'Angleterre. Lady Rubadub occupe toujours son hôtel de Hiller-Street, n'est-ce pas? »

C'était la première nouvelle que j'en avais; mais, à toute aventure : « Je crois bien que oui, » lui répondis-je.

En même temps mes yeux étant tombés, par hasard, sur la table du salon, y rencontrèrent le fatal, l'odieux, le ridicule, l'absurde, le détestable *Dictionnaire de la pairie*, ouvert tout juste à l'article Snobbington et couvert d'annotations à cet endroit.

« Le dîner est servi, » nous dit Stripes en ouvrant la porte, et j'offris le bras à mistress Ponto.

CHAPITRE XXV.

Vue prise sur les Snobs des champs.

Mon intention n'est pas de soumettre ici aux rigueurs de la critique le dîner devant lequel je me trouvai assis. La table d'acajou me parut irréprochable; mais je dois le déclarer, je préfère, autant que possible, le xérès au marsala, et c'était ce dernier vin dont j'avais entendu déboucher une bouteille quelques minutes avant le dîner. En outre, celui-ci n'était pas précisément d'une qualité supérieure, bien que mistress Ponto n'eût pas l'air de s'en douter, car pendant tout le repas elle ne cessa de l'appeler un nectar ambroisien; elle eut toutefois la précaution de n'en boire qu'un demi-verre, laissant au major et à son hôte le soin d'absorber le reste.

Stripes portait la livrée des Ponto. Malgré quelques traces d'usure, l'aspect en était somptueux : c'était un entassement de galons dédorés qui couvraient toutes les coutures et de boutons armoriés de la plus respectable dimension. Ses mains noires étaient aussi larges que les assiettes qu'il nous servait, et au moindre mouvement il remplissait la salle d'une odeur d'écurie qui me faisait regretter le service d'une petite bonne en tablier blanc bien propre; mais sans doute les organes des habitants des villes sont par trop susceptibles sous ce rapport, et un maître John sent davantage son grand monde.

On nous servit un potage à la tortue, où surnageaient des boulettes de porc haché, puis un ragoût de porc, un rôti de porc; d'où je conclus tout naturellement que Ponto venait d'immoler en mon honneur un de ses noirs pensionnaires. Le dîner était, du reste, fort bien préparé et très-appétissant, à part toutefois l'uniformité dans les mets. J'eus à faire la même remarque le lendemain.

Pendant le dîner, mistress Ponto m'adressa plusieurs questions sur la noblesse et les parents que j'y comptais : Lady Angélina Skeggs avait-elle enfin fixé l'époque de son entrée dans le monde? La comtesse sa mère, et ceci me fut dit avec un ricanement prolongé qui cachait une intention de malice, la comtesse sa mère portait-elle toujours cette ravissante chevelure qui faisait l'admiration générale? Lord Guttlebury, outre son chef français, avait-il toujours sa cuisinière anglaise pour le rôti et sa cuisinière italienne pour les plats sucrés? Qui rencontrait-on d'ordinaire aux soirées de lady Clapperclaw? S'amusait-on toujours autant aux matinées de sir John Champigny? n'avaient-elles rien perdu de leur éclat? Était-il vrai que, sur le point de mettre ses diamants en gage, lady Carabas avait découvert qu'ils étaient faux, parce que le marquis avait depuis longtemps converti les vrais en argent? Quel était enfin le motif de la rupture du mariage projeté entre Snuffin, le gros marchand de tabac, et la seconde fille des Carabas, et quelle était cette histoire de mulâtresse arrivée de la Havane qui avait tout arrêté?

« Je vous jure, madame..., » avais-je déjà répondu, me disposant à lui dire que je ne savais pas le premier mot de tout ce qui paraissait l'intéresser, lorsque je fus arrêté court par un avertissement secret que m'allongea sous la table le major de toute la force de son énorme pied, et il ajouta : « Allons donc, mon cher Snob, trêve de modestie; nous savons à quoi nous en tenir : vous êtes lancé dans la ville parmi tout ce qu'il y a de plus à la mode; nous avons lu votre nom sur la liste de ceux qui fréquentent les soirées de lady Clapperclaw et qui sont invités aux déjeuners de Champigny. Quant aux Rubadub comme parents, il est tout naturel que....

— Oh! naturellement, répondis-je, j'y dîne deux fois par semaine. »

Et je me rappelai alors que mon cousin Humphrey Snob de Middle-Temple était l'un des fidèles les plus assidus des salons à la mode, et que le *Morning-Post* avait maintes fois cité son nom dans la Chronique du grand monde. Devinant aussitôt la méprise dont j'étais l'objet, je la favorisai, je l'avoue à ma grande honte, et donnai à mistress Ponto les renseignements les plus circonstanciés sur les premières familles de l'Angleterre, au point que ces grands personnages en eussent été tout étonnés eux-mêmes s'ils avaient pu m'entendre. Je lui fis une description qui ne laissait rien à désirer sur les trois beautés les plus à la mode pendant la dernière saison d'Almack's. Je lui confiai sous le sceau du secret que Sa Grâce le duc de Wellington allait se marier le lendemain du jour de l'inauguration de sa statue; que Sa Grâce le duc de Derby était sur le point d'allumer le flambeau de l'hyménée avec la quatrième fille de l'archiduc Étienne; enfin, en lui faisant toutes ces confidences, il me semblait à moi-même que je lui débitais quelque passage du dernier roman de mistress Gore à l'usage des gens distingués.

La major était enthousiasmée du tour exquis de ma conversation. Elle se mit à me barbouiller quelques mots de français, suivant la manie de tous nos romanciers du jour, qui ne manquent jamais de placer un jargon polyglotte dans la bouche de leurs personnages ; puis elle me fit de la main un geste des plus gracieux, en me disant à la fin du dîner de ne pas trop tarder à venir prendre le café et entendre un peu de musique au salon ; et là-dessus elle s'éloigna avec la majesté d'une fée de l'âge mûr.

« Voulez-vous que je vous débouche une bouteille de porto? ou bien ne seriez-vous pas curieux de goûter un grog au genièvre? » me dit Ponto en m'interrogeant d'un œil inquiet.

Nous étions loin des belles promesses qu'il m'avait faites lorsque, dans le fumoir du club, il me vantait sa cave et ses écuries, et que, me frappant sur l'épaule, il me répétait sans cesse :

« Je vous attends à Mangelwurzelshire, mon bon, je vous y ménage les plus délicieuses parties de chasse ; et du bordeaux comme on n'en trouverait pas dans tout le comté.

— Fort bien, lui dis-je ; je préfère infiniment le genièvre de Hollande au porto, et même le genièvre ordinaire à celui de Hollande. »

Cela tombait on ne peut mieux, car on nous servit du genièvre ordinaire. Stripes nous apporta en même temps de l'eau chaude sur un magnifique plateau de plaqué.

Les criardes harmonies d'une harpe et d'un piano ne tardèrent pas à nous annoncer que, suivant ce qu'elle avait dit, mistress Ponto était en train de faire un peu de musique ; en même temps une odeur asphyxiante d'écurie étant entrée dans la salle à manger en la personne de Stripes, nous nous empressâmes d'aller prendre notre café et de goûter les douceurs d'un concert de famille. Mistress Ponto m'invita par un sourire irrésistible à venir m'asseoir sur le sofa, où, à côté d'elle, j'avais vue sur les épaules des jeunes demoiselles qui tourmentaient l'instrument pour notre plus grand plaisir. Grâce à la crinoline, leurs jupes offraient par derrière une rotondité des plus luxuriantes, et, sous ce rapport, les femmes des champs peuvent, à peu de frais, être à la hauteur des modes de la ville. Miss Emily

Ponto tenait le piano, et sa sœur Maria pinçait de la harpe, instrument quelque peu délaissé. Elles étaient en bleu, et leurs robes étaient chargées de haut en bas de volants qui s'arrondissaient autour d'elles ni plus ni moins que le ballon de M. Green lorsqu'il est gonflé.

« Quelle vigueur dans le doigté d'Emily! quelle grâce dans le bras de Maria! » me dit mistress Ponto, d'un air de candide bonhomie; mais, tout en me signalant les mérites de ses filles, cette bonne mère agitait son bras de manière à me prouver qu'elle n'était pas mécontente des avantages que la nature lui avait départis de ce côté. Je remarquai aussi qu'elle avait étagé sur son bras huit ou dix bracelets, parmi lesquels une chaîne à cadenas, la miniature du major, toute une famille de serpents en cuivre doré, avec des yeux menaçants en rubis, ou amoureux en turquoise. Tout cela exécutait, jusqu'à la hauteur de son coude, les plus bizarres contorsions. « Vous reconnaissez ces polkas? me dit-elle, on les a jouées à Devonshire-House le 23 juillet, le jour du grand bal. »

Je lui répondis par un « Oui! » des plus affirmatifs, ajoutant que je les savais par cœur, et, en même temps, je me mis à balancer la tête en cadence, comme pour prouver ma satisfaction de retrouver une vieille connaissance.

Quand le morceau fut achevé, on ne manqua pas, pour mon agrément, de me présenter les deux miss Ponto, jeunes filles grandes et osseuses, avec lesquelles il me fallut échanger quelques paroles. Miss Wirt, l'institutrice, s'assit au piano pour nous jouer une mélodie variée, sur l'air de *l'Escalier*. A cette époque, ce morceau faisait rage.

C'était *étourdissant*, car je ne vois guère de meilleure épithète pour qualifier cette musique. Miss Wirt commença d'abord par jouer, avec une fermeté remarquable, le thème de la mélodie, et découpa, pour ainsi dire, ses accords sur le piano en éclats si sonores, si clairs et si aigus, que Stripes dut, pour sûr, l'entendre du fond de l'écurie.

« Des doigts d'acier! » me glissa mistress Ponto.

Ses doigts se détendaient en effet sur les touches, noueux et crochus comme les pattes d'une dinde. Après avoir mollement bercé, sur le piano, les premières notes de l'air de *l'Escalier*, elle changea tout à coup de mesure. C'était la furie de l'ouragan, la rapidité de l'éclair. On eût dit qu'elle s'élançait en bondissant dans l'escalier, et qu'emportée dans un tourbillon fantastique, elle en franchissait les marches avec le fracas du tonnerre. Puis, après être montée aux notes les plus fortes, au dernier étage, pour ainsi dire, elle se précipitait de nouveau, dans une course effrénée, vers la porte d'entrée, et là s'affaissait au milieu d'un bruit sourd, comme si la rapidité de sa course lui eût enlevé le dernier souffle. Puis, miss Wirt se mit à jouer l'air de *l'Escalier* sur un ton plus pathétique et avec une sorte de gravité qu'elle poussait à l'extase. C'étaient des sanglots plaintifs, des soupirs étouffés que semblaient pousser les touches du piano. On pleurait, on frissonnait en gravissant chaque marche. Les mains de miss Wirt semblaient défaillir : on entendait les gémissements de la mort à travers ces variations; puis, soudain, elle s'élançait de nouveau à l'assaut aux fanfares enivrantes et sauvages des trompettes; on eût dit que mis Wirt escaladait un rempart. Je suis l'homme le plus ignorant du monde en fait de musique; mais pendant cette prodigieuse exécution je restai la bouche béante; mon café se refroidit, car je m'attendais à chaque instant à voir les fenêtres se fendre et le lustre tomber du plafond au bruit de ce tremblement de terre mis en musique.

« Il y a le feu sacré dans cette âme-là, n'est-ce pas? me dit mistress Ponto à l'oreille. C'est l'élève favorite de Squirtz. Nous sommes bien heureuses de l'avoir. C'est une perle pour le talent. Lady de Carabas donnerait les yeux de la tête pour nous l'enlever.... Je vous remercie, miss Wirt. »

Les jeunes demoiselles témoignèrent aussi de leur admiration par un frémissement inarticulé, mais approbateur, tel qu'il en court dans la foule au moment où le prédicateur vient de terminer un point de son sermon.

Miss Wirt, passant alors chacun de ses grands bras autour de la taille de ses élèves : « Allons, leur dit-elle, d'ici à peu, j'y compte, vous jouerez aussi bien que votre petite gouvernante. Du temps où j'étais avec les Dunsinanes, c'était l'air favori de cette bonne duchesse lady Barbara, et lady Jeanne Mac-Beth avait fini par l'apprendre; ce fut en l'entendant jouer un jour par Jeanne que ce cher lord Castle-Tody se sentit épris d'elle, et, bien qu'il n'offrît en somme qu'une noblesse irlandaise et environ quinze mille livres sterling de rente, je conseillai à Jeanne de le prendre. Connaissez-vous leur château, monsieur Snob? Un gros pâté de murs flanqué de tourelles, jolie résidence du reste, dans le comté de Mayo. Le vieux lord Castle-Tody, le lord actuel, était le caractère le plus excentrique que l'on pût imaginer. Le bruit courait qu'il était fou. J'ai entendu dire à Son Altesse Royale, ce cher duc de Sussex: « Voilà un vrai gentilhomme, mes chers enfants; mais, « hélas! le tabac l'a gâté. » J'ai aussi entendu Son Altesse Royale dire au marquis d'Anglesea : « J'ai la certitude « que ce Castle-Tody est fou. » Mais en tout cas il n'en a pas donné la preuve en épousant cette bonne petite Jeanne, bien qu'elle n'eût que dix mille livres sterling pour tout potage.

— C'est sans prix, une personne comme ça, me dit tout bas le major Ponto à l'oreille. Elle a vécu avec tout ce qu'il y a de mieux en fait de gens distingués. »

Quant à moi qui, d'ordinaire, avais vu les gouvernantes assez dédaigneusement traitées dans le monde, j'étais charmé d'en trouver une enfin qui était l'oracle de la maison et de penser que la majestueuse mistress Ponto courbait le front devant elle.

Tout cela, du reste, me laissait comme une statue, muet et sans parole. Que dire à une femme qui se trouvait sur un pied d'intimité aussi grande avec toutes les duchesses du livre rouge? Si elle n'était pas de race, elle s'était du moins frottée de fort près à ceux qui en étaient, elle s'était coudoyée avec les grands. Et ce fut là, pour toute la soirée, le fond de la conversation, ainsi que les nouvelles de la mode et de la cour, jusqu'au moment d'aller se mettre au lit.

« Il y aurait donc des Snobs jusque dans ce petit Éden ? » m'écriai-je en m'enfonçant dans les profondeurs parfumées de mon lit. Pour toute réponse, un long ronflement m'arriva de la chambre voisine, où dormait le major Ponto.

CHAPITRE XXVI.

Les Snobs des champs dans leur intérieur.

Il ne sera peut-être pas sans intérêt de donner ici un rapide aperçu de l'emploi du temps à Evergreens pour ceux des lecteurs du *Punch* qui, citoyens d'une autre patrie, seront pourtant bien aises de connaître la vie intérieure des familles anglaises et leur train de maison. J'ai d'ailleurs, dans le séjour que j'habite, tout le loisir nécessaire pour écrire ce journal.

Le tapotage du piano continue sans arrêter depuis six heures du matin jusqu'au déjeuner ; il n'y a d'interruption que tout juste le temps qu'il faut à miss Maria pour relayer sa sœur dans ce réjouissant exercice. Autant dire que la mécanique est montée à perpétuité ; car, au moment où ses élèves prennent leurs autres leçons, miss Wirt tombe à coups redoublés sur l'ivoire du piano, pour en faire sortir ces étourdissantes variations, et ne rien perdre de la puissance de son jeu.

Je questionnai un jour cette rare créature sur l'ensemble des connaissances qu'elle enseignait à ses élèves.

« D'adord les langues modernes, me répondit-elle d'un air modeste : le français, l'allemand, l'espagnol et l'italien, le latin, quelques éléments grecs au besoin ; l'anglais, bien entendu ; l'art de s'exprimer suivant les règles de la logique ; la géographie et l'astronomie, étudiées sur les sphères terrestre et céleste ; l'algèbre, mais seulement jusqu'aux équations du quatrième degré, car vous sentez, monsieur Snob, qu'il ne faut pas trop demander à nous autres pauvres petites femmes ; ensuite l'histoire ancienne et la moderne, complément nécessaire de toute éducation de jeune fille ; je prétends y pousser mes jeunes élèves aussi loin que possible ; un peu de botanique, de géologie, de minéralogie, à titre d'amusement, et avec cela, je vous assure, il y a de quoi remplir nos journées à Evergreens sans avoir le temps de nous ennuyer.

— A la bonne heure, pensai-je en moi-même ; voilà ce qui s'appelle une éducation ! » Mais, en examinant un cahier de romances recopiées par l'une des miss Ponto, j'y trouvai cinq fautes de français en quatre mots. Une autre fois, ayant demandé par désœuvrement à miss Wirt, à propos du Dante Alghieri, d'où lui venait son nom : « Ah ! c'est qu'il était originaire d'Alger, » me répondit-elle avec un sourire satisfait et affirmatif qui ne me laissa aucun doute sur la solidité de ses connaissances.

Les occupations du matin une fois terminées, ces pauvres filles vont se livrer dans le jardin à ce qu'elles appellent leurs exercices de gymnastique normale. Ainsi je les ai vues de mes yeux, veuves de toute crinoline, poussant à la force du poignet un rouleau de fonte.

Quant à cette chère mistress Ponto, elle était également au jardin dans un costume aussi collant que celui de ses filles ; des bandeaux mal peignés disparaissaient sous un chapeau qui avait subi les injures du temps ; un tablier de percaline noire l'enveloppait comme un fourreau jusqu'au col, et, grandie de l'épaisseur de ses socques articulés, elle trônait sur une chaise branlante, occupée à émonder les feuilles mortes de sa treille. Le soir, mistress Ponto mesure plusieurs mètres de circonférence ; mais, en déshabillé du matin, on dirait un squelette dans son suaire !

Indépendamment de Stripes, les Ponto ont à leurs gages un garçon qui change tour à tour de nom suivant les fonctions diverses qu'il remplit : il s'appelle Tummus pour travailler au jardin, soigner les chevaux et le cochon ; mais il devient Thomas lorsqu'il s'agit d'endosser un habit de valet dont les boutons argentés commencent à rougir.

Quand l'un des maîtres appelle pour le service et que Stripes n'est pas là, Tummus se précipite tête baissée dans les habits de Thomas ; c'est une métamorphose à vue, comme celle d'Arlequin dans la pantomime. Or ce matin, tandis que mistress Ponto s'occupait à nettoyer sa vigne et que ses filles s'essoufflaient à traîner leur rouleau, messire Tummus tomba au milieu d'elles comme l'éclat de la foudre :

« Mesm'selles, mesm'selles, v'là la compagnie qu'arrive ! »

Ce fut un sauve qui peut général : les demoiselles laissèrent leur rouleau au milieu de l'allée; mistress Ponto s'élança de son trône vermoulu, et Tummus disparut pour changer d'habits. En moins de temps que je n'en ai mis à décrire cette alerte, sir John Hawbuck, lady Hawbuck et le petit Hugh Hawbuck étaient cérémonieusement introduits dans le jardin par maître Thomas, qui leur dit avec une imperturbable effronterie :

« Si monsieur et madame veulent bien suivre ce chemin *ici*, je suis sûr qu'ils trouveront ces dames au *fleurisse*. »

Et pardieu oui; elles y étaient!

Mistress Ponto avait un charmant petit chapeau de jardin d'où s'échappaient sur ses épaules des boucles parfaitement frisées; elle portait en outre un tablier des plus coquets et des gants beurre frais. Cette prodigieuse créature se précipita dans les bras de son excellente amie lady Hawbuck.

« Ah! chère madame, comment êtes-vous? Pour moi, vous le voyez, toujours au milieu des fleurs; je ne puis vivre sans elles.

— La reine des fleurs doit rester au milieu de ses sujets, fit avec un gros rire sir John Hawbuck, qui se piquait de galanterie et qui ne disait pas un mot sans l'accompagner de ricanements prolongés pendant plusieurs minutes.

— Ousqu'est donc vot' grand tabelier? fit à son tour le petit Huck; par-dessus le mur nous vous avons vu avec, n'est-ce pas, p'pa? »

Sir John, fort mal à l'aise des observations de son fils, chercha à les étouffer sous un nouveau ricanement.

« Où est Ponto? demanda-t-il comme pour détourner l'attention; je ne l'ai pas vu aux assises. Et ses perdrix, en est-il content, cette année? Les faisans des Carabas n'ont-ils point fait quelque dégât dans vos moissons? »

Et le ricanement recommença de plus belle, au milieu des signes furibonds et désespérés qu'il adressait à l'espoir de ses vieux jours.

« Mais elle avait son tabelier, n'est-ce pas, m'man? N'est-ce pas, qu'elle l'avait? » reprit le jeune Hawbuck sans se laisser déconcerter le moins du monde. Mais lady Hawbuck n'eut pas l'air d'entendre cette question, et s'empressa de demander des nouvelles des charmantes filles de mistress Ponto, tandis que le père entraînait cet enfant terrible dans un autre coin du jardin.

« J'espère, me dit un jour Ponto, que vous n'êtes point dérangé par la musique? Mes filles, voyez-vous, étudient leur piano quatre heures par jour; c'est qu'il le faut, voyez-vous, c'est absolument nécessaire. Quant à moi, voyez-vous, je suis l'homme du point du jour. A cinq heures du matin vous me verrez sur pied au milieu de ma ferme. Ah! c'est qu'il ne s'agit pas pour moi de faire le paresseux.»

Rétablissons maintenant les faits dans leur stricte vérité. Le dîner fini, et dès son arrivée au salon, maître Ponto se met à dormir et ne s'éveille que lorsque ces dames lèvent la séance, à dix heures; de sept à dix et de dix à cinq, il me semble que pour un homme qui prétend ne pas être paresseux, cela fait un assez bon somme. J'ai de plus la conviction que lorsque Ponto se retire dans son cabinet de travail, comme il l'appelle, c'est encore pour y dormir; or, il s'y enferme chaque jour pendant deux heures avec son journal.

J'assistai à la scène des Hawbuck de l'une des fenêtres du susdit cabinet qui avait vue sur le jardin. Voilà encore une chose digne de notre attention que ce même cabinet de travail. Les rayons de la bibliothèque de Ponto sont plus chargés de bottes que de livres. C'est dans ce sanctuaire que Stripes et son maître tiennent tous les matins leurs importants conciliabules; on y traite avec tous les développements qu'elle comporte la question des pommes de terre; on y décide le sort du dernier veau et on y prononce la sentence de mort du cochon, etc., etc. Les papiers du major sont étiquetés et déposés sur son bureau comme les dossiers d'un homme de loi. On y voit aussi pêle-mêle, dans la chambre, des faucilles, des serpes et autres instruments de jardinage, des sifflets et des chapelets de boutons de toutes les paroisses. Dans un des tiroirs se trouve entassée une quantité de papier gris pour faire des paquets, et l'autre est rempli de bouts de ficelle à n'en plus finir. Je n'ai jamais pu comprendre ce qu'un homme pouvait faire de ces brins de corde. Il y avait une collection de cannes pour la pêche, de filets à raquettes, d'éperons, d'embauchoirs, de rosaces pour les chevaux, une trousse complète de vétérinaire, des bouteilles de cirage d'un vernis particulier avec lequel Ponto donnait à ses chaussures un lustre éblouissant; des gants de peau de daim étendus sur leurs formes, un hausse-col, un ceinturon et un sabre de cavalerie de la marine, enfin des tire-bottes pour compléter le trophée. J'aperçus dans un autre coin une pharmacie portative à l'usage de la famille, et la baguette de coudrier avec laquelle le major administrait ses paternelles corrections à son héritier présomptif lorsqu'il était encore dans un âge tendre. L'enfant n'était jamais entré dans le cabinet de son père que lorsqu'il lui fallait subir cette redoutable cérémonie. Avec le *Manuel des propriétaires ruraux*, les *Annales du bon jardinier* et un trictrac, voilà tout ce qui constituait la bibliothèque du major. Au centre de ce curieux assemblage, était suspendu le portrait de mistress Ponto en robe bleu clair à queue et la taille sous les bras, comme c'était la mode au temps de son mariage. Une queue de renard, artistement jetée au milieu de cet édifice, ajoutait encore à sa beauté, tout en servant à le mettre à l'abri de la poussière.

« Je n'ai pas beaucoup de livres, me dit Ponto avec un aplomb incroyable, mais ce sont des livres de choix, mon ami ; j'ai passé toute ma matinée à lire l'histoire d'Angleterre. »

Le lendemain on nous servit, pour changer, le poisson que, par suite d'une délicate attention, comme le sait mon aimable lecteur, j'avais offert à mistress Ponto. Ce susdit poisson, déjà réchauffé deux fois avec une sauce différente, se représentait devant nous, pour la quatrième fois, sous une transformation nouvelle que lui avait fait subir l'habileté du cordon bleu. Je crois que la famille Ponto avait un peu les goûts de notre gracieux souverain Georges II pour le poisson faisandé. Puis comme nous avions avalé jusqu'au dernier morceau du cochon, on commença à attaquer le mouton.

Jamais je n'oublierai la cérémonie et la magnificence du second service. Stripes nous apporta en grande pompe un plat d'argent couvert de sa cloche, ayant bien eu le soin d'entourer ses doigts sales d'une serviette presque blanche. La cloche enlevée, on put apercevoir une sarcelle de la taille d'un gros moineau.

« Un peu de gibier, mon bon, » me dit Ponto de son plus grand sérieux, tandis qu'il piquait sa fourchette sur ce petit point noir dont on eût fait à peine une bouchée, et qui se détachait comme une île sur cette mer d'argent. De temps à autre Stripes venait nous distiller goutte à goutte son marsala, avec un front grave et solennel qui eût fait honneur au sommelier d'un prince. Je suis sûr que, dans l'esprit de mes dignes amphitryons, les festins de Balthazar n'étaient que de la Saint-Jean auprès du splendide repas qu'ils m'offraient.

Comme il se trouvait dans le voisinage un certain nombre de jolies habitations, une petite ville d'assez respectable apparence, quelques bonnes familles de noblesse campagnarde, un joli presbytère moyen âge dépendant de l'église où nous allions à l'office et où la famille Carabas avait son banc domanial sculpté dans le goût gothique; comme, enfin, les alentours semblaient renfermer les éléments de réunions agréables et choisies, je m'étonnais qu'il n'y eût pas plus d'animation à Evergreens, et j'en demandai la cause.

« Nous ne pouvons guère, me répondit mistress Ponto d'un air confidentiel, nous ne pouvons guère, dans notre position de famille, frayer avec la femme de l'avocat.

— Oh! sans doute, lui répondis-je sans bien me rendre compte de ses motifs; mais il y a au moins le docteur.

— Un bien excellent homme, reprit mistress Ponto; il nous a sauvé notre Maria; c'est un puits de science; mais il faut rester à sa place. On peut encore recevoir à sa table un médecin, mais sa famille.... Je vous en fais juge, mon cher monsieur Snob.

— Surtout quand elle se compose d'une demi-douzaine de petites drogues, » se mit à dire la gouvernante en ricanant; et ses élèves de faire chorus avec elle. « Nous ne pouvons guère voir que ceux qui viennent passer la saison dans leurs châteaux, continua miss Wirt[1] avec des ondulations de tête. Or, le duc voyage à l'étranger; nous sommes en délicatesse avec les Carabas; les Ringwoods ne viendront pas avant la Noël. En somme, il n'y a personne ici avant l'époque de la chasse, absolument personne.

— A qui cette grande maison rouge, tout à fait à l'autre extrémité de la ville?

---

1. J'ai appris depuis que cette jeune dame aux instincts si aristocratiques avait pour père un fabricant de boutons de livrée, demeurant à Saint-Martin-Lane; qu'il fit de mauvaises affaires dans ce commerce, tandis que sa fille y prenait le goût des armoiries. Mais nous devons dire à sa louange qu'à l'aide de ses économies elle subvint aux besoins de son pauvre vieux père, ruiné et alité, qui, grâce à elle, vivait parfaitement heureux et ignoré à Pintonville; elle donna aussi à son frère les moyens de s'équiper pour la marine avec l'argent qu'elle reçut de son protecteur, lord Swiglebiggle, alors contrôleur général de son département. Je tiens tous ces renseignements d'un ami; mais, à entendre miss Wirt, vous croiriez que son père était un Rothschild et que l'Europe éprouva une perturbation générale lorsque sa faillite fut annoncée dans la Gazette.

— Ah! je sais, le *Château-Calicot*, fit-on en riant. C'est à ce gros parvenu, M. Yardley, ex-marchand linger, qui a des domestiques en livrée jaune et une femme en velours rouge. Ah! monsieur Snob, c'est pour rire ce que vous dites! L'outrecuidance de ces gens est vraiment quelque chose de nauséabond.

— Mais, enfin, vous avez votre ministre, le docteur Chrysostome. C'est assurément un homme comme il faut. »

A peine avais-je achevé que mistress Ponto jeta un regard à miss Wirt, auquel celle-ci répondit par un signe d'intelligence ; puis elles se mirent à branler la tête et à regarder au plafond : même pantomime de la part des jeunes demoiselles. Une sorte de frémissement avait couru sur l'assemblée. Il était évident que sous mes paroles se cahait à mon insu quelque horrible mystère.

« Encore une brebis égarée, » pensai-je en moi-même avec un sentiment de tristesse ; car je n'hésite pas à proclamer mes sentiments de respect pour l'habit de nos ministres. « Mais, repris-je à haute voix, j'espère qu'il n'y a là rien de mal?

— De mal! exclama mistress Ponto en élevant ses mains de l'air le plus tragique.

— Juste ciel! fit miss Wirt de concert avec ses élèves, et poussant avec elles des soupirs à fendre le cœur.

— En vérité, dis-je à mon tour, j'en suis désolé, car j'ai rarement vu d'homme à l'air plus avenant. Il tient fort bien son école et fait d'excellents sermons.

— Oui, mais vous le verrez toujours prêcher en surplis, fit mistress Ponto d'une voix lugubre ; c'est un puséiste, monsieur Snob.

— Bonté divine! » répliquai-je tout ébahi de la sainte indignation de ces théologiens en jupons.

Sur ces entrefaites, Stripes entra avec le thé, qui n'était pas de force, en effet, à troubler le sommeil de Ponto.

Tous les matins, nous allions d'ordinaire à la chasse. Pour nous livrer à cette distraction, nous avions d'abord les terres de Ponto, où fut tué ce fameux rôti dont j'ai parlé, et, de plus, la partie non réservée des propriétés des Hawbuck. Un beau jour, nous battions les luzernes de Ponto, sur la lisière du bois des Carabas, lorsque nous rencontrâmes une troupe de faisans, ce qui ne manquait pas d'un certain charme. Je tirai sur une poule faisane dans le premier moment de la surprise et de l'émotion.

« En poche! en poche! me dit Ponto d'une voix saccadée ; voici quelqu'un qui vient de ce côté. »

Je m'empressai de faire disparaître ma victime dans les profondeurs de mon habit.

« Braconnier du diable! nous cria un homme en costume de garde-chasse, qui montra en même temps sa tête au-dessus de la haie. Si jamais je vous trouve de ce côté, je vous ménage la connaissance du plomb de mon fusil. Prenez-y garde.

— C'est ce damné Snapper, me dit Ponto en s'éloignant; il est toujours à faire le guet comme un espion.

— Emportez ces oiseaux, maraudeurs que vous êtes, et allez les vendre au marché de Londres, continua à crier l'apparition, qui était un des gardes de lord Carabas. On vous en donnera six schellings la pièce.

— Vous êtes au courant des prix, ainsi que votre maître, vieux râpés que vous êtes ! dit Ponto en se retirant.

— C'est bon ! c'est bon ! Au moins nous n'allons pas les tuer chez les autres, continua M. Snapper. Nous n'allons point tendre de collet aux oiseaux de nos voisins, les appeler à la pipée comme des braconniers en maraude. Nous ne tuons point les poules faisanes comme ce grand échappé de la ville, et qui n'a pas encore enfoncé dans sa poche la queue de celle qu'il vient d'abattre. Passez seulement la haie, voilà tout ce que je vous dis.

— De quoi ! de quoi ! » dit Stripes intervenant dans le débat. Il nous escortait alors en qualité de garde de chasse ; c'était une nouvelle fonction à joindre à celles qu'il remplissait déjà comme cocher, jardinier, valet et greffier, et pour lesquelles Tummus lui servait de second. « Si vous voulez prendre la peine de venir de ce côté, maître John Snapper, et vous débarrasser de votre habit, je vous procurerai le plaisir d'une danse dans le genre de celle que j'ai eu l'honneur de vous administrer une certaine fois que vous savez bien, à la foire de Guttle-Bury.

— Allez vous rosser avec les gens de votre espèce, » répliqua M. Snapper en sifflant ses chiens et en s'enfonçant dans le bois.

C'est ainsi que nous sortîmes victorieux de ce tournoi de paroles; mais mes idées préconçues sur les félicités de la vie champêtre commençaient déjà à se modifier singulièrement.

CHAPITRE XXVII.

Autre catégorie de Snobs des champs.

« Au diable vos aristocrates ! me dit un jour Ponto à la suite d'une conversation à l'occasion des Carabas, assez en froid, comme on l'a vu, avec les habitants d'Evergreens. Quand je vins m'établir dans ce comté, c'était l'année qui précéda la candidature de John Buff auprès des bleus ; le marquis portant le titre de lord Saint-Michael's était au fond du cœur l'homme du parti orange; il nous accablait de ses prévenances, moi et mistress Ponto, si bien que je me laissai prendre aux mille simagrées de ce vieux charlatan, et que je finis par me persuader que j'avais fait en lui une précieuse trouvaille comme voisin. C'était une grêle d'ananas et de faisans qui nous tombaient de chez les Carabas ; et puis : « Ponto par-ci, Ponto par-là, quand viendrez-vous tirer chez moi un coup de fusil? mes faisans ont besoin d'être un peu éclaircis. » Ou bien, c'était milady qui voulait absolument que sa chère amie mistress Ponto allât passer la nuit au château de Carabas. C'était des factures à n'en plus finir de turbans et de robes de velours qu'il fallait pour la toilette de ma femme. Enfin arriva le jour de l'élection ; tout libéral que je suis, l'amitié l'emporta, et je me décidai à chauffer la candidature de Saint-Michael's. Il sortit premier de l'urne électorale. L'année suivante, mistress Ponto ayant voulu aller à la ville, nous prîmes un appartement dans Clarges'street, à raison de dix livres par semaine, s'il vous plaît, avec une voiture au mois et tout un attirail de robes neuves pour la mère et les filles; ce fut le diable à payer. Dès le lendemain de notre arrivée, nos cartes étaient à l'hôtel des Carabas; milady nous fit remettre les siennes par un grand et gros laquais. Je vous laisse à juger du désappointement de ma pauvre Betsy quand la bonne de la maison lui apporta les susdites cartes, tandis que lady Saint-Michael's s'éloignait dans sa voiture, d'où il lui était facile de nous voir tous collés aux vitres du salon. Eh bien! le croiriez-vous, mon cher? nous avons eu beau nous présenter quatre fois chez ces gens à parchemin, ils ne nous ont jamais rendu nos visites.

« Lady Saint-Michael's a donné dans le courant de la saison neuf grands dîners et quatre déjeuners, et nous n'avons été d'aucun. A l'Opéra, elle n'a pas eu l'air de nous voir, bien que ma femme lui ait fait signe de la tête pendant toute la durée de la représentation. A une demande écrite de billets pour Almack's, elle nous a répondu qu'elle avait promis tous ceux dont elle pouvait disposer ; et puis elle a dit tout haut en présence de Wiggins, sa femme de chambre, qui l'a répété à Criggs, notre bonne, qu'il fallait que des gens de notre espèce eussent perdu la tête pour songer à se produire en si haut lieu. Et maintenant, il fera chaud quand on nous verra aller au château de Carabas! Plutôt mourir sur place que de me montrer chez ce faiseur d'embarras aussi insolent qu'insolvable! je n'ai pas assez de mépris pour lui. »

Ponto entra ensuite dans quelques détails particuliers sur la situation financière de lord Carabas. Il devait de l'argent à tous les gens du comté; Juks le charpentier avait été ruiné par lui de fond en comble et ne pouvait en tirer un schelling sur les travaux qu'il avait exécutés pour lui ; Biggs le boucher s'était pendu pour la même cause ; ses six grands laquais n'avaient jamais reçu une guinée à compte sur leurs gages ; Snaffle, le cocher des fêtes officielles, arrachant sa perruque de cérémonie, l'avait jetée aux pieds de lady Carabas sur la terrasse qui longe le château. Tous ces détails appartenant à la chronique secrète, je ne voudrais pas trop les faire courir dans le public ; toutefois, ces renseignements ne diminuèrent en aucune façon mon désir de visiter ce fameux château de Carabas : peut-être n'en éprouvai-je qu'une plus vive curiosité de connaître cette opulente demeure et ceux qui l'habitaient.

De chaque côté de l'entrée du parc se trouve une grande loge carrée, toute noircie par les années. On a voulu simuler deux temples doriques couronnés de tuyaux de cheminées de l'aspect le plus magistral ; sur les colonnes, on a placé des chats bottés, supports bien connus des armoiries des Carabas.

« Donnez un schelling au concierge, me dit Ponto en dirigeant de ce côté l'espèce de panier à salade dans lequel nous étions venus ; il y a longtemps, soyez-en sûr, qu'il n'a vu la couleur de l'argent. »

Je ne sais si cette plaisanterie était bien juste ; mais ce qu'il y a de certain, c'est que cette gratification me valut un profond salut, et la porte s'ouvrit pour nous livrer passage.

« Pauvre concierge, pensai-je en moi-même, tu ne te doutes guère en ce moment que c'est l'historien des Snobs que tu introduis chez tes maîtres ! »

Les portes une fois franchies, un vaste parc à la sombre verdure déroulait devant nous ses lointains horizons, n'ayant pour ceinture qu'un mur grisâtre et décrépit. Une longue avenue de séculaires et sombres tilleuls, rongés par la mousse et l'humidité, conduisait en droite ligne au château. Sur l'un des côtés, on apercevait un immense réservoir ou, si l'on aime mieux, un lac à l'eau noire et stagnante, tout hérissé de joncs, et à la surface duquel surnageaient les plaques verdâtres qui étaient là pour attester le délaissement de ce séjour. Un temple vermoulu, élevé sur une île au centre du lac, ajoutait encore au triste aspect de ce tableau. Le passage dans l'île s'opérait à l'aide d'une barque pourrie retenue à un pieu, et placée sous un hangar qui tombait en ruines. D'énormes chênes, des ormes gigantesques détachaient leur noire silhouette sur cette surface verdâtre et désolée, et ils auraient depuis longtemps cessé d'exister si le marquis avait eu le droit de mettre en coupe réglée les arbres de haute futaie.

L'historien des Snobs s'avança au milieu du silence et de la solitude qui régnaient dans cette longue avenue. Le boucher, qui n'avait pu faire payer sa note, s'était pendu au soixante-neuvième arbre, et je ne m'étonne plus que cette triste pensée ait pu lui venir dans ces lieux, où tout respire quelque chose de lugubre et de funèbre. Je parcourus ainsi près d'un mille et demi, tout absorbé dans des idées de mort.

J'ai oublié de dire qu'on apercevait le château du bout de l'avenue, bien qu'il disparût par moments derrière les arbres de cette île si pitoyablement plantée au milieu du lac. C'est une immense caserne en briques rouges, carrée de forme et sombre d'aspect; elle est flanquée de quatre tours de pierres, surmontées de girouettes. Au milieu de la façade se dessine un immense portique de l'ordre ionien, où l'on arrive par un vaste perron, dont la solitude a quelque chose de sépulcral; de noires croisées encadrées de pierre s'étendent à droite et à gauche, et forment trois étages de dix-huit fenêtres chacun. Il existe un dessin de ce château et de ce perron dans les *Vues de l'Angleterre et du pays de Galles*, où l'on voit quatre carrosses dorés et sculptés, en ligne symétrique dans l'allée d'honneur, tandis que plusieurs groupes de messieurs et de dames en perruques et en paniers servent à rompre la monotonie de cette triste façade.

Dans les grandes maisons, les escaliers sont pour le coup

d'œil et non pour l'usage; aussi la première comtesse de Carabas, elle ne remonte qu'à quatre-vingts ans, c'est l'époque de l'inscription de la famille sur le livre de la pairie, aurait eu le temps d'être trempée jusqu'aux os, en descendant de son carrosse, avant d'atteindre à la moitié des marches du portique ionien. On voit en sentinelle à la porte d'entrée quatre statues, à l'air morne, qui représentent la Paix, l'Abondance, la Religion et le Patriotisme; mais les visiteurs ne sont admis dans ce palais que par la porte de derrière. « C'est le chemin, nous dit après dîner l'implacable Ponto, que les Carabas ont pris pour arriver à la pairie. »

Passons. J'allai donc tirer la sonnette de la petite porte dérobée; elle frémit et retentit longuement à travers les échos du château. Après quelques minutes d'attente, une tête appartenant à une espèce d'intendante apparut à travers les deux battants de la porte, et, voyant que je mettais la main à la poche, elle ouvrit tout à fait. « Pauvre Crusoë femelle, pensai-je en moi-même, abandonnée dans cette île mille fois plus déserte que l'autre! » Tandis que je me livrais à ces réflexions, la porte se referma sur moi : j'étais dans le manoir des Carabas.

« Ceci est le vestibule et la salle d'attente, commença ma conductrice, d'une voix monotone et chevrotante. Le boa *constructeur*, suspendu au-dessus de la cheminée, fut rapporté par l'amiral Saint-Michael's, alors capitaine de lord Hanson. Les armes *esculptées* sur le dos des fauteuils sont les armes de la famille Carabas. » Cette pièce me parut être en assez bon état. A travers un petit escalier de service et un couloir de dégagement tendu de lambeaux de vieille tapisserie cousus les uns aux autres, où l'on ne distinguait plus qu'une teinte générale de vert jaune, nous arrivâmes à :

LA GRANDE SALLE D'HONNEUR.

« Cette superbe salle a soixante-douze pieds de long sur cinquante-six de large et trente de haut. Les sculptures des cheminées vous représentent la naissance de Castor et de

Pollusque, par Van Chislum, le plus fameux sculpteur de son siècle et de son pays. Le plafond, de Calimanco, vous représente la Peinture, l'Architecture et la Musique ; c'est la femme nue qui tient à la main un petit instrument à tuyau : elle introduit Georges, le premier marquis de Carabas, au temple de Mémoire.

« Les encadrements des fenêtres sont de Vanderputty. Remarquez les dalles en marbre de Patagonie. Le lustre qui descend du plafond fut offert par Louis XVI, dont la tête périt sur l'échafaud pendant la révolution française, à Lionel, second marquis de Carabas. Cette porte nous conduit à

LA GALERIE DU SUD.

« Cette galerie a cent quarante-huit pieds de long sur trente-deux de large ; elle est ornée à profusion de *hors-d'œuvre* des premiers maîtres. Voici le portrait d'André Kats, fondateur de l'illustre famille de Carabas, banquier du prince d'Orange, par Kneller. Voici le portrait de la marquise actuelle, par Lawrence ; *lord Saint-Michael's*, par le même, est représenté assis sur un rocher, en pantalon de velours ; *Moïse gardant les bœufs*, par Paul Potter : les bœufs sont frappants de ressemblance ; *la Toilette de Vénus*, par Fantaski ; *le Buveur flamand*, par Van Gennums ; *Jupiter et Europe*, par de Horn ; *le Pont des Soupirs à Venise*, par Cannellepetit ; *un Bandit italien*, par le voleur Rosa, etc. »

La digne femme continua ainsi de chambre en chambre, nous conduisant de la bleue à la verte, de la verte au grand salon, du grand salon au boudoir tendu en tapisserie, sans manquer un mot de sa leçon sur les peintures, tableaux et merveilles qui peuplaient le château. De temps à autre elle s'approchait du mur et soulevait avec précaution un coin des housses grises pour nous montrer la couleur de ces vieilles tentures, dont la poussière et le moisi attestaient assez le misérable délaissement.

Enfin, nous arrivâmes à la chambre à coucher de la marquise. Au milieu de cette lugubre salle se dressait une espèce de catafalque de la forme et de la taille de ces temples de décors d'Opéra où, à un coup de sifflet du machiniste, apparaît pour le tableau final le bon génie de la pièce. Des marches conduisaient à cet édifice gigantesque et doré, où l'on aurait pu construire plusieurs étages pour loger toute la famille des Carabas. Pour un beau lit, c'était un beau lit! et l'on pouvait y assassiner quelqu'un à un bout sans qu'on en entendît rien à l'autre extrémité. Ciel et terre! ce devait être un beau spectacle que de voir le petit marquis de Carabas gravissant en bonnet de nuit les degrés de ce monument pour aller goûter les douceurs du sommeil, après avoir éteint sa chandelle.

La vue de ces splendeurs silencieuses et indigestes navrait le cœur, et, à la place de la gardienne solitaire, je n'y eusse certes pas tenu, j'en serais bien vite devenu fou. Que faire autre chose au milieu de ces galeries sans fin et de cette bibliothèque déserte, remplie de fantastiques in-folio que personne n'ose ouvrir, où l'on voit sur la table un encrier qui pourrait servir de cercueil à un enfant nouveau-né; au milieu de ces lugubres portraits, qui, de leurs murailles glacées, détachent sur vous des regards fixes et solennels? Ah! je comprends que les Carabas ne viennent pas souvent dans leur château! Pour y mettre un peu de gaieté et de mouvement, il y faudrait en garnison une armée de laquais; je ne m'étonne plus que le cocher ait abdiqué sa perruque, que les maîtres ne veuillent pas payer leurs dettes, que les domestiques trouvent la mort dans cette affreuse solitude, où tout respire la misère et la désolation.

Les hommes de notre temps sont aussi fous de construire pour l'usage d'une seule famille un caravansérail de cette espèce, que l'étaient nos ancêtres en élevant la tour de Babel. Il n'est pas bien qu'un simple mortel ait à lui seul une pareille habitation. Mais, après tout, le marquis de Carabas n'avait sans doute pas le choix, et la fatalité l'a planté là comme elle mit Napoléon sur le rocher de Sainte-Hélène. Supposons pour un instant qu'un coup du sort nous fasse un beau matin lever marquis, refuserions-nous le château de Carabas et tout ce qui s'ensuit, les dettes, les créanciers, le recours aux mesquins expédients, cet orgueil qui montre partout la corde, ce luxe qui vit d'escroquerie ?

L'année d'après, en lisant dans le *Morning-Post* le récit de fêtes splendides données par lady de Carabas, en voyant le marquis de Carabas, insolvable, caracoler au Parc, je me sentis pris d'une incomparable pitié pour ces indigents de haute volée. Va, va, pauvre Snob râpé, continue à caracoler au Parc, à te persuader que le monde est toujours à genoux devant la glorieuse maison des Carabas! Continuez à prendre vos grands airs, grands seigneurs de clinquant, qui souscrivez des billets à vos laquais pour leurs gages, et qui cherchez dans votre humiliation les moyens d'escroquer vos fournisseurs. Quant à nous, mes chers confrères en Snobisme, nous devons nous féliciter s'il nous est donné d'achever notre voyage en cette vie d'un pas calme et égal, et remercier le sort de ne nous avoir point placés dans une sphère où il faudrait, comme ces malheureux, nous débattre entre une arrogance qui confond et une bassesse qui fait honte.

CHAPITRE XXVIII.

Plaisirs et déplaisirs des Snobs des champs.

La réception de mistress Ponto avait été fort empressée et fort aimable pour moi, grâce à cette heureuse méprise qui m'attribuait avec lord Snobington des liens de parenté, sur lesquels je me gardais bien de la détromper; mais ce ne fut rien en comparaison des saluts, des courbettes et des transports enthousiastes qui accompagnèrent et suivirent la visite d'un vrai lord, d'un lord en chair et en os, fils de lord, ami et frère d'armes de Wesllesley Ponto au 120e de hussards. Ils vinrent tous deux de Gutile-Bury, où leur régiment se trouvait en garnison. C'était lord Gules, petit-fils de lord Saltire, et son héritier présomptif : un jeune gentilhomme aux cheveux blond ardent, toujours un cigare à la bouche, fraîchement échappé des jupes de sa bonne.

En réponse à l'invitation de l'honnête major de venir passer quelque temps à Evergreens, il lui répondit une lettre écrite d'une main encore un peu novice, et décorée d'un certain nombre de fautes d'orthographe, ce qui ne l'empêchait pas de pouvoir passer pour un des bons élèves du collége. Il avait fait son éducation à Éton, où lui et le jeune Ponto étaient inséparables.

En somme, s'il ne savait pas écrire, il possédait une foule d'autres talents qui ne laissaient pas d'en faire une petite merveille pour son âge et pour sa taille. Il passait pour un des meilleurs tireurs et des meilleurs cavaliers de l'Angleterre. Il montait en personne son cheval *Abracadabra* au fameux steeple-chase de Guttle-Bury, où il remporta le prix. Il avait des chevaux engagés dans presque toutes les courses, mais sous un nom d'emprunt, car le vieux lord ne badinait pas et ne permettait ni le pari ni le jeu. Il avait perdu et gagné aux cartes des sommes à rendre jaloux le plus aventureux joueur du royaume. Il était au fait de toutes les écuries, de tous les jockeys, et il eût pu rendre des points au plus roué maquignon de New-Market; pour le jeu ou le cheval, il n'y en avait pas qui pût lui tenir tête.

Bien que son grand père ne lui accordât qu'une pension des plus minces, au moyen de quelques billets payables après le décès du bonhomme, et grâce à l'assistance d'amis complaisants, il pouvait vivre dans un état de splendeur conforme à son rang. S'il n'avait pas encore signalé la puissance de son bras sur le dos des policemen, la faute en était à sa taille ; mais pour l'adresse et la supercherie, il était de premier ordre ; au billard il n'avait pas d'égal. Il buvait et fumait comme les deux plus gros officiers du régiment. Doué de si remarquables talents, à quelle brillante destinée ne pouvait-il pas prétendre! Quelque jour il devait s'occuper de politique, par distraction, et être le premier ministre après lord Bentinck.

Mon jeune ami, le fils de Ponto, était un garçon maigre et osseux, à la figure pâle et décharnée. A force de lui voir toujours se frotter le menton, je ne doute point qu'il ne se crût orné à cet endroit de ce qu'on appelle généralement une impériale. Que d'autres illusions encore dans cette famille, sans compter celle-là! Il ne pouvait pas naturellement se livrer à ces plaisirs dispendieux qui attiraient une si haute considération à son jeune et et illustre ami. Il pariait assez volontiers quand il était en fonds; il montait, sans se montrer trop difficile, les chevaux qu'on lui prêtait, car ses moyens ne lui permettaient pas d'avoir un autre cheval que celui d'ordonnance. Comme buveur, il était en état de tenir tête à tout le monde; et si vous voulez savoir pour quel motif il avait conduit son jeune ami Gules à Evergreens, en deux mots, le voici : il voulait amener sa mère à décider son père à payer ses dettes, et la présence d'un si haut personnage devait couper court à toutes les hésitations. Le jeune Ponto me fit part de tous ses petits projets avec la plus aimable franchise : n'étions-nous pas d'anciens amis, et ne m'était-il pas arrivé de lui tirer l'oreille quand il était à l'école?

« Sacrebleu! me dit-il, c'est une chose diablement coûteuse que le régiment; la chasse est de première nécessité; le régiment, savez-vous bien, ne serait pas tenable pour un homme qui ne chasserait pas. La table des officiers est aussi une grosse dépense, mais il y faut dîner comme les autres et payer à son tour le champagne et le bordeaux; car, voyez-vous, à notre table on ne se contente point de porto et de xérès comme dans l'infanterie. Et puis, l'uniforme, c'est le diable; Fitzstultz, notre colonel, ne badine pas là-dessus. Ah! c'est que, voyez-vous, il veut avoir le pompon sur les autres. Savez-vous qu'il a changé à ses frais le plumet de ses hommes? Vous vous êtes amusés à les appeler des plumets à savonnette; c'est un tort, mon cher Snob, et une très-grande injustice. Avec ce seul changement, il en a pour cinquante livres; l'année d'avant, il avait remonté en chevaux tout son régiment, ce qui lui a coûté les yeux de la tête. C'est depuis cette époque qu'on nous appelle les chevaux pie de la reine. Avez-vous vu, à la parade, comme l'empereur Nicolas versa des larmes d'envie lorsque nous défilâmes devant lui à Windsor? Voyez-vous, continua mon jeune ami, j'ai amené Gules avec moi pour décider le papa à m'acheter un brevet dans un autre corps. Il doit en causer avec ma mère, et elle est toute-puissante à la maison. Gules lui a dit que j'étais le favori de tout le régiment de Fitzstultz, et, elle s'imagine que les horse-guards vont me donner une compagnie pour rien. Il a été aussi conter à mon père qu'il n'y en avait pas de plus rat que moi au régiment ; voilà qui n'est pas trop mal manœuvré, n'est-ce pas? »

Là-dessus, Wellesley nous quitta pour aller fumer un cigare à l'écurie avec lord Gules, et s'égayer aux dépens des quadrupèdes qui s'y trouvaient placés sous la haute surveillance de Stripes. Le jeune Ponto se divertit beaucoup avec son jeune ami de l'espèce de raquette à quatre roues qui servait aux promenades de son père ; mais il ne goûta pas autant les plaisanteries de lord Gules au sujet d'un antique carosse qui datait bien de 1824, et sur les panneaux duquel on voyait peintes, dans des proportions gigantesques, les armoiries des Pontos et des Snaileys, car c'était de cette noble et illustre famille que descendait mistress Ponto.

J'étais allé retrouver le pauvre Ponto dans son cabinet. Il avait, au milieu de ses bottes, un air de si profonde désolation, que je ne pus m'empêcher de lui en faire l'observation. « Regardez, me dit le pauvre homme en me tendant une facture par-dessus la table ; c'est le second changement d'uniforme depuis que mon fils est au régiment, et il n'y a pas à accuser le pauvre enfant de folie : Gules m'a dit que c'était l'officier le plus rangé de tous. Le ciel le protége, ce brave garçon ! Mais, je vous en prie, mon cher Snob, jetez moi un coup d'œil là-dessus, et dites-moi comment un homme qui n'a que 200 livres de rente pour tout potage, peut réussir, au milieu de pareilles dépenses, à éviter la prison pour dettes. » Puis il poussa un sanglot en continuant à m'allonger par-dessus la table le papier qui lui causait de si violents chagrins. Sa culotte de velours fané, sa jaquette de chasse tout écorchée, ses jambes amaigries me parurent emprunter à la circonstance un aspect plus misérable, plus râpé et plus indigent que jamais.

DOIT, le lieutenant Wellesley Ponto, du régiment des Chevaux pie de la Reine, à Knopf et Stecknadel; Conduit-street, à Londres.

	liv.	sh.	d.
Une veste de grande tenue avec riches galons d'or.	35	0	0
Dolman de grande tenue garni de fourrure.	10	0	0
Veste de petite tenue soutachée d'or.	15	15	»
Dolman, *id.*	30	0	0
Pantalon d'uniforme.	12	0	0
Id. à la hussarde, avec des galons d'or sur les coutures.	6	6	10
Id. petite tenue.	5	5	0
Manteau à brandebourg bleu.	14	14	0
Bonnet de police.	3	3	0
Colback galonné d'or avec la plume et la chaîne.	25	0	0
Ceinturon doré.	11	18	0
Épée.	11	11	0
Buffleterie et sabretache.	7	7	0
Giberne et bandoulière.	15	15	0
Dragonne.	5	4	0
Manteau.	13	13	0
Valise.	3	13	6
Selle d'ordonnance.	7	16	6
Harnachement *id.* complet.	10	10	0
Housses diverses.	30	0	0
Une paire de pistolets.	10	10	0
Une peau de mouton non brodée.	6	18	0
Total.	347	9	0

Dans le cours de la soirée, M. Ponto et toutes les dames firent subir un interrogatoire en règle au jeune Ponto sur ce qui se passait chez lord Fitzstultz, sur le nombre de domestiques qui servaient à table, sur la toilette des dames Schneider, et sur une partie de chasse qu'était venue faire Son Altesse Royale, sur ce qu'elle avait dit, sur les personnes de sa suite.

« C'est un don du ciel qu'un enfant comme celui-là; »

me dit la maîtresse du logis, tandis que le cher nourrisson à la figure empourprée allait avec Gules reprendre en plus grande liberté ses exercices fumatoires dans la cuisine.

Pendant ce temps, le pauvre Ponto faisait une mine des plus désolées et des plus piteuses, qui ne me sortira jamais de la mémoire.

O vous tous, pères et tuteurs de la jeunesse! hommes et femmes de l'Angleterre auxquels la nature a départi quelques grains de bon sens! ô vous, législateurs qui vous rassemblez au Parlement, jetez un coup d'œil sur cette note de tailleur reproduite ci-dessus, examinez cet abusif catalogue de travertissements ridicules destinés à une mascarade insensée, et songez aux mesures à prendre pour nous délivrer du Snobisme, alors que la société fait tout pour activer son développement.

Trois cent quarante livres pour l'équipement d'un jeune héros! Par saint Georges! j'aimerais mieux le costume des Hottentots ou des Highlanders. Nous rions à la vue de ce pauvre singe qu'on fait danser devant nous en uniforme, ou de cet infortuné laquais aux mollets grelottants, aux culottes collantes, ou bien encore à la pensée du marquis de la Marmelade affublé d'un vieux sabre, avec des épaulettes noircies, et se donnant des airs de feld-maréchal; que direz-vous donc des Chevaux pie en grande tenue? la caricature ne vous paraît-elle pas aussi complétement ridicule?

CHAPITRE XXIX.

Gala chez les Snobs des champs.

Enfin il se leva sur Evergreens, cet heureux jour où je devais faire la connaissance de quelques-unes des très-hautes et très-puissantes familles du comté, les seules que les Ponto consentissent à voir comme étant à leur niveau. Ainsi donc, bien que le pauvre major se fût saigné à blanc pour l'équipement de son fils ; bien qu'il se trouvât en proie aux inquiétudes les plus vives et les plus cuisantes par suite du dernier règlement de son banquier ; qu'il éprouvât les mille autres soucis d'une misère envahissante ; qu'on ne vît jamais qu'une méchante bouteille de marsala s'aventurer sur sa table où présidait la plus rigoureuse parcimonie, il fallut prendre cependant son air de joyeuse et franche gaieté. Les tentures furent débarrassées de leurs housses ; de nouvelles robes furent commandées pour les jeunes demoiselles, et la vieille argenterie de famille fut sortie des armoires et passée au blanc. Toute la maison enfin avait pris une tournure de fête et de plaisir. Tous les fourneaux de la cuisine s'allumèrent ; les vins d'extra sortirent de la cave ; un cuisinier de profession vint exprès de Guttle-Bury mettre en œuvre tous les raffinements coupables de son art. Stripes reçut une livrée toute neuve, et Ponto, chose étonnante, mit un habit dans son premier lustre ; quant à Tummus, il ne quitta plus sa veste à boutons d'ordonnance [1].

« Tous ces préparatifs, pensai-je en moi-même, se font en vue d'une exhibition du petit lord. Tout cet embarras est en l'honneur de cet affreux petit cornette de dragons, tout empesté de cigares et capable à peine de signer son nom, tandis qu'un éminent et profond moraliste, comme quelqu'un de ma connaissance, se voit bourré chaque jour de mouton froid et de reliefs de cochon. Courage, courage ! sachons nous laisser martyriser au mouton froid, dans l'intérêt de la science ; accordons un généreux pardon à mistress Ponto, ne fût-ce que pour avoir résisté à ses vaines tentatives pour m'expulser de la meilleure chambre de la maison. J'avais, en effet, défendu héroïquement la

---

1. Je le surpris, dans ce costume, goûtant du doigt une sauce destinée à être mangée avec un gâteau de Savoie fabriqué par les belles mains de mistress Ponto elle-même, pour la plus grande satisfaction de ses convives.

place, me retranchant derrière mon rideau de perse, et soutenant que lord Gules était assez grand et assez robuste pour se trouver bien partout ailleurs.

La réunion des Ponto fut des plus imposantes. Les Hawbuck arrivèrent dans leur carrosse de famille, avec leurs armoiries peintes sur tous les panneaux. Leur domestique à livrée jaune servit à table, comme c'est l'usage à la campagne. Il n'y avait que la livrée bleue du laquais du baronnet Hipsley, membre de l'opposition, qui pût rivaliser avec la sienne. Les vieilles demoiselles Fitzague arrivèrent dans leur vieille calèche, traînées par de gras chevaux, conduites par un gras cocher et flanquées d'un gras laquais. Expliquez-moi, si vous le pouvez, cet embonpoint inévitable des chevaux et des laquais des vieilles demoiselles. Après ces augustes personnes ornées d'un devant de cheveux blond cendré, d'un nez rouge et de turbans jaunes, ce fut le tour de l'honorable Lionel Petitpois, qui, avec le général Sagou et mistress Sagou, complétait la société.

« Lord et lady Frédérik Howlet ont bien été invités ; mais ils reçoivent eux-mêmes en ce moment des amis à Ivybush, me dit mistress Ponto ; quant aux Castle Haggard, ils se sont fait excuser ce matin même, Sa Seigneurie ayant eu un nouvel accès d'esquinancie. » Mais, entre nous, ami lecteur, lady Castle Haggard est régulièrement prise par son esquinancie toutes les fois qu'il y a gala à Evergreens.

Si réunir chez soi des gens de qualité peut faire le bonheur d'une femme, mon aimable hôtesse mistress Ponto fut certainement en ce jour la femme du monde la plus heureuse. A l'exception de cet affreux charlatan qui se donnait pour parent des Snobington, et du général Sagou qui avait rapporté des Indes je ne sais combien de lacs de roupies, chacun des membres de l'assistance avait plus ou moins de ramifications parmi nos nobles pairs ou nos dignes baronnets. Mistress Ponto était au comble de ses vœux : fille d'un comte, eût-elle pu désirer trôner en meilleure compagnie ? Et son père faisait le commerce des huiles à Bristol, comme n'en ignore aucun de ses amis !

Il n'y avait, cette fois, rien à redire au dîner : il était des plus satisfaisants pour l'abondance et le choix des mets ; mais ce qui contristait mon cœur, c'était la manière gauche et embarrassée dont se soutenait la conversation. Ah ! chers et bien-aimés Snobs de la Cité, si nous ne nous entr'aimons pas plus que les Snobs des champs, nous nous amusons du moins davantage ; et si nous nous déchirons les uns les autres à belles dents, nous n'avons pas, du moins, à faire dix milles pour arriver à ce beau résultat.

Les Hipsley demeuraient à dix milles au sud d'Evergreens, et les Hawbuck à dix milles au nord, et ils étaient venus, ces deux puissants potentats, des deux extrémités opposées du comté de Mangelwurzelshire. Hipsley, sorti de vieille souche, mais dont la fortune était fort ébranlée, ne se gênait pas pour manifester son mépris à l'endroit des Hawbuck, de noblesse nouvelle, et riches comme Crésus. Hawbuck, de son côté, se donnait des airs protecteurs vis-à-vis du général Sagou, qui ne voyait à son tour dans les Ponto que des indigents qui n'en étaient pas encore réduits à mendier.

« La vieille lady Blanche, me dit Ponto, laissera, je l'espère, quelque chose à sa filleule, ma seconde fille ; pour lui faire plaisir, nous nous sommes tous plus ou moins empoisonnés avec ses drogues. »

Lady Blanche et lady Rose Fitzague avaient chacune un genre à part : la première faisait grand bruit de ses prétentions médicales ; la seconde posait pour le bas-bleu. Je penche à croire que ce jour-là même où je la vis pour la première fois, lady Blanche avait une compresse d'eau froide autour du corps. Elle médicamente tout le pays à la ronde et en fait le plus bel ornement. Elle a soin, d'ailleurs, de tenter sur elle-même le premier effet de ses drogues et de ses potions. A la cour, elle a fait publiquement profession d'être une des adeptes de Saint-John-Long. Elle ne jure que par le docteur Buchan ; prend de fortes doses de gomme-gutte, cette panacée universelle, et avale des bouteilles entières d'élixir de longue vie. Elle a guéri d'in=

nombrables maux de tête avec la poudre de Squinstone. Elle porte le portrait d'Hahnemann en bracelet, et en broche des cheveux de Pressnitz. Elle mit au courant de ses maladies et de celles de sa demoiselle de compagnie chacune des dames qui se trouvaient là, les attirant dans un coin du salon et leur décrivant à l'oreille et par le menu ses bronchites, ses gastralgies, ses névralgies, ses céphalalgies et tout ce qui s'ensuit. Je remarquai que la pauvre lady Hawbuck, malgré son embonpoint, fut en proie aux plus cruelles angoisses après quelques mots de conversation avec lady Blanche sur l'état de santé de sa fille, miss Hawbuck. Quant à mistress Sagou, sur un coup d'œil d'avertissement de lady Blanche, elle devint toute jaune et remit sur table son troisième verre de madère, au moment où elle le portait à ses lèvres.

Lady Rose parlait belles-lettres et causait des travaux du club littéraire de Guttlebury; sa conversation n'était qu'un récit de voyages tant sur terre que sur mer. Elle avait des intérêts considérables à Bornéo, et nous donna la preuve d'une érudition prodigieuse sur les affaires du Punjab et du Kaffirland, ce qui était fort à l'honneur de sa mémoire. Le vieux général Sagou, qui jusqu'alors était resté plongé dans une espèce de silencieux engourdissement, sembla tout à coup sortir de son état de léthargie lorsque le nom du premier de ces deux pays vint frapper son oreille, et il raconta à la société une histoire qui lui était arrivée dans une chasse au sanglier à Ramjugger. Lady Blanche me fit l'effet de traiter avec un certain mépris son voisin le révérend Lionel Petitpois, jeune ministre qu'on peut suivre à la piste à l'aide d'une masse de petits livres qu'il a soin de semer partout où il passe. De sa poche, je le vis glisser à miss Wirt un paquet de brochures intitulées *la petite Blanchisseuse de Putney*, et à miss Hawbuck : *la Viande mal pesée, ou Retour d'un jeune boucher à la foi*. Un jour où j'étais allé visiter la prison de Guttlebury, je vis deux gredins fameux qui, en attendant l'heure de comparaître devant leurs juges, s'amusaient provisoirement à jouer à la mouche; notre révérend leur offrit un de ses traités favoris, et, en reconnaissance, ces deux voleurs le dépouillèrent de sa bourse, de son parapluie et de son mouchoir de coton imprimé, laissant, du reste, intact son paquet de brochures, pour les distribuer où bon lui semblerait.

CHAPITRE XXX.

Bonsoir aux Snobs des champs.

« Mais, mon cher monsieur Snob, me demanda un jour une jeune lady, à laquelle je profite de la circonstance pour présenter mes très-humbles hommages, pourquoi, toutes choses étant à Evergreens aussi entachées de Snobisme que vous le dites, pourquoi, si vous aviez des grillades de porc par-dessus la tête, et si le mouton froid n'était point de votre goût, si mistress Ponto était une faiseuse d'embarras, et miss Wirt une petite peste avec son affreux pianotage ; pourquoi, je vous en prie, y fîtes-vous un si long séjour ? »

Ah ! chère miss, quelle question ! N'avez-vous donc jamais entendu parler de nos soldats qui escaladent les brèches de l'ennemi à travers la mitraille, de nos médecins qui passent des nuits dans l'enceinte empestée des lazarets, et de tant d'autres exemples de dévouement et d'abnégation ? Dites, je vous prie, qui a pu déterminer nos vaillants bataillons à franchir, sous les murs de Sobraon, un espace de deux milles, malgré les ravages des batteries ennemies, alors que cent cinquante bouches à feu ronflaient sur leurs têtes et moissonnaient des files entières ? Ils n'y allaient pas assurément pour leur plaisir ! Et encore, pour quel motif votre respectable père se décide-t-il à quitter les douceurs et les aises du coin du feu pour aller s'enfermer après dîner dans son cabinet et se tirer les yeux sur quelque affreux grimoire de procédure qui le retient souvent au delà de minuit ? C'est le devoir, mademoiselle, le devoir également impérieux pour le militaire, le légiste et l'écrivain, car notre profession a aussi ses apôtres qui savent s'élever au martyre.

Vous ne voulez pas me croire, et un sourire d'incrédulité court sur ces lèvres de corail ! Fi ! que c'est laid pour une jeune demoiselle ! Or donc, voici la vérité. Mon appartement de Pump-Court, n° 24, ayant été envahi par les peintres pour être remis à neuf, et mistress Slamkin, ma ménagère, étant partie pour voir sa fille, mariée à Durham, qui vient de lui donner un charmant petit poupard, j'ai pensé que je n'avais rien de mieux à faire que d'aller passer aux champs les quelques semaines dont je pouvais disposer. Ah ! Pump-Court, que vous êtes joli, que vous me semblez beau avec vos girouettes, mes vieilles amies ! *Cari luoghi*, salut ! salut, jours de brouillard et de suie !

Mais si vous allez vous imaginer, madame, qu'il n'y ait point un bout de morale à tirer de ma visite chez les Ponto, j'en suis fâché, car vous tombez dans une singulière erreur. Le présent chapitre va tout entier me servir à moraliser. Eh quoi ! chacune de ces lignes n'est-elle pas une leçon ? Que se propose-t-elle autre chose que d'étaler aux yeux de tous ce qu'il y a de sottise dans un Snob ?

« Vous avez sans doute remarqué que, dans cette histoire des Snobs campagnards, notre ami Ponto a toujours été en scène, et toujours au premier rang. Et pourquoi dites-vous ? Serait-ce parce que nous n'avions pas d'autre maison à visiter ? parce qu'aucune autre famille ne nous avait engagé à nous asseoir autour de sa table d'acajou ? Non, non, il n'y a rien de cela. Sir John Hawbuck et sir John Hipsley nous avaient ouvert leurs portes hospitalières, et nous pourrions parler avec connaissance de cause de la campagne du général Sagou. N'est-ce donc rien encore que les deux vieilles demoiselles de Guttebury ? Or, le premier chien coiffé n'est-il pas destiné à trouver le meilleur accueil du monde au milieu de toute cette société ? Apprenez, si vous l'ignorez, qu'on fait à la campagne des fêtes à n'en plus finir à tout ce qui a face humaine.

Mais tous ces hauts personnages n'entrent point dans le plan de notre livre et ne sont que des comparses de ce drame des Snobs ; nous les traiterons comme au théâtre, où les rois et les empereurs ont souvent un rôle bien moins important que le plus humble de leurs sujets. Le doge de Venise, par exemple, cède le haut des planches à Othello, qui, en somme, n'est qu'un nègre. Le roi de France agit de même avec Falconbridge, qui pourtant n'est qu'un homme de peu. Il en est de même à l'égard des puissants seigneurs ci-dessus mentionnés. Je me souviens à merveille du bordeaux des Hawbuck, qui ne valait pas, à beaucoup près, celui des Hipsley, tandis qu'au contraire les Hawbucks possédaient un certain vin blanc de l'Ermitage, et à preuve, que le sommelier ne remplissait qu'à moitié mon verre ; un vin, dis-je, de l'Ermitage, qui était supercoquentieux. Et puis, quels entretiens ! je me les rappellerai longtemps. Ah ! madame ! madame ! ce n'est pas par l'esprit qu'ils brillaient ! Labourage, faisanderie et braconnage, émeutes et désordres à propos des élections du comté, débats du comte de Mangelwurzelshire avec son parent et candidat, l'honorable Marmaduke Tom Noddy, voilà des affaires bien curieuses à vous raconter, si j'avais la moindre intention de trahir ces mystères de la vie intime. Pour changer, on en revenait toujours aux incidents de la chasse, aux essais de nouveaux engrais, à de longues dissertations sur chaque morceau et sur chaque verre, éternel chapelet qu'on ne finissait jamais de défiler.

Mais quel profit à tirer de tout cela ? Dans ces familles, dont le crétinisme n'égale que le respect de la foule, on ne rencontre aucune des traces du Snobisme que nous cherchons à mettre en lumière : un bœuf y reste un bœuf, grande, grasse et pesante masse qui beugle et broute à ses heures, qui rumine suivant les exigences de sa nature et consomme la portion de navets et de betteraves que le ciel lui a assignée, jusqu'à ce que vienne le moment de disparaître de ces gras pâturages pour laisser la place à quelque successeur à la large encolure et aux flancs rebondis. « Allons donc, dites-vous, est-ce qu'on respecte un bœuf? » Voici qui est plus fort, nous faisons tout au monde pour lui ressembler. Le Snob, chère dame, c'est la grenouille qui se gonfle pour se faire aussi grosse que le bœuf. Laissez faire, la pauvre pécore crèvera en punition de sa folie.

Examinez un peu, je vous prie, le triste sort de notre ami Ponto, excellent homme au fond et honnête citoyen : il n'est pas un prodige de bon sens; il en a pourtant assez pour son usage; il aime à la folie le vin de Porto, sa famille, les plaisirs de la vie campagnarde, l'agriculture; il est d'humeur hospitalière et se trouve à la tête d'un petit domaine tout juste suffisant pour satisfaire une ambition modeste ; il touche un revenu de mille livres sterling; ce n'est pas beaucoup, mais, entre nous, combien de gens vivraient à moins et s'estimeraient encore heureux comme des rois ?

Tenez, par exemple : ce docteur que mistress Ponto ne daigne pas honorer de ses visites, il trouve le moyen d'élever une charmante famille et d'être encore la providence des pauvres à plusieurs milles à la ronde. Sous prétexte de médicaments et pour leur donner des forces, il leur distribue du vin de Porto gratis, et il en reste encore assez à sa famille pour faire bouillir le pot-au-feu ; c'est, comme dit mistress Ponto, à n'y rien comprendre.

Voulez-vous que nous prenions cet autre ministre, le docteur Chrysostome, contre lequel mistress Ponto porte des accusations de puséisme ? Pour ma part, je suis disposé à croire que sa colère vient tout simplement de ce que mistress Chrysostome a le pas sur elle chez les Hawbuck. Vous n'avez qu'à ouvrir l'*Annuaire du Clergé* pour savoir le traitement affecté à sa cure ; mais cela ne nous dira pas toutes les aumônes qu'il répand autour de lui.

Petitpois est tout le premier à le reconnaître, bien qu'à ses yeux le surplis du docteur soit un abominable sacrilége. Petitpois s'acquitte aussi des devoirs de son ministère et ne distribue pas seulement ses traités et les trésors de sa parole : il donne aussi son argent et fort souvent épuise ses ressources pour son troupeau ; comme il est fils de lord, mistress Ponto se met à la torture pour réussir à lui faire épouser celle de ses filles dont ne voudra pas lord Gules.

Eh bien ! quoique le revenu de Ponto soit plus considérable à lui tout seul que ceux de ces trois honnêtes familles réunies ensemble, il n'y a rien, chère madame, de plus misérable à voir que l'état de gêne dans lequel il vit ; ses fermiers n'ont pas à espérer de délais de sa part, et les pauvres auraient tort de compter sur sa charité.

« Mon maître, vous dira maître Stripes, est le meilleur des hommes; au régiment, c'était le coq des bons vivants ; quant à madame, elle tondrait sur un œuf ; je ne sais pas comment ces chères demoiselles peuvent y résister. »

Oui ! mais si la nourriture n'est pas abondante, elles ont du moins une gouvernante de grand ton, des maîtres à la mode, des robes confectionnées par la couturière de lady Carabas. Leur frère va cavalcader avec des comtes et des lords; on ne reçoit à Évergreens que la meilleure société du comté, et mistress Ponto se considère comme le phénix des épouses et des mères, et la huitième merveille du monde, parce qu'elle réussit, avec un revenu de mille livres sterling, à voiler son indigence sous le faux étalage du Snobisme et de la réclame.

Je ne pourrais vous exprimer, chère dame, quel indicible soulagement j'éprouvai lorsque Stripes vint chercher mon portemanteau pour le mettre dans la petite voiture et me conduire, à défaut du pauvre Ponto, retenu par une sciatique, à l'hôtel des *Armes de Carabas*, à Guttlebury, où nous nous fîmes nos derniers adieux. Il y avait là, dans la salle d'attente, plusieurs commis voyageurs. L'un causait de la maison dont il représentait les intérêts ; un autre, de son dîner ; un troisième, des auberges qu'il avait rencontrées le long de la route. Cette conversation n'avait pas assurément une bien haute portée, mais elle était sans prétention et allait droit à son but, et, pour ma part, je la prise autant que celle de tous les gentilshommes campagnards. Mais surtout combien elle est préférable à l'ennui d'écouter les grands écarts de miss Wirt sur le piano, et le bavardage prétentieux de mistress Ponto sur les révolutions de la mode et les familles du comté !

CHAPITRE XXXI.

Salmigondis.

En présence de l'immense sensation produite par ces articles sur le public intelligent, chaque journal va s'empresser de consacrer au Snobisme un chapitre spécial entre les *Faits divers* et les *Nouvelles de la cour*. Qu'il se commette un vol ou qu'un individu se casse la jambe dans une des quatre parties du monde, le *Times* le tambourine bien vite dans ses colonnes. Et pourquoi, lorsqu'il se présente quelque cas monstrueux de Snobisme, les journalistes, justement indignés, n'appelleraient-ils pas sur de pareils faits la vindicte publique ?

Par exemple, l'incroyable rupture survenue récemment entre le comte de Mangelwurzelshire et son frère serait curieuse à étudier dans ses rapports avec le Snobisme. Laissons de côté les menaces, les emportements, les rodomontades, les fautes d'orthographe, les récriminations, les démentis, les provocations et les réticences qui fourmillent dans ce débat fraternel. C'est là le côté personnel de l'affaire ; cela regarde ces deux gentilshommes, et nous n'avons point à y mettre le nez. Mais ce qu'il nous faut examiner, c'est le degré de dépravation, les habitudes d'abjection et de bassesse, l'état de Snobisme, en un mot, où le comté se trouve réduit pour prendre le mot d'ordre de deux êtres de cette trempe. J'entends d'avance la réponse de l'illustre comté de Mangelwurzelshire : « Nous n'avons pas besoin, nous dira-t-il, qu'un homme sache mettre l'orthographe, qu'il parle à peu près comme tout le monde, que sa conduite soit d'une convenance ordinaire, que la nature lui ait départi une certaine dose de bon sens pour nous représenter au parlement; il nous suffit que cette homme s'offre à nous sous le patronage du comte de Mangelwurzelshire, et il nous suffit que le comte de Mangelwurzelshire ait un revenu de 1000 livres sterling et vienne chasser dans le pays. » Voilà bien là l'orgueil incurable de ce pays de Snobs, cet esprit de parasitisme et de servile adoration dans lequel il se prélasse pour sa plus grande honte.

Mais baissons d'un ton et quittons ce rigorisme farouche, pour revenir à notre aménité naturelle, à ces allures de badinage et de bonhomie auxquelles nous avons habitué jusqu'ici notre lecteur, et qui, par un échange réciproque, ont fait le charme principal de ces pérégrinations à travers le pays des Snobs. Le Snobisme est aussi bien entré dans les petites parades de la vie privée que dans la grande comédie gouvernementale. Des deux côtés, en somme, la moralité est la même !

Exemple : j'ai lu dans les journaux l'histoire d'une jeune personne qui, ensorcelée par les belles paroles d'un diseur de bonne aventure, se mit sur l'heure en route pour l'Inde à la poursuite d'un mari. Elle alla bien ainsi, je pense, jusqu'à la station de Bagnigge-Wells. Croyez-vous donc que ce pauvre petit cœur, si bien ébloui par de brillantes promesses, eût consenti à déserter sa boutique pour un monsieur d'une condition inférieure à la sienne? Croyez-vous qu'elle n'espérât pas trouver pour le moins un amour de capitaine avec épaulettes d'or et habit rouge? Possédée de l'esprit de Snobisme, elle a cédé aux instincts de sa vanité, qui l'a livrée à la spéculation de ce diseur de bonne aventure.

Autre exemple : Mlle de Saugrenue, cette jeune et intéressante Française dont la figure s'encadre si bien dans son diadème de boucles d'ébène, qui était logée pour rien dans une pension bourgeoise de Gosport, et promenée gratis en voiture à Fareham, qui enfin partageait le lit de la vieille dame sa protectrice, savez-vous ce qu'elle a fait, cette chère enfant? Elle a saisi le moment favorable pour éventrer le matelas de la couchette et faire sauter la grenouille, avec laquelle elle partit pour Londres. Expliquez-moi, si vous le pouvez, cette excessive tendresse pour cette jeune et intéressante Française. M'alléguerez-vous ses boucles d'ébène et son joli minois? Allons donc! Depuis quand les femmes aiment-elles leurs pareilles pour leurs jolis traits et leurs cheveux noirs? Moi, je vais vous en dire le motif. C'est qu'elle se disait parente de milord Saugrenue; c'est qu'elle avait toujours à la bouche sa tante la duchesse, et, à l'entendre, elle n'était elle-même qu'une Saugrenue. Les autres pensionnaires, bonnes gens simples et crédules, ne juraient que par elle et étaient à sa dévotion. Honnêtes et candides enfants du pays des Snobs, adonnés par-dessus tout à la lordolâtrie!

Pour en finir, je vous raconterai l'histoire du très-honorable M. Vernon, à York, homme de naissance, et courtisant une douairière. Celle-ci le fournissait de dîners, d'argent, d'habits, de linge, de couverts de table, avec le droit de puiser à sa caisse tant qu'il lui plaisait. Il jeta ensuite ses filets sur une famille composée d'un père, d'une mère et de plusieurs filles, se posant comme candidat à la main de l'une d'elles. Le père lui prêtait de l'argent, la mère préparait à son intention des confitures et des conserves, les filles faisaient des miracles de cuisine pour le palais de ce beau monsieur. Or, voici ce qu'il en advint. Un beau jour, le traître disparut avec une théière d'argent et un panier rempli de provisions. La naissance et les titres du sire furent l'appât sur lequel mes Snobs se jetèrent avec autant de niaiserie que de voracité. Auraient-ils mordu à l'hameçon d'un simple roturier? Où est la vieille femme qui consentirait, mon cher monsieur, à nous prendre chez elle, vous ou moi, fussions-nous les plus à plaindre du monde; à nous dorloter, à nous vêtir, à nous donner son argent et sa vaisselle ? Hélas ! hélas ! quel homme, la main sur la conscience, espérerait tomber sur une pareille aubaine ? Eh bien, ces exemples d'un Snobisme endurci et crédule nous ont été fournis par les journaux, dans la même semaine, et accompagnés de plusieurs autres.

Tandis que nous nous livrions aux réflexions que l'on vient de lire, on remit sur notre bureau une jolie petite lettre avec un joli petit papillon pour cachet, et timbrée de l'une des villes du Nord. Nous ouvrîmes la lettre, et nous lûmes ce qui suit :

19 novembre.

« Monsieur Punch,

« Vos articles sur les Snobs sont pour nous du plus vif intérêt, et nous n'en sommes que plus curieuses de savoir dans quelle catégorie de cette respectable corporation il vous plaira de nous classer.

« Nous sommes trois sœurs : la plus jeune a dix-sept ans, et l'aînée vingt-deux ; notre père appartient très-loyalement et très-réellement à une excellente famille. Vous nous direz peut-être que cette déclaration sent un peu son Snobisme; mais c'est uniquement pour bien établir le fait. Notre grand père maternel était comte.... (Ah ! prenez-y garde, mademoiselle, ce grand-papa qui montre l'oreille répand, pour le coup, une odeur de Snobisme.)

« Nous sommes assez riches pour nous faire envoyer par la poste un exemplaire de vos ouvrages et de ceux de Dickens à mesure qu'ils paraissent ; mais on aurait beau chercher dans la maison, on n'y trouverait rien qui ressemblât à l'*Almanach de la pairie* ou à l'*Annuaire de la noblesse.*

« Notre table est bien servie. Notre cave est excellente, et, faute d'un sommelier, nous avons pour nous donner des assiettes une bonne en tablier blanc. Pourtant notre père est militaire, a beaucoup voyagé et a fréquenté les meilleures sociétés. Nous avons un cocher et son aide ;

mais nous ne couvrons point ce dernier de boutons, et ni l'un ni l'autre ne paraît dans la salle à manger, comme Stripes et Tummus.... (Vous arrangez cela comme bon vous semble, et je n'ai rien à dire au plus ou moins grand nombre de boutons.)

« Nous avons autant d'égards pour les personnes qui ont un appendice à leur nom que pour celles qui en portent un tout court. Nous mettons de la crinoline avec modération.... (Ah! mesdemoiselles, je vous en fais mes bien sincères compliments.) Nous n'usons point notre matinée à lambiner.... (Eh! tant mieux! mille fois tant mieux!) Nos repas, dans lesquels l'abondance n'enlève rien à la qualité, nous sont servis dans de la porcelaine, bien que nous ayons de la vaisselle plate.... (Ah! cette fois, je vous y prends. Un gage! Voilà tout ce qu'il y a de plus Snob au monde; je doute fort que vous diniez aussi bien quand vous êtes seules que quand vous avez de la société, car alors vous vous mettez en frais de cuisine).... Et sont aussi soignés lorsque nous sommes seules que lorsque nous avons du monde.

« Et maintenant, cher monsieur Punch, vous serez l'homme le plus charmant, si vous voulez nous accorder deux lignes de réponse dans votre prochain numéro. Soyez assuré de notre reconnaissance toute particulière; mais tout le monde, jusqu'à notre père, ignore la démarche que nous faisons auprès de vous. Nous prenons l'engagement de ne plus vous ennuyer à l'avenir.... (Mais, mesdemoiselles, je ne me trouve nullement ennuyé; seulement il faut avertir le papa.) Si vous voulez bien nous faire la faveur d'une réponse, histoire de rire, et voillà!!!

« Si vous avez le courage d'aller jusqu'au bout de cette lettre, elle prendra probablement ensuite le chemin de votre feu; à cela je ne puis rien; mais mon caractère sanguin me soutient dans une espérance meilleure. En tout cas, j'attends avec impatience votre numéro de dimanche, car c'est le jour de votre arrivée ici, et, j'ai honte de l'avouer, nous ne pouvons résister au plaisir de vous lire dans la voiture, pendant qu'elle nous ramène de l'église à la maison. (Et l'étiquette, mesdemoiselles, et l'étiquette? que dirait à cela le grand maître des cérémonies?)

« Je suis bien, etc,... etc,.. pour moi et mes sœurs.

« Excusez ce griffonnage ; mais je vais toujours au galop de la plume. (C'est d'inspiration, n'est-ce pas, mademoiselle?)

« *P. S.* Savez-vous bien que la semaine dernière vous n'étiez pas dans votre parfait bon sens ? (Oh ! c'est là, ma chère demoiselle, une erreur des plus graves !) Nous n'avons point de garde-chasse, et cependant, en dépit des braconniers, il nous reste encore assez de gibier pour le plaisir de nos amis. Nous n'écrivons jamais sur du papier parfumé, et, bref, je ne puis m'empêcher de croire que, si vous nous connaissiez, vous nous déclareriez pures de tout Snobisme. »

A ce qu'on vient de lire, voici ma réponse :

« Chères demoiselles, j'ai reconnu sur le timbre le nom de la ville que vous habitez. Je serai à votre église de dimanche en huit. Soyez donc assez bonnes pour placer sur votre chapeau soit une tulipe, soit quelque autre signe distinctif de ce genre, afin qu'il me soit facile de vous reconnaître. Quant à moi, mon costume me désignerait à vous entre mille. Voici mon signalement : air pacifique ; chapeau de feutre blanc ; cravate de satin rouge ; culottes bleu clair ; bottines d'étoffe à bout vernis ; émeraude en épingle de cravate ; crêpe noir autour du chapeau, et canne de jonc, avec riche pommeau d'or. Je regrette bien de n'avoir pas assez de temps d'ici là pour laisser pousser mes moustaches.

« De dix-sept à vingt-deux ! Mais, bonté divine ! c'est un âge à croquer, charmantes lectrices. Je ferai en sorte de vous voir toutes les trois.

« Dix-sept ans me conviennent beaucoup à cause du rapport d'âge ; mais je ne veux pas dire par là que les vingt-deux ans me soient trop vieux. Non, non, et la jolie petite friponne à l'air sournois, placée entre les deux.... Silence, monsieur mon cœur, vous prenez feu trop vite!

« Vous des Snobs, charmantes demoiselles! Malheur au nez du premier qui oserait soutenir une pareille hérésie! Quel mal y a-t-il à être de bonne famille? ce n'est point de votre faute, chères petites! Quel mal y a-t-il à avoir un nom et des titres à l'avenant? Pour ma part, je serais duc que je n'y verrais aucun inconvénient; et, entre nous, je connais des jambes plus mal tournées que les miennes pour porter la jarretière.

« Vous, des Snobs, avec ce bon petit caractère! Allons donc, c'est impossible! C'est-à-dire que j'espère que non, que je ne le pense pas.... Je ne voudrais pas jurer, alors même que cela ne peut être, que, parmi nous, il ne se trouve point de Snobs. Cet excès de confiance frise la présomption, et la présomption est fort voisine du Snobisme. A tous les degrés de l'échelle sociale, depuis le despote jusqu'au flatteur qui rampe devant lui, la nature a multiplié à l'infini les variétés du Snobisme. Mais n'y aurait-il donc plus d'honnêtes natures, de cœurs tendres, d'âmes modestes et loyales? Méditez bien ma question, gentilles demoiselles, et si vous pouvez me donner une réponse affirmative, comme je n'en saurais douter, heureuses êtes-vous! heureux votre respectable père! heureux aussi les trois aimables cavaliers qui sont destinés à faire un jour trois beaux-frères! »

CHAPITRE XXXII.

Les Snobs dans le mariage.

Tout homme de condition moyenne qui, dans ce voyage de la vie, se sent épris de sentiments sympathiques pour ses compagnons de route ; tout homme, enfin, qui, pendant quatre ou cinq lustres, a roulé au milieu de ce tourbillon humain, doit être naturellement porté à de mélancoliques réflexions sur le triste sort de ces victimes que fait chaque jour sous ses yeux la société, c'est-à-dire le Snobisme. C'est une guerre à mort, incessante, entre le Snobisme d'un côté, et de l'autre les penchants les plus honnêtes et les plus candides des cœurs aimants. On n'ose être heureux par crainte des Snobs. On n'ose aimer par crainte des Snobs. Cette tyrannie du Snobisme condamne les femmes aux douleurs de la solitude et de l'abandon. On voit ainsi de pauvres petits cœurs honnêtes et sensibles se flétrir et mourir. Regardez cet aimable garçon dont le cœur s'épanouit en généreuses pensées, en souriantes espérances. Laissez faire, le célibat l'aura bientôt rendu et gros et rebondi et tout bouffi de graisse jusqu'au jour de la culbute. Voyez encore ces tendres filles livrées dans la solitude aux outrages du temps ; voyez-les maigrir et se faner. Ainsi le veut le Snobisme en les empêchant de satisfaire aux instincts de bonheur, aux penchants affectueux que la nature a mis en elles. Mon cœur est pris de tristesse à la vue des ravages causés par cette puissance tyrannique; il n'en faut pas plus pour éveiller en moi un rage secrète, des transports furieux à l'endroit du Snobisme, et je m'emporte alors contre lui en tirades fulminantes. En vain tu cherches à soustraire ta sottise à nos regards, je saurai bien te trouver sous ce rempart de ridicules terreurs dont tu crois nous épouvanter. Apparais donc enfin, monstre grotesque, fantôme imaginaire! Je m'arme alors de ma lance et de mon épée, et, après avoir embrassé ma famille, je pars pour combattre cet ogre affreux, ce tyran cruel qui retient tant de gentils cœurs captifs, torturés et à la gêne dans les oubliettes de Snob-Castle.

Quand ce sera au tour de Punch à être roi, je déclare qu'on ne verra plus tant de vieilles filles et tant de vieux garçons. On brûlera chaque année Malthus en effigie, comme cela se pratique pour le mannequin de Guy Fawkes. Les récalcitrants au mariage seront envoyés dans des maisons de correction. Ce sera un crime irrémissible de ne pas trouver, si pauvre qu'on puisse être, une femme pour en être aimé.

Ces réflexions me sont poussées dans la tête à la suite d'une promenade avec un ancien ami, Jack Spiggot, qui vient de passer dans la catégorie des vieux garçons, après une verte et florissante jeunesse, dans la force de laquelle je crois le voir encore. Jack était le plus joli garçon de l'Angleterre lorsque nous prîmes tous deux du service dans les highlanders gris. Mais je ne tardai pas à quitter le jupon court. Quant à lui, je le perdis de vue pendant plusieurs années.

Ah! que de changements se sont opérés en sa personne depuis lors! Il se serre maintenant la taille, s'est mis à teindre ses favoris; ses joues, roses jadis, sont aujourd'hui couperosées; ses yeux, si brillants et si limpides autrefois, ressemblent maintenant à ceux des canards de Barbarie.

« Eh bien! Jack, lui dis-je, avez-vous convolé dans les bras d'une épouse? »

Aux jours de notre jeunesse, j'avais fait une cour très-serrée à sa cousine Letty Lovelace, les *jupons courts* se trouvant en garnison à Strathbungo, il y a de cela quelque vingt ans.

« Aux bras de quelle épouse? me répondit-il; mes moyens ne me le permettent pas. C'est à peine si j'ai assez pour me suffire à moi-même; avec mes 500 livres de revenu, je serais bien avec une famille sur les bras! Allons chez Dickinson, mon cher; c'est lui qui a le meilleur madère de tout Londres. »

Et nous partîmes en causant du temps passé. La carte à payer, surtout à cause des vins, présentait un total des plus respectables; et la quantité de grogs que Jack absorba ensuite me prouva qu'il était passé à l'état d'entonnoir en permanence.

« Que me font une guinée ou deux? me dit-il. Du diable si je regarde jamais à ce que me coûte mon dîner!

— Et Letty Lovelace? » repris-je à mon tour.

Jack perdit contenance, mais bientôt il me répliqua avec un gros ricanement : « Letty Lovelace est toujours Letty Lovelace. La pauvre fille est maintenant passée à l'état de parchemin. Pour l'épaisseur, c'est une feuille de papier. Vous vous rappelez sa figure? Eh bien, maintenant, son nez est devenu tout rouge et ses dents ont tourné au bleu. Elle passe son temps à geindre ou à se chamailler avec le reste de sa famille. Ce sont des palinodies à n'en plus finir, qu'elle n'arrête un peu que pour se bourrer de pilules. Juste ciel! j'aurais fait là une belle affaire! Allons, mon cher, on dirait que vous n'êtes pas fort sur le grog! »

Ma mémoire se reporta insensiblement aux temps où Letty était une charmante et fraîche jeune fille; où il suffisait de l'entendre chanter pour sentir son cœur tressaillir sous sa poitrine; où, en la voyant danser, elle paraissait plus gracieuse que la Montessu et la Noblet, les deux merveilles chorégraphiques de l'époque; Jack portait alors une boucle de ses cheveux suspendue à une chaîne d'or autour de son cou; un grog suffisait en ce temps-là pour lui tourner la tête et lui donner des accès d'épanchement du milieu desquels il tirait devant nous ce gage précieux, le couvrant de baisers, et poussant des soupirs passionnés, au grand divertissement du vieux major au nez rougi et de toute la galerie.

« Les chiens de mon père et ceux du sien n'ont jamais pu chasser ensemble, continua Jack. Le général ne voulut jamais consentir à lui faire plus de six mille livres de dot, et mon père lui a répondu qu'il ne me donnerait pas son autorisation à moins de huit mille. Là-dessus, Lovelace l'a envoyé au diable, et bonsoir la compagnie. Quant à elle, on prétend que ce n'est plus qu'une ruine. Pour être vrai, elle est aussi coriace et aussi aigre que cette peau de citron.... N'en mettez donc pas tant dans votre punch, mon cher; le punch n'est pas fameux après le vin.

— Et que faites-vous maintenant, Jack? demandai-je.

— Après la mort de mon père, je vendis mon brevet. Ma mère s'est fixée à Bath, et tous les ans j'y vais passer une semaine. Ce n'est pas amusant, je vous assure :

on y fait le whist à un schelling. J'ai quatre sœurs, toutes vieilles filles, à l'exception de la dernière qui s'est mariée, et pas sans peine encore. Je passe mon été en Écosse et mon hiver en Italie, à cause d'un diable de rhumatisme. Je viens à Londres au mois de mars. Toutes mes journées s'écoulent au club, et, quant à notre domicile politique, nous n'y rentrons guère avant que l'aurore aux doigts de rose rouvre les portes de l'Orient.

— Ci-gisent deux pauvres existences brisées! murmura tout bas en lui-même votre très-humble et très-obéissant serviteur en prenant congé de Jack Spiggot. Pauvre petite Letty Lovelace! tu as perdu ta boussole et jeté ta cargaison à la mer. Et toi, Jack Spiggot, le fringant Jack du temps jadis, te voilà échoué à la côte, et il ne reste de toi qu'un ivrogne incorrigible! »

Qui a donc ainsi outragé les lois de la nature, pour ne point adresser nos plaintes plus haut encore? Qui donc a ainsi troublé ses bonnes dispositions à leur égard? Quel souffle a passé sur cet amour et l'a flétri? Qui a pu vouer ainsi cette fille à une chagrine stérilité et ce garçon aux tristes égoïsmes du célibat? C'est l'infernale tyrannie du Snobisme, qui nous tient tous sous son sceptre de plomb, qui nous dit : «Vous n'aurez point le droit d'aimer si vous ne pouvez donner une camériste à votre femme ; vous ne vous marierez point si vous ne pouvez prendre voiture. Ne songez point à remplir votre cœur de l'amour d'une chaste épouse, à faire danser vos enfants sur vos genoux, si vous n'avez un groom en livrée et une bonne française à votre suite. Vous n'êtes bon qu'à aller au diable, s'il vous est impossible de faire les frais d'un coupé à un cheval. » Épousez une femme pauvre, la société vous repousse aussitôt de son sein ; vos parents vous fuient comme la peste; vos tantes et vos oncles détournent la tête en déplorant votre folie et gémissent sur le pitoyable mariage que vous avez fait. Allons, vite à l'encan, jeunes filles! vous pouvez vous vendre sans honte à quelques vieux Crésus; et vous, jeunes gens, étouffez tout sentiment généreux dans votre cœur et faites de votre vie une longue hypocrisie pour mettre la main sur une forte dot. Mais malheur à vous si vous êtes pauvre ! la société, où le Snobisme exerce son aveugle puissance, vous condamne à passer vos jours dans la solitude et le délaissement. Pauvres filles ! il faut vous résigner à vous faner dans votre galetas, et vous, pauvres célibataires, à croupir dans votre club !

Quand je vois ces reclus mondains à si tristes figures, ces moines et ces nonnes de la congrégation de saint Belzébuth [1], alors je me sens transporté d'une haine incommensurable contre les Snobs, leur culte barbare et leurs farouches idoles, et j'entre en campagne pour tailler en pièces ce Jaggernaut qui se plaît aux sacrifices humains, ce monstrueux Dagon, et, tout plein d'un héroïque courage digne de Tom Pouce, je me dispose à aller pourfendre le géant du Snobisme.

CHAPITRE XXXIII.

Les Snobs en ménage.

Je me souviens d'un certain roman qui a pour titre : *Deux cent cinquante mille francs de rente*, et où l'on n'a affaire qu'à des personnes du grand monde ; l'auteur y peint avec une éloquence pathétique la résignation toute chrétienne de son héros, M. Aubrey, au milieu de ses revers et de ses infortunes. Après avoir répandu les fleurs les plus choisies de sa rhétorique sur le stoïcisme dont

---

1. Il est bien entendu que ces lignes ne s'appliquent qu'à ces êtres neutres que la crainte, dictée par le Snobisme, de n'avoir pas assez d'argent, a détournés de la destinée à laquelle nous sommes tous appelés ici-bas. Il est des êtres voués malgré eux au célibat, et leur en faire un reproche ne serait pas d'un galant homme. A ceux-là miséricorde, et, quant aux autres, qu'ils soient bien persuadés qu'il n'est jamais entré dans notre esprit de faire aucune personnalité !

M. Aubrey fait preuve en abandonnant sa maison de campagne, l'auteur nous montre son héros arrivant à la ville en chaise de poste, entre sa femme et sa sœur. Il est sept heures. Les voitures se croisent dans tous les sens, les marteaux retentissent sous la main des citadins attardés qui rentrent chez eux. Des larmes voilent les beaux yeux de Kate et de mistress Aubrey : c'est qu'elles se rappellent qu'à la même heure, dans des temps plus heureux, leur cher Aubrey allait s'asseoir à la table de quelque grand personnage de ses amis. Tel est le sens de ce passage; quant au tour élégant de la phrase, je l'ai oublié. Mais cette pensée si noble, si relevée, ne m'échappera jamais; elle est, pour mon bonheur, gravée dans mes souvenirs. Est-il rien de plus sublime que ces parents d'un héros malheureux, qui pleurent, quoi? son dîner. Ce seul coup de pinceau est un coup de maître qui peint un Snob de la manière la plus heureuse.

Le passage de ce livre nous est dernièrement tombé sous les yeux chez notre ami Raymond Gray, jeune avocat plein d'esprit, mais totalement dépourvu de clientèle. Il possède, heureusement pour lui, une grande dose de courage et de bon sens, ce qui lui donne la force nécessaire pour traverser les temps difficiles et supporter gaiement son humble position dans le monde. Toutefois, en attendant un destin meilleur, les exigences inflexibles du luxe et les frais de ses tournées judiciaires obligent M. Gray à vivre modestement dans une petite maison d'un square d'assez maigre apparence, situé dans le voisinage aéré de Gray's-Inn.

Ce qu'il y a à noter, c'est que Gray est marié. Mistress Gray était auparavant miss Harley-Backer, appartenant, il n'est pas besoin de le dire, à une très-respectable famille. Il y a entre autres des alliances avec les Cavendish, les Oxford et les Marybone. Aussi, quoique déchus de leur antique splendeur, les descendants actuels n'en portent pas le front moins haut que leurs aïeux. Mistress Harley-Backer, la mère, ne va jamais à l'église sans être escortée de John, qui porte derrière elle son livre de prières, et miss Welbeck, la sœur, ne s'aventure jamais au dehors pour aller faire ses emplettes que sous la protection de son page Figby, qui porte un chapeau en pain de sucre. Or, cette vieille fille surpasse en laideur toutes les femmes du quartier ; et, pour la taille et la barbe, elle pourrait rivaliser avec un grenadier. Un mystère même inexpliqué, c'est qu'Émilie Harley-Backer ait pu se décider à épouser Raymond Gray, elle, la plus jolie et la plus fière de la famille ; elle qui avait refusé sir Cockle-Biles, fonctionnaire de la compagnie des Indes ; elle qui fit la dédaigneuse à l'endroit d'Essex Temple, allié cependant à l'illustre maison des Albyn. Comment, avec quatre mille livres sterling pour tout potage, a-t-elle pu se décider à prendre un homme qui n'en avait pas beaucoup plus ? Un cri unanime de colère et de réprobation s'éleva dans toute la famille lorsqu'on apprit cette mésalliance ; mistress Harley-Backer ne parle jamais de sa fille sans avoir aussitôt les larmes aux yeux ; elle la considère comme une malheureuse réduite à la mendicité. Quant à miss Welbeck, elle ne se gêne pas pour traiter son beau-frère de roturier, et elle va partout répétant à qui veut l'entendre que mistress Perkins n'est qu'une entremetteuse, attendu que ce fut à un bal qui eut lieu chez elle que les deux jeunes gens se rencontrèrent pour la première fois.

Mais, quoi qu'on puisse dire et faire, M. et mistress Gray vivent à Grays'-Inn-Lane, avec une bonne et une nourrice auxquelles la besogne ne manque pas ; ils y goûtent le bonheur le plus enviable et le plus merveilleux. Jamais de plaintes ni de lamentations à propos du dîner, comme de la part de ces femelles pleurnicheuses dont le Snobisme fait si bien à côté de notre ami sir Aubrey des *Deux cent cinquante mille livres de rente*. Au contraire, ils prennent le pot-au-feu comme il vient et de la meilleure grâce du monde, et ils ont même parfois une place pour un ami affamé. L'auteur de ces lignes est là pour en rendre témoignage.

Je vins à parler avec un ami commun, l'illustre Goldmore, directeur de la compagnie des Indes orientales, de ces dîners et de certains poudings admirables confectionnés aux cédrats par les soins de mistress Gray en personne. La figure de cet honnête garçon se décomposa sous l'impression de la plus vive terreur, et il s'écria : « En vérité, ils donnent à dîner? » C'était, pour ainsi dire, un crime à ses yeux, que des gens de cette espèce s'avisassent de dîner comme les autres; il s'imaginait que toute leur cuisine se bornait à faire rôtir un malheureux os décharné sur une croûte de pain altéré de son jus. Toutes les fois qu'il les rencontrait dans le monde, c'était pour lui un motif d'étonnement, et il le disait même un peu trop haut, de voir à la femme une mise aussi convenable et au mari un habit sans reprises. Je l'ai entendu faire de belles tirades sur la pauvreté dudit couple dans le grand salon du club des Beaux-Parleurs, dont lui, Gray et moi avons tous trois l'honneur d'être membres.

Nous nous rencontrons au club presque tous les jours. Un peu après quatre heures et demie, Goldmore arrive de la Cité, et on peut le voir occupé à lire les journaux du soir dans la galerie vitrée qui fait face à Pall-Mall. C'est un gros homme brillant de santé, qui étale d'énormes breloques sur la rotondité de son ventre dissimulé par un gilet blanc. Il porte un habit des plus amples, bourré de lettres de ses correspondants et des papiers de la compagnie dont il est l'un des directeurs. Ses breloques tintent comme une clochette au moindre mouvement qu'il se donne. Je voudrais avoir un oncle de cette étoffe, à la condition qu'il n'aurait point d'enfants; je l'aimerais et le chérirais de tout mon cœur, et je me confondrais en prévenances pour lui.

Vers les six heures, dans la saison fashionable, alors que le monde élégant se trouve rassemblé à Saint-James-Street, au milieu des fiacres qui stationnent sur la place, tandis que les dandys, en grande tenue et à l'air désœuvré, garnissent la devanture du café du Grand-Balcon; que de respectables gentlemen à tête grisonnante s'envoient des saluts à travers les glaces du cercle diplomatique; que des laquais en veste rouge n'auraient pas trop des cent bras de Briarée pour contenir les chevaux de leurs maîtres; que le suisse royal, resplendissant sous son merveilleux uniforme rouge, se chauffe au soleil devant l'entrée principale du palais, vous pourrez voir, vers le milieu de la journée, une voiture peinte en jaune, attelée de chevaux noirs, ornée d'un cocher à la perruque irréprochable et de laquais poudrés portant une livrée blanche et jaune. Au fond de la voiture est une femme en robe de moire antique, avec un carlin sur les genoux et une ombrelle de soie rose à la main; elle va s'arrêter devant la porte du cercle, et le domestique de garde s'empresse d'aller avertir M. Goldmore, qui sait parfaitement à quoi s'en tenir, car depuis une demi-heure il regarde par la fenêtre avec une quarantaine d'autres personnes, et lui crie à haute voix : « La voiture de monsieur! » Alors Goldmore, avec un signe de tête, dit à Muligatawney, l'autre directeur de la compagnie des Indes : « Soyez exact à huit heures précises. » Puis il monte dans sa voiture, où il s'enfonce à côté de mistress Goldmore, et ils font ensemble un tour de Parc, après quoi ils rentrent chez eux, Portland-Place. Tandis que l'équipage s'éloigne au grand trot des chevaux, les badauds du club se laissent aller aux élans d'un enthousiasme irrésistible. Cette voiture est pour eux l'un des meubles de l'établissement : elle appartient au club comme le club leur appartient. Ils la suivent avec la plus tendre sollicitude, et s'ils la rencontrent au parc, ils lui jettent doucement un coup d'œil de connaissance. Mais, halte-là! nous n'en sommes pas encore aux Snobs de club. Ah! mes braves Snobs, je vous vois déjà dans un beau remue-ménage, quand nous en viendrons à parler de vous.

Les quelques mots que nous venons de vous dire sur Goldmore ont déjà suffi pour vous donner une idée du personnage. C'est un Crésus ventru, solennel comme une séance d'Académie, agent de la compagnie des Indes, bon enfant, du reste, et tout prêt à rendre service, mais dont la politesse a quelque chose de cruel.

« M. Goldmore, répétait sans cesse son épouse, n'oubliera jamais que c'est au grand-père de mistress Gray qu'il doit d'avoir été envoyé aux Indes, et, quoique cette jeune femme ait agi comme une tête sans cervelle dans ce mariage et qu'elle ait compromis sa position dans le monde, son mari n'en paraît pas moins un garçon sensé et laborieux, et nous ferons tout ce qui dépendra de nous pour lui venir en aide. »

Aussi, de fondation, les époux Gray sont-ils invités deux et trois fois à dîner dans le cours de la belle saison, et, par surcroît de prévenances, Buff le sommelier a l'ordre de louer un fiacre pour les conduire à Portland-Place et les ramener chez eux.

Je me trouve sur un pied de trop grande intimité avec ces deux hommes pour ne pas m'être empressé de rédire à Gray l'opinion de Goldmore sur son compte, et la surprise du nabab à l'idée qu'un petit avocat sans cause pût trouver chez lui de quoi dîner. Du reste, ce mot de Goldmore devint proverbial au cercle, et l'on en fit des gorges chaudes contre Gray, auquel les loustics de l'endroit ne manquaient jamais de demander depuis combien de jours il avait dîné, lui proposant d'emporter chez lui une partie du repas, et autres plaisanteries d'un sel aussi piquant. Un jour, M. Gray, au retour du cercle, annonça à sa femme une renversante nouvelle : il avait invité Goldmore à dîner.

« Mais, mon cher ami, dit mistress Gray dans un premier accès d'effroi, c'est bien mal, ce que vous venez de faire ; jamais notre salle à manger ne sera assez vaste pour contenir mistress Goldmore.

— Calmez-vous, mistress Gray, cette noble dame est à Paris, et c'est seulement le seigneur Crésus qui doit venir ici. Du reste, après le dîner, nous filons au spectacle. Goldmore a déclaré au club qu'il tenait Shaskpeare pour l'un des plus grands poëtes dramatiques, et qu'il était l'un des admirateurs les plus passionnés de son talent. Je lui ai su bon gré de ces paroles, et, dans mon enthousiasme, je l'ai invité à venir festoyer avec nous.

— Mais, bon Dieu ! que voulez-vous lui faire manger ? Il a deux cuisiniers français ; vous savez les merveilles que nous en a dites mistress Goldmore; sans compter que pour lui il dîne tous les jours avec les aldermen.

> — Ma bonne ménagère, un gigot de mouton ;
> Tiens le prêt, je te prie, à trois heures, bien tendre,
> Fumant, baigné de jus. Est-il rien de si bon ?
> Pour trois heures! tu sais, ne nous fais pas attendre.

reprit Gray en citant son poëte favori.

— Mais vous savez bien que notre cuisinière est malade, et je ne connais pas de plus affreux pâtissier que ce Pattypan!...

— Silence, femme, répondit Gray avec une inflexion tragi-comique, je fais mon affaire de l'ordonnance du repas ; tout ce que je vous demande, c'est d'exécuter ponctuellement mes prescriptions ; invitez notre ami Snob ici présent à manger sa part du gala. A moi le soin de faire arriver l'abondance sur notre table.

— Prenez garde à la dépense, Raymond, fit observer sa femme.

— Silence! silence! pusillanime moitié d'un avocat sans cause. Le dîner de Goldmore sera en rapport avec nos faibles ressources ; seulement, je vous le répète, exécutez mes ordres de tous points. »

A l'expression particulière qui se trahit sur la figure de mon gaillard, je me doutais qu'il y avait quelque anguille sous roche, et j'attendis le lendemain avec la plus vive impatience.

CHAPITRE XXXIV.

Suite du même sujet.

Or donc, à l'heure dite.... Mais à ce propos, je ne suis pas fâché d'exhaler ici mon indignation et mon courroux contre ces maudits Snobs qui n'arrivent pour dîner qu'à neuf heures, lorsque vous les avez priés pour huit, et cela sous prétexte de produire plus d'effet dans l'assistance. Puisse l'horreur des honnêtes gens, les mauvais propos du reste de la compagnie et les malédictions du cuisinier retomber à jamais sur ces grands coupables, et venger la société du sans-gêne avec lequel ils la traitent!

Or donc, au coup de cinq heures, ainsi que l'avaient bien recommandé M. et mistress Raymond Gray, un jeune homme d'une mise élégante, tenue de ville irréprochable, favoris peignés avec un soin poussé jusqu'à la recherche, s'avançait d'un pas allègre qui dénotait un certain empressement. La faim y était bien, du reste, pour quelque chose, et je ne crains pas de le dire ici, quand il faut dîner, à quelque heure que ce soit, la susdite personne se trouve toujours dans la même disposition. Une chevelure abondante et dorée se tordait en boucles derrière son cou ; en guise de couronne, il portait un chapeau de soie noire, tout neuf, et se dirigeait, à travers Bittlestone-Street et Bittlestone-Square, du côté de Grays'-Inn. Cet homme, ainsi que l'ont déjà deviné tous nos lecteurs, était M. Snob ; car ce n'est pas lui qui se fait attendre lorsqu'il est invité à dîner. Mais procédons avec ordre à notre récit.

Bien que M. Snob puisse se flatter d'avoir produit une certaine sensation dans le quartier de Bittlestone avec son air majestueux et sa canne à pommeau d'or (je puis le dire sans fatuité, plus d'un joli minois chez miss Squilsby, la modiste, se mit aux carreaux pour me donner un coup d'œil ; cette dame a, en effet, sa plaque de cuivre tout juste en face de Raymond Gray, et pour enseigne trois chapeaux à fleurs de papier d'argent et deux gravures de modes françaises, toutes noircies par les mouches), l'impression produite par son arrivée ne fut rien en comparaison de celle qui mit en émoi toute cette petite rue lorsque, environ à cinq heures cinq minutes, le carrosse de M. Goldmore, avec son cocher en perruque blanche, ses valets en culottes jaunes et ses chevaux noirs, tout resplendissants sous leurs harnais d'argent, s'élança dans cette rue avec la rapidité de la tempête. Le passage est très-étroit; les maisons sont très-basses; les portes sont ornées, pour la plupart, d'une plaque de cuivre comme celle de miss Squilsby; des marchands de charbon, des architectes, des chirurgiens, des hommes d'affaires, plusieurs commissionnaires en marchandises, occupent ces espèces de petites constructions à double étage avec des décorations en stuc. La voiture de Goldmore dépassait la hauteur des toits; du premier étage, on aurait pu donner une poignée de main à notre Crésus nonchalamment étendu au fond de sa voiture; toutes les fenêtres se garnirent en moins d'un clin d'œil d'enfants et de femmes. Ici, c'était mistress Hammerly, toute chargée encore de ses papillotes; là-bas, mistress Saxby avec son devant de cheveux de travers; plus loin, M. Wriggles regardant à travers ses rideaux de mousseline, sans quitter pour cela son verre de grog. On eût dit, enfin, une révolution dans la rue de Bittlestone, quand la voiture de Goldmore vint s'arrêter devant la porte de M. Raymond Gray.

« Que c'est bien à lui de venir nous voir avec ses deux laquais! » fit mistress Gray, en allant regarder la voiture.

Un de ces deux géants d'antichambre descendit de son perchoir et ébranla la porte d'un coup de marteau qui faillit faire crouler la maison. Tout le monde était aux fenêtres, le soleil brillait à l'horizon, et le joueur d'orgue lui-même fit une pause d'admiration.

Les laquais, le cocher, la figure rouge et le gilet blanc de Goldmore, resplendissaient du plus vif éclat, tandis que la culotte de peluche abaissait le marchepied de la voiture. Raymond Gray, en manche de chemises, accourait ouvrir sa porte.

« Eh! bonjour Goldmore, mon ami, fit-il en approchant de la voiture. Voilà ce qui s'appelle être exact. Vite, ouvrez la portière à votre maître, John! que je lui donne une poignée de main. »

Et John obéit machinalement, avec une expression de surprise et de dédain, à laquelle je ne vois à comparer que l'air de stupéfaction et d'hébétement répandu sur la face rubiconde de son maître.

« A quelle heure monsieur veut-il sa voiture? demanda le laquais avec cet accent inimitable qui n'appartient qu'aux laquais, et dont la musique fait à elle seule la plus grande joie de mon existence.

— Pourvu qu'elle vienne nous chercher ce soir au théâtre, c'est tout ce qu'il faut, s'écria Gray ; il n'y a qu'un pas d'ici au spectacle, nous pouvons y aller à pied. J'ai eu soin de me procurer des billets. Que la voiture soit là sur les onze heures.

— Soit, à onze heures, » s'écria Goldmore tout abasourdi.

Et il s'élança dans la maison d'un pas chancelant comme s'il eût marché au supplice. N'était-ce pas au supplice qu'il allait en effet, avec ce scélérat de Gray pour bourreau? La voiture repartit comme elle était venue, accompagnée des regards de tous ces gens qui s'étaient mis aux portes et aux fenêtres. On se souvient encore, dans Bittlestone-Street, de son apparition comme d'une merveille.

« Entrez et causez, je vous prie, avec notre ami Snob, dit Gray en introduisant son hôte dans un petit boudoir. Je vous appellerai aussitôt que les côtelettes seront prêtes.

— Bonté divine! me dit Goldmore d'un air de confidence, comment a-t-il pu songer à nous inviter? Je ne me serais jamais fait l'idée d'un pareil état de gêne.

— À table, à table! » nous cria Gray en nous interrompant, et en même temps nous arriva par la porte entr'ouverte de la salle à manger un parfum de cuisine, accompagné du frissonnement de la viande qui chante sur le feu.

Nous trouvâmes dans cette pièce mistress Gray sous les armes ; elle avait toute la tournure d'une princesse à laquelle un hasard singulier aurait mis à la main un plat de pommes de terre. Elle le déposa sur la table, tandis que son mari retournait les côtelettes qui se doraient devant le feu.

« Fanny s'est chargé du pouding, nous dit-il ; moi, je me suis réservé les côtelettes. En voici une fameuse et de premier choix. Goûtez cela, Goldmore. » Et, en même temps, il déposa sur l'assiette de son invité une côtelette toute frissonnante dans son jus. Il n'y a point d'expression assez forte, de point d'exclamation assez grand, pour dépeindre l'étonnement du nabab.

La nappe comptait de vieux services, elle était rapiécée en plusieurs endroits. Une tasse à café faisait l'office de moutardier. Il y avait une fourchette d'argent pour Goldmore; toutes les autres étaient en fer.

« Je ne suis point né avec une cuiller d'argent à la bouche, nous dit Gray sans se déconcerter. Nous n'avons qu'une fourchette d'argent; elle est d'ordinaire pour ma femme.

— Raymond! fit mistress Gray d'un air suppliant.

— Elle était habituée à avoir des coussins sous ses coudes, savez-vous? Enfin un de ces jours j'espère lui donner un service de table. On vante beaucoup le melchior. Ah! çà, ce marchand de bière n'arrivera donc pas aujourd'hui! » Puis quittant le coin du feu : « Je redeviens maintenant un monsieur, » nous dit-il; et en même temps il passa son habit, et vint s'asseoir à côté de nous, avec les quatre nouvelles côtelettes de mouton qu'il avait retirées du gril. « Nous ne mangeons pas de viande tous les jours ici, monsieur Goldmore, reprit-il, et c'est pour moi un festin de Balthazar qu'un dîner comme celui-ci. Vous ne vous doutez guère, messieurs du grand monde, habitués à trouver chez vous tout à gogo, des privations qu'ont à supporter de malheureux avocats sans cause.

— Bonté divine! soupira le Goldmore.

— Nous sommes donc condamnés à la pépie, avec ce marchand de bière? Fanny, allez, je vous prie, nous chercher de la bière à côté. Voici douze sous. »

Quelle ne fut pas notre surprise de voir Fanny se lever aussitôt et se disposer à sortir!

« Bonté divine! permettez..., s'écria Goldmore.

— Voulez-vous bien rester à votre place, mon bon! elle sait son affaire, vous ne sauriez pas vous faire servir aussi bien qu'elle. Laissez-la aller seule. Je ne vous en remercie pas moins. »

Raymond débitait tout cela avec un aplomb étourdissant. Mistress Gray quitta la chambre, et ne tarda pas à rentrer avec un plateau sur lequel se trouvait un vase rempli de bière. La petite Polly, à qui, lors de son baptême, j'avais eu l'honneur d'offrir la timbale d'argent obligée, venait derrière, portant deux pipes et du tabac. Sa petite mine joufflue avait une indicible expresssion d'espièglerie et de bonne humeur.

« Avez-vous recommandé le genièvre à Tapling, ma chère Fanny? » demanda Gray; puis, après avoir fait signe à Polly de placer les pipes sur la cheminée, ce qui n'était pas sans difficulté, vu la taille de cette petite personne, il continua : « Le dernier qu'il nous a fourni était de la térébenthine pure, et toute votre habileté n'a pas réussi à le rendre passable. Qui aurait pu penser, mon cher Goldmore, que ma femme, une Harley-Baker, ferait un jour du punch au genièvre? Je crois que ma belle-mère se tuerait si elle l'apprenait jamais.

— Pourquoi plaisanter toujours aux dépens de ma mère? fit mistress Gray.

— C'est bon! c'est bon! elle n'en mourra pas, et je n'en ai pas, du reste, la moindre envie; voilà qui est entendu, vous ne faites pas de punch au genièvre et vous l'aimez encore moins. Dites-moi, Goldmore, lequel préférez-vous, boire la bière dans votre verre ou dans le pot d'étain?

— Bonté divine! » s'écria de nouveau le seigneur Crésus, tandis que la petite Polly, soutenant le vase avec ses deux petites mains, le présentait en souriant au directeur, de plus en plus ébahi.

Bref, le dîner s'acheva comme il avait commencé. Gray initia son infortuné convive aux détails les plus bizarres et les plus douloureux de ses luttes avec la misère et le besoin. Il lui raconta comme quoi il nettoyait lui-même les couteaux pendant son premier mois de mariage; comme quoi il promenait ses marmots dans une voiture à bras; comme quoi sa femme retournait elle-même les crêpes et faisait la plus grande partie de ses robes. A la fin du repas, il dit à Tibbits, son secrétaire, qui était allé chercher au cabaret la bière que mistress Fanny nous avait apportée de la pièce voisine, de monter une bouteille de porto ; puis il fit à Goldmore un récit merveilleux de la manière dont cette bouteille était tombée entre ses mains, récit bien digne de tous ceux qu'il lui avait précédemment narrés.

Le repas une fois terminé, tandis que nous attendions le moment de partir pour le spectacle et alors que mistress Gray s'étant retirée, nous étions, dans le calme et le recueillement, occupés à savourer un dernier verre de porto, Gray rompit le silence, et, frappant sur l'épaule de Goldmore :

« Voyons, Goldmore, dites-moi une chose.
— Et laquelle ? fit le Crésus.
— N'avez-vous pas fait un bon dîner ? »

Goldmore bondit sur sa chaise comme si une soudaine vérité eût éclaté à ses yeux ; il avait fait un bon dîner et ne s'en était point encore aperçu. Les trois côtelettes de mouton qu'il avait absorbées étaient parfaites ; les pommes de terre n'étaient pas moins bonnes ; quant au pouding, jamais il n'en avait mangé de pareil ; le porter était écumeux et frais ; le porto eût agréablement flatté le palais d'un évêque. J'ai des raisons pour parler de la sorte : il en reste encore quelques bouteilles dans la cave de Gray.

« Mais fort bon, répondit Goldmore après les quelques minutes qu'il mit à réfléchir sur l'importante question que Gray lui avait faite ; fort bon, sur ma parole. Certainement, sans flatterie, j'ai fait un excellent dîner.... excellent, parole d'honneur ! Et si vous le permettez, Gray, mon ami, c'est le moment de boire à votre santé et à celle de votre charmante femme. J'espère que, quand mistress Goldmore sera de retour, je vous verrai plus souvent à Portland-Place. »

Sur ces entrefaites, l'heure du spectacle étant arrivée, nous prîmes nos chapeaux et nous partîmes.

Le résultat de tout ceci, que je garantis pour vrai depuis le premier mot jusqu'au dernier, c'est que Goldmore, après ce banquet si cordialement offert, éprouva un sentiment de compassion mêlée d'estime pour son aimable amphitryon, qui, hélas! avait souvent le ventre creux et la bourse vide. En sa qualité de directeur de la nouvelle société d'assurances pour la vie contre la bile, il fit nommer Gray conseil judiciaire, avec un traitement annuel fort satisfaisant; et dernièrement, à l'occasion d'un appel porté de la cour de Bombay devant le conseil privé, lord Brougham félicita M. Gray de sa profonde connaissance de la langue sanscrite.

Qu'il sache ou non le sanscrit, je ne puis le dire ; mais ce qu'il y a de certain, c'est que Goldmore lui a valu cette bonne aubaine, ce qui m'a inspiré une secrète affection pour ce grandiose et solennel personnage.

CHAPITRE XXXV.

De ceux qui deviennent Snobs au lieu de devenir maris.

« Nous vous sommes, en vérité, fort obligés, nous autres célibataires des clubs, me dit un jour un de mes anciens camarades de collége, Essex Temple. Vous avez une belle opinion sur notre compte! A vous entendre, nous ne sérions que des égoïstes. Vous nous traitez de gros Silènes à la face bourgeonnée, et mille autres gentillesses du même genre. Vous nous envoyez à tous les diables sans y mettre la moindre forme; vous nous condamnez à dessécher dans le délaissement, et vous ne voulez reconnaître en nous aucune aptitude à suivre ce qui est bon et honnête, à mener une vie décente et chrétienne. Qui êtes-vous donc vous-même, monsieur Snob, pour nous juger de la sorte? Qui êtes-vous donc, avec ce sourire d'une bienveillance diabolique qui déguise une raillerie impitoyable pour toute notre génération? Mon Dieu, je vais vous raconter mon histoire, continua Essex Temple, la mienne et celle de ma sœur Polly. Vous pourrez en faire ensuite tel usage qu'il vous plaira, et plaisanter à votre aise les vieilles filles ou bafouer les vieux garçons.

« Je vous dirai donc de vous à moi qu'il y avait promesse de mariage entre ma sœur Polly et l'avocat Shirker, garçon qui, à la vérité, avait des qualités incontestables, mais dans lequel je n'ai jamais trouvé qu'un esprit étroit, égoïste et infatué de lui-même. Les femmes n'ont point d'yeux pour les défauts des hommes que l'amour pousse sur leur passage. Shirker, qui avait le cœur aussi tendre qu'un caillou, fit la cour à Polly pendant plusieurs années. C'était un assez joli parti pour un avocat sans cause, ainsi qu'il était alors.

« S'il vous est jamais arrivé de lire la vie de lord Eldon, vous devez vous rappeler un certain avare qui raconte comment il va acheter lui-même pour deux pence de goujons, que lui et mistress Scott font frire ensuite pour leur dîner. Toute sa joie est dans la médiocrité de son existence, et il se complaît à vivre dans la gêne et l'indigence, tandis qu'il accumule un revenu annuel de dix mille livres sterling. Or donc, Shirker ne faisait pas moins de bruit de son esprit d'économie. Il se frottait les mains de la chicherie avec laquelle il vivait, et prétendait ne point se marier sans avoir, au préalable, arrondi son patrimoine. Quoi de plus honorable? Polly, remise d'année en année, commença à perdre courage. Quant à lui, il n'éprouvait aucun malaise dans la région du cœur, sa passion n'empiétait point sur ses six heures de sommeil quotidien et ne le détournait pas un moment de ses visées ambitieuses. Il eût éprouvé plus de plaisir à cajoler un avocat général qu'à embrasser Polly, bien qu'elle fût cependant une ravissante créature. La malheureuse se flétrissait dans sa chambrette solitaire, passant de longues heures à relire une demi-douzaine de lettres bien glaciales que ce petit monsieur, que Dieu confonde, lui avait fait l'honneur de lui écrire. Quant à lui, au fond de son cabinet il n'avait d'autres affaires en tête que ses paperasses et ses dossiers, et on le trouvait toujours roide et pincé, satisfait de sa personne, la tête toute remplie de sa chicane. Le mariage traîna ainsi pendant plusieurs années, jusqu'au moment où le petit avocat devint le fameux jurisconsulte que vous savez.

« Pendant ce temps, mon frère cadet Pump Temple, du 120ᵉ de hussards, qui jouissait d'une petite fortune égale à celle qui nous était échue en partage, à moi et à Polly, s'éprit un jour d'une belle passion pour notre cousine Fanny Figtree, et, bref, les voilà mariés; ce fut l'affaire d'un tour de main. J'aurais voulu que vous fussiez à la cérémonie. Il y avait six demoiselles d'honneur en rose pour porter l'éventail, les gants, le bouquet, le flacon d'essence et le mouchoir de la mariée. Il y avait une pleine corbeille de faveurs blanches, pour en orner et laquais et chevaux. La foule curieuse et élégante de nos amis et connaissances remplissait tous les bancs de l'église. Les pauvres, avec leurs habits râpés, faisaient la haie sur les marches du portail. La rue était encombrée des voitures des invités, empressés de répondre à l'appel de la tante Figtree. Inutile de dire que la voiture de la mariée était attelée de quatre chevaux.

« Puis après ce fut le déjeuner, avec de la musique militaire dans la rue et une armée de policemen pour maintenir l'ordre. L'heureux fiancé dépensa plus d'une année de son revenu en robes et autres menus présents pour les demoiselles d'honneur. Dans le trousseau de la mariée, ce n'était que dentelles, robes de soie, bijoux et mille babioles dont ne pouvait convenablement se passer la femme d'un lieutenant. Pump Temple ne regarda pas un moment à la dépense; il jetait à pleines mains son argent par les fenêtres. Mistress Pump Temple, sur un joli petit alezan que lui donna son mari, était la plus gracieuse et la plus piquante de toutes les femmes d'officiers de Brighton et de Dublin. La vieille Figtree nous rabâchait, à Polly et à moi, les mêmes histoires sur les grandeurs de Pump et la noble société qu'il fréquentait. Polly vit chez les Figtree, car je ne suis pas assez riche pour la loger avec moi.

« Pump et moi, nous ne nous sommes jamais fort bien entendus. Comme j'étais assez peu au courant de tout son brocantage de chevaux, il n'éprouvait à mon endroit que le plus suprême dédain. Je n'oserais pas affirmer que du vivant de notre mère, lorsque la pauvre femme s'épuisait à lui payer ses dettes et à lui faire mille gâteries, il n'existât pas entre nous un petit grain de jalousie. Mais Polly était toujours là pour ramener la paix dans le ménage.

« Elle allait à Dublin faire visite à Pump, et en rapportait des récits longs d'une aune sur ce qu'il faisait et ne faisait pas : c'était le boute-en-train de la ville, l'aide de camp du lord-lieutenant. Fanny était l'objet de l'admiration universelle. La femme du lord-lieutenant avait daigné être marraine de son second garçon. L'aîné avait une kyrielle de noms aristocratiques, ce qui faisait que sa grand'mère en raffolait. Enfin, Fanny et Pump, par une attention délicate, vinrent à Londres pour la naissance du troisième.

« Polly fut la marraine de ce dernier. Existe-t-il, en effet, deux êtres qui se chérissent plus tendrement que Polly et Pump ? « Essex, me dit-elle un jour, il est si bon, si généreux, « si dévoué pour sa famille ! avec cela il est joli garçon ; le « moyen de ne pas l'aimer ? qui ne fermerait les yeux sur ses « peccadilles ? » Une fois, en ce temps-là, mistress Pump gardait encore sa chambre, et la voiture du docteur Fingerfee s'arrêtait encore chaque jour devant sa porte ; une affaire m'ayant conduit dans Guild-Hall, je rencontrai, devinez qui ? Pump et Polly. La pauvre fille avait l'air plus souriant, la figure plus animée que je ne la lui avais vue dans le cours de ces douze dernières années. Pump, au contraire, rougissait un peu et paraissait gêné.

« Je ne pris point le change sur l'air tout à la fois triomphant et inquiet empreint sur sa figure : le doute n'était pas possible ; elle venait d'accomplir quelque sacrifice. Je me rendis sur-le-champ chez l'agent de la famille, où j'appris qu'elle avait vendu, le matin même, un capital de deux mille livres sterling au profit de maître Pump. Faire un esclandre était inutile ; l'argent était déjà entre les mains de Pump, et il courait sur la route de Dublin pendant le temps qu'il me fallut pour me rendre chez notre mère, où je trouvai Polly toute radieuse. On me raconta que Pump était en passe de faire fortune, qu'il était allé placer cet argent dans la Société générale pour l'exploitation des fondrières d'Allen, ou quelque autre entreprise de ce genre. Le fait est qu'il était allé payer les paris qu'il avait perdus au dernier steeple-chase de Manchester. Je vous laisse à penser si la pauvre Polly a jamais rien revu de son argent, capital ou intérêts.

« C'était la moitié de sa fortune, et il trouva encore depuis le moyen de lui soutirer mille autres livres. Ce fut dès lors une lutte héroïque pour conjurer la ruine et prévenir le scandale. Que de combats, que de sacrifices pour... » Il y eut ici un moment d'hésitation de la part de M. Essex Temple; puis il continua : « Il n'est pas besoin de vous fatiguer de ces détails; mais, comme il arrive d'ordinaire, tout fut inutile, comme tous les sacrifices en pareil cas. Pump et sa femme sont maintenant à l'étranger. Je n'ai pas même voulu demander en quel pays. Polly a les trois enfants sur les bras, et M. Shirker a officiellement dégagé sa parole par écrit. Quant à cette rupture, mistress Temple devait la prévoir le jour où elle aliéna la plus grande partie de sa fortune.

« Voilà les brillants résultats de vos belles théories sur le mariage, fit Essex avec un profond soupir, comme conclusion à son histoire. Et qui vous dit maintenant que je n'ai pas envie de me marier moi-même ? Et que trouvez-vous de risible aux infortunes de ma sœur ? Ne sommes-nous pas les victimes de ces absurdes utopies sur le mariage, dont vous, monsieur Snob, si je ne me trompe, vous faites un des plus ardents prédicateurs ? »

Il s'imaginait avoir trouvé là un puissant argument contre moi, ce dont, chose étrange, je ne suis pas encore bien convaincu.

Eh quoi! sans leur amour incarné pour le Snobisme, tous ces gens-là ne seraient-ils pas les plus heureux du monde ? Si le bonheur, pour la tendre Polly, était de serrer dans ses bras un être aussi dépourvu de cœur que l'homme indigne qui l'a trompée, elle pourrait être heureuse maintenant, comme le pauvre fou de la ballade avec sa statue de pierre ; mais ce qui a fait son malheur, c'est que M. Shirker, dominé par l'ambition et l'amour de l'argent, n'est qu'un Snob et un lâche.

Si cet infortuné Pump Temple et sa linotte de femme se sont ruinés et ont entraîné les autres dans leur perte, c'est qu'ils aimaient trop le luxe des chevaux, l'argenterie, les voitures, les réceptions à la cour, la toilette, c'est qu'ils sacrifiaient tout le reste à ces chimères.

Eh! qui donc les a ainsi égarés? S'il y avait plus de simplicité dans le monde, ces têtes légères ne tourneraient pas à tous les vents de la mode. Mais le monde n'aime que les réceptions à la cour, la toilette, l'argenterie et les voitures! C'est à en devenir fou, Dieu me pardonne! Lisez un peu la gazette des modes de cour, les romans aristocratiques; appliquez vos observations sur ces êtres humains qui s'agitent entre Pimlico et Red-Lion-Square, et vous verrez que le Snob pauvre n'est occupé qu'à contrefaire le Snob riche; que le Snob courtisan s'aplatit devant le Snob vaniteux; que le Snob des hautes régions se donne de grands airs vis-à-vis de son confrère d'un échelon inférieur. L'idée d'égalité a-t-elle jamais pu entrer dans la tête de ce Plutus? y entrera-t-elle jamais? La duchesse de Fitz-Battleaxe (ce nom me plaît), sera-t-elle jamais disposée à croire que lady Crésus, qui demeure porte à porte avec elle dans Belgrave-Square, n'est pas plus déplacée que Sa Grâce dans le monde? Lady Crésus cessera-t-elle de soupirer après une invitation aux bals de la duchesse et de prendre un air protecteur à l'égard de mistress Broadcloth, dont le mari vient d'acheter tout récemment son titre de baronnet? Mistress Broadcloth daignera-t-elle enfin donner la main à mistress Seedy, au lieu d'aller faire part à tout le quartier de ses malicieuses supputations sur les revenus de cette dernière? Mistress Seedy, qui meurt de faim dans son immense hôtel, voudra-t-elle en prendre un autre plus petit, où même louer un appartement en ville? Et son hôtesse miss Letsam aura-t-elle bientôt fini de se plaindre de la familiarité des fournisseurs, et de récriminer sur l'impertinence de Suky, la femme de chambre, qui porte des fleurs à son chapeau ni plus ni moins qu'une lady?

Un de nos vœux.... mais à quoi bon appeler de nos espérances de pareils changements ? ce serait vouloir la mort de tous les Snobs. Nous n'avons pas, d'ailleurs, la prétention de résoudre ce problème social au courant de la plume ; et toi qui parles si bien, mon cher Snob, ne serais-tu pas tout le premier réduit au suicide ?

CHAPITRE XXXVI.

Les Snobs au club.

En vue d'être particulièrement agréable aux dames, dont je fais profession d'être le très-humble et très-obéissant serviteur, nous allons, si vous voulez bien, dire quelques petites méchancetés sur une certaine classe de Snobs, à l'égard de laquelle le beau sexe me paraît nourrir un ressentiment profond ; je veux parler des Snobs de club. Je n'ai jamais, pour ainsi dire, entendu les femmes de l'humeur la plus pacifique et la plus accommodante citer sans un petit grain de mauvaise humeur ces lieux de réunion, ces palais qui étalent leur splendeur le long de Saint-James, et qui ne s'ouvrent que pour les hommes, tandis que les pauvres femmes sont reléguées dans ces affreuses cages en briques percées de trois ouvertures et situées dans Belgravia ou Paddingtonia, ou encore dans l'espace compris entre Edgeware et Gray's-Inn.

Du temps de mon grand-père, c'était la franc-maçonnerie qui soulevait les colères du beau sexe. Un jour, ma grand'tante, dont notre famille possède encore le portrait en pied, se blottit dans la caisse de l'horloge, placée au centre du temple des Rose-Croix royaux de Bungay, afin d'espionner les pratiques mystérieuses des membres de la société à laquelle était affilié son mari. Mais, effrayée par les grincements du rouage et la sonnerie du timbre au coup de onze heures (c'était tout juste le moment où le député grand maître apportait le gril mystique pour y placer le récipiendaire), elle s'élança au beau milieu de la loge, qui, de désespoir de voir ainsi ses secrets profanés, la nomma sur place députée grand'maîtresse à vie. Bien que cette respectable parente, qui dans un corps de femme avait un courage d'homme, ne nous ait jamais soufflé mot sur ces rites ténébreux, elle inspira cependant à toute la famille un tel effroi des mystères de Jakin et de Booz, qu'aucun de nous ne voulut se faire recevoir ou porter les redoutables insignes de la maçonnerie.

On raconte qu'Orphée fut mis en morceaux par quelques ladies de la Thrace qui lui en voulaient de s'être fait recevoir dans la loge des amis de l'Harmonie. « Envoyons-le, dirent-elles, retrouver son Eurydice, qu'il fait mine de tant regretter. » Mais nous recommandons à nos lecteurs, pour cette histoire, le précieux dictionnaire du docteur Lemprière, où elle est racontée d'une manière beaucoup plus saisissante que ne le saurait faire cette plume mal exercée. Revenons donc, sans plus de paroles, à nos moutons, c'est-à-dire aux Snobs de club.

A mon sens, le club devrait être absolument interdit aux célibataires. Si notre ami des Jupons courts n'avait point eu ses habitudes au club des canotiers, — j'appartiens non-seulement à ce club, mais encore à neuf autres institutions du même genre, — il est plus que probable qu'il ne serait plus garçon à l'heure qu'il est. Au lieu de permettre aux garçons d'aller goûter au club toutes les aises, toutes les douceurs du luxe le plus ingénieux, on devrait s'appliquer à leur faire une existence des plus malheureuses, et proposer une prime d'encouragement à l'inventeur qui trouverait moyen de faire de leurs moments de loisir les plus insupportables de leur vie. Quant à moi, rien ne m'est plus répugnant que le petit Smith, qui ne sait mieux employer sa florissante jeunesse qu'à engloutir à lui seul des dîners à trois services; ou bien encore que Jones, qui, dans sa verte maturité, étendu comme un veau sur un fauteuil élastique, est absorbé par la lecture du dernier roman en vogue où d'une revue pétillante d'esprit. Que dire encore du vieux Brown, égoïste maudit, qui dédaigne la littérature pour elle-même, mais qui, campé sur le meilleur sofa, assis sur la seconde édition du *Times*, ayant le *Morning-Chronicle* entre les genoux, le *Morning-Herald* caché entre le gilet et la redingote, le *Standard* sous le bras gauche, le *Globe* sous l'autre coude, et le *Daily-News* sous le nez, a le front de dire à M. Wiggins : « Après vous le *Punch*, s'il vous plaît? » Te tairas-tu, affamé insatiable, qui ne crains point d'interrompre notre ami au moment où il rit du meilleur de son cœur des excellentes plaisanteries du susdit journal?

Voilà des êtres personnels dont il s'agit d'extirper l'engeance. Savez-vous, jeune Smith, où vous devriez être, au lieu de fêter ainsi ce dîner et ces flacons? Votre place est, à l'heure qu'il est, aux côtés de miss Higgs, autour de la table où l'on prend le thé, au milieu d'une honnête et joyeuse réunion, avalant votre eau chaude à petites gorgées, et grignotant l'inoffensive brioche. Pendant ce temps, la maman Higgs contemplerait avec plaisir les innocentes agaceries du jeune couple, et notre amie miss Wirt, la gouvernante, exécuterait à tour de bras la dernière sonate de Talberg sans que personne y prêtât la moindre attention.

Et vous, maître Jones, espèce de ci-devant jeune homme, savez-vous ce que vous devriez être à cette époque de votre vie? Vous devriez être père de famille, et à cette heure, — la pendule marque neuf heures du soir, — la bonne devrait venir chercher les enfants pour les coucher. Alors vous vous trouveriez en tête-à-tête avec mistress Jones aux deux coins de la cheminée, séparés par la table et une bouteille de porto un peu moins pleine qu'une heure auparavant. Mistress Jones en aurait bu deux verres; mistress Grumble (la belle-mère de Jones) en aurait pris trois, et vous, vous auriez fait votre affaire du reste, après quoi, un léger assoupissement vous aurait doucement conduit jusqu'à l'heure du coucher.

Quant à Brown, ce vieux mauvais sujet, ce grand avaleur de journaux, comment se trouve-t-il au club à une heure où le monde honnête est encore réuni ? Il devrait être à faire son whist avec mistress Mac Whirter, sa femme, et l'apothicaire de la famille. On lui apporterait sa bougie à dix heures, et il irait se mettre au lit tout juste au moment où la jeunesse commence la danse.

La manière de vivre que je propose à ces messieurs n'est-elle pas plus honnête, plus simple et plus louable que ces orgies nocturnes dont la monotonie compose toute la vie du club ?

Passe encore pour ceux qui ne fréquentent que la salle à manger et le salon de lecture ; mais songez, mesdames, à ceux qui font leur domicile habituel des autres pièces de cet abominable repaire, contre lequel je suis décidé à faire feu de toutes mes batteries. Figurez-vous le vieux Cannon, ce pécheur incorrigible, qui, à son âge et avec sa taille, reste là, en manches de chemise, à pousser l'ivoire toute la nuit et à faire assaut de paris contre cet affreux capitaine Spot. Représentez-vous, dans une pièce à demi éclairée, l'infortuné Pam, assis à une table de jeu, en compagnie de Bob Trumper, de Jack Deuceace et de Charles Vole ; pauvre pigeon égaré ! chaque fiche qu'il perd lui coûte une guinée, et il en perd beaucoup. Mais que dire de ce réceptacle d'abominations établi, je n'en sais rien que par ouï dire, dans quelques clubs, et qu'on appelle *le fumoir ?* Non, jamais vous ne pourrez vous faire une idée de tous les mauvais sujets qui s'y réunissent, de la quantité de grogs américains et de sherry-cobblers qui s'y consomment ! Ceux qui mettent le pied dans ce lieu de damnation ne rentrent au logis qu'au chant du coq et à pas furtifs, pour se soustraire aux regards des honnêtes gens. Vieux hypocrites, ils ôtent leurs bottes, qui pourraient élever contre eux un bruit accusateur ; pendant ce temps, les enfants ronflent à tue-tête, et, au second, leur chaste épouse n'a pour toute société que la veilleuse qui jette déjà des lueurs plus faibles. Hélas ! bientôt la chambre conjugale va être infectée d'une odeur de pipe et de cigare. Je ne suis point de ceux qui prêchent la violence, je n'ai point l'humeur incendiaire; mais, chères dames, vous assassineriez les marchands de tabac, vous brûleriez les clubs qui remplissent Saint-James, qu'il est au moins un Snob de ma connaissance qui ne vous en estimerait pas moins.

Si l'on me consultait, la fréquentation des clubs ne serait permise qu'aux maris qui n'ont rien à faire. Leur continuelle présence au logis ne saurait être désirable, même pour la femme la plus éprise. Voici, par exemple, des petites filles que l'on met au piano. Or, le moins qu'une demoiselle appartenant à une bonne famille anglaise puisse donner à sa musique, c'est trois heures par jour. Ne serait-ce pas de la cruauté que de contraindre un infortuné père à rester assis pendant tout ce temps à écouter de fausses notes, à partager ces outrages à l'harmonie que le malheureux piano est obligé de subir? Un homme à l'oreille juste, soumis pendant plusieurs jours à une pareille torture, en deviendrait immanquablement fou.

Ou bien encore, si vous avez, chère dame, à aller chez le marchand de nouveautés ou chez la couturière, il est évident que votre mari sera beaucoup mieux au club, pendant ces graves occupations, qu'à côté de vous dans la voiture, ou bien juché sur un tabouret, à se pâmer d'admiration devant un châle ou une dentelle dont les dandys de comptoir s'évertuent à vous faire ressortir les beautés.

On devrait envoyer cette espèce de maris aller prendre l'air aussitôt après le déjeuner, et, s'ils ne sont pas membres du parlement, administrateurs d'un chemin de fer ou d'une compagnie d'assurances, le mieux serait de les déposer au club en leur recommandant de n'en pas bouger jusqu'à l'heure du dîner. Voilà qui est bon pour eux, et tout esprit qui, comme le mien, aime les choses à leur place, reconnaîtra que c'est bien là l'occupation qui convient à ces nobles intelligences. Toutes les fois qu'il m'arrive de traverser Saint-James, j'ai bien soin de profiter d'un privilége que je partage, du reste, avec tout le monde; c'est de passer en revue les fenêtres des différents clubs, et particulièrement celui des Libres-Penseurs. J'examine avec un respectueux recueillement les figures qui se dessinent aux carreaux, ces gros pères à la face rubiconde, ces dandys quelque peu ridés, tous ces hommes qui n'ont rien dans la tête, mais qui portent en revanche des ceintures pour la taille, des cheveux luisants de pommade et des cravates serrées. Assurément, pour les hommes de cette espèce, le club est le meilleur endroit où ils puissent passer la journée. Au moment de la séparation, songez, mesdames, au plaisir de se revoir, alors que, vos affaires de ménage terminées, vos emplettes achevées, vos visites faites, votre carlin promené au parc, votre toilette complétée par les soins de votre camériste française, ce qui ajoute encore, s'il est possible, à l'éclat de votre ravissante beauté, il ne vous reste plus qu'à faire de votre logis un séjour de délices pour celui qui en a été absent depuis le matin.

Le club est fait pour les hommes de cette pâte comme ils sont faits pour le club; aussi ne les rangerons-nous point au nombre des Snobs qu'on y rencontre, et nous remettons à notre prochain chapitre de courir sus à ces derniers.

CHAPITRE XXXVII.

Revue générale des Snobs de club.

La sensation profonde qu'a causée dans les clubs mon article sur les Snobs que l'on y rencontre a éveillé en moi, qui ai l'honneur d'en faire partie, un mouvement de vanité si naturelle, que je ne cherche pas même à la dissimuler.

J'appartiens à neuf clubs : le club de l'Armée et de la Marine, le club des Traîneurs de sabre, clubs militaires; le club des Satisfaits, le club des Incorruptibles, du Juste-Milieu, des Droits de l'homme, des Doctrinaires, qui sont tous des clubs politiques. Je fais encore partie de Regent's-Club et du club des Pantalons collants, clubs des gens à la mode. L'Acropole, le Palladium, l'Aréopage, le Pnyx, le Pentélique, l'Ilissus, le Poluphloisboio thalasses, clubs littéraires, ont encore l'avantage de me posséder, et, à ce propos, je n'ai encore pu découvrir où ces derniers clubs avaient été pêcher leur nom. Il n'en est pas de plus ignorant que moi en fait de grec, et je suis étonné du nombre de mes honorables confrères qui ont réussi à se familiariser avec cette langue.

Depuis que j'ai manifesté l'intention de publier une série des Snobs de club, j'ai pu remarquer que mon arrivée dans l'une ou l'autre de ces réunions y excite toujours un certain frémissement. Les groupes se dissipent à mon approche pour aller se reformer à l'écart, les sourcils se froncent, les têtes s'agitent par manière de menace, et votre très-humble serviteur devient le point de mire des regards les plus foudroyants.

« Voilà ce diabolique, cet impudent folliculaire ! qu'il ait seulement le malheur de me toucher du bout de sa plume, dit le colonel Bludyer, et je le hache aussi menu que chair à pâté.

— Je vous l'avais bien dit ! avec votre rage d'admettre les hommes de lettres dans le club, dit Ranville à son collègue Spooney de la chancellerie et du sceau de la reine ; ces gens-là sont très-bien à leur place, mais il faut les y laisser, et pour ma part mon caractère officiel m'engage à y regarder à deux fois avant de leur serrer la main ou de leur faire d'autres avances de ce genre. Mais, en vérité, c'est aller trop loin que de se laisser envahir par des gens de cette espèce. Venez-vous, Spooney? » Et mes deux faquins s'éloignent avec un air superbe.

Une autre fois, j'arrive dans le salon où se prend le café, au club des Incorruptibles. Le vieux Jawkins pérorait au milieu d'un cercle d'auditeurs qui l'écoutaient la bouche béante, comme c'est l'habitude ; il se redressait de toute sa hauteur, brandissait d'une main le *Standard*, et se carrant devant la cheminée :

« Que disais-je à Peel l'an passé ? déclamait-il d'un ton doctoral. Toucher aux lois des céréales, c'est toucher à la question des sucres ; toucher à la question des sucres, c'est toucher à celle du thé. Je ne suis pas prohibitioniste : je suis, au contraire, du parti libéral ; mais je vois le précipice ouvert à nos côtés. Soyons libre échangiste si vous voulez, mais à condition de réciprocité. Et savez-vous la réponse que me fit sir Robert Peel ? « Monsieur Jawkins, me disait-il....

Ici les yeux de l'orateur ayant rencontré par hasard la figure de votre très-humble valet, il s'arrêta tout court au beau milieu de sa période, de l'air d'un homme dont la conscience n'est pas nette, et laissa inachevée cette phrase usée et ridicule dont il nous avait rebattu les oreilles.

Jawkins appartient à cette espèce de Snobs de club encroûtés dans leur routine. Chaque jour il revient à la même place, et là, le *Standard* à la main, il s'assimile par une lecture attentive l'article de fond, qu'il va débiter ensuite avec un aplomb que rien ne déroute et une éloquence attique à son voisin de table, qui l'a déjà lu d'un bout à l'autre sans en passer un mot. Le matin, vous êtes sûr de le rencontrer dans les cabinets des banquiers et des agents de change de la Cité, posant pour l'homme d'importance.

« Hier, leur dit-il, j'ai eu une conversation avec Peel, et voici son plan de campagne.... J'ai eu précisément un entretien à ce sujet avec Graham ; et, d'honneur, il a fini par tomber tout à fait d'accord avec moi.... Je l'avais bien prévu, que c'était là le seul parti qui restât à prendre au gouvernement. »

Il est toujours au club à l'heure où arrive le journal du soir.

« Si vous voulez savoir l'opinion de la Cité, milord ; je vais vous la dire, fait-il d'un air empressé. En deux mots, voici comment Jones Loyd envisage l'affaire, je le tiens de la bouche même de Rothschild.... A Mark-Lane, la foule a reçu cette nouvelle de cette manière. »

En somme, c'est la gazette par excellence.

Il habite, comme de juste, à Belgravia, une élégante maison badigeonnée en brun clair. Tout ce qui tient à sa personne présente un ensemble de gravité, de tristesse et de bien-être. Ses dîners figurent au *Morning-Herald* dans la liste des galas de la semaine. Sa femme et ses filles se montrent une fois par an aux réceptions de la cour, où elles produisent le plus grand effet ; et, ce jour-là, Jawkins est visible au club, en uniforme de député-lieutenant.

Il a la manie de commencer tous ses discours par cette invariable formule : « Lorsque j'étais à la chambre, etc. » En somme, il a siégé au parlement, pour le bourg de Skittlebury, pendant trois semaines, et sa nomination fut annulée comme entachée de corruption ; depuis, il s'est présenté, à trois reprises différentes, aux électeurs de ce noble bourg, avec un insuccès toujours égal.

Il existe une autre espèce de Snobs politiques qui foisonnent assez dans les clubs ; ce sont des hommes qui, dédaigneux de la politique intérieure, se donnent pour très-forts sur les relations avec l'étranger. On ne trouve guère, j'imagine, qu'au club des particuliers de cette espèce ; c'est pour eux que nos journaux ont soin de s'assurer d'une correspondance qui leur coûte le prix énorme de dix mille livres sterling par an. On les voit toujours préoccupés et inquiets des projets de la Russie et des trahisons de Louis-Philippe. Ce sont eux qui s'attendent, tous les matins, à voir une flotte française dans la Tamise. Ils ne perdent pas de vue le moindre mouvement du président des États-Unis, et ils épluchent, grand bien leur fasse ! jusqu'au dernier mot de son message. Ils savent le nom de tous les chefs de faction en Portugal, et vous diront les motifs de la lutte. A les entendre, lord Aberdeen devrait être décrété d'accusation, et lord Palmerston envoyé au gibet. D'après eux, lord Palmerston est à la solde de la Russie : ils savent le nombre exact de roubles qu'on lui paye ; ils vous diront même la maison de la Cité qui les lui compte. C'est là un des sujets favoris de la conversation de cette espèce de Snobs.

Un jour, il m'arriva de recueillir les paroles suivantes, échangées entre un Snob de cette espèce (c'était, je crois, le capitaine Spitfire, auquel, soit dit en passant, les whigs avaient refusé un commandement de vaisseau) et M. Minns. Voici donc ce qu'il lui racontait après dîner :

« Savez-vous, Minns, pourquoi la princesse Scragamoffski n'était point à la fête de lady Palmerston? C'est qu'elle n'était pas en état de se faire voir. Et savez-vous pourquoi elle ne pouvait se montrer? — Non. — Eh bien, moi, je vais vous le dire, Minns. La princesse a le dos écorché au vif; ce n'est qu'une plaie du haut en bas, mon cher. Mardi dernier, à midi, trois tambours du régiment de Preobajinski sont arrivés à Ashburnham-House, et, à midi et demi, dans le salon jaune de l'ambassade russe, en présence de l'ambassadrice, de ses quatre demoiselles d'honneur, du pope et du secrétaire d'ambassade, il a été administré à Mme de Scragamoffski treize douzaines de coups de bâton. Oui, elle a reçu le knout, monsieur, le knout en pleine Angleterre, au beau milieu de Berkeley-Square, pour avoir dit que la grande-duchesse Olga avait les cheveux rouges. Croyez-vous qu'après cela, monsieur, lord Palmerston puisse conserver son portefeuille?

— Bonté divine! » exclama Minns.

Depuis lors, Minns ne quitte pas plus Spitfire que son ombre, et il le tient pour le plus profond politique et pour l'esprit le plus pénétrant des temps modernes.

CHAPITRE XXXVIII.

Les Snobs de club au jeu et sur le turf.

Il y aurait pour un grand écrivain un livre curieux à faire sous le titre de *Mystères des clubs* ou *Saint-James-Street mis à découvert*. Une plume d'imagination trouverait là de quoi s'exercer. Vous rappelez-vous le temps de notre enfance, lorsqu'après avoir dépensé à la foire tout l'argent qu'on nous avait donné, nous rôdions autour des baraques d'un air de soucieuse convoitise, nous représentant autant que possible en idée le spectacle qui se donnait à l'intérieur ?

L'homme est un drame. Assemblage merveilleux de Passions et de Mystères, de Bassesses et de Grandeurs, de Mensonges et de Vanités, etc., etc., etc. Chaque Cœur est une Baraque de la Foire aux Vanités. Mais, halte-là! en voilà assez avec ce style grandiose émaillé de majuscules. Ce serait à en mourir s'il fallait donner de la prose de cette étoffe pendant toute une page, quoique, à l'occasion, une page hérissée de majuscules soit d'un assez joli effet. Au club donc, si par malheur on ne rencontre pas une figure de connaissance, on a du moins pour ressource d'appliquer ses facultés observatrices aux types qu'on y rencontre, et de tenter de surprendre ce qui s'agite derrière ces toiles et ces rideaux de l'âme, si bien figurés par la redingote et le gilet. C'est un plaisir qu'on est toujours sûr d'avoir sous la main et qu'il fait bon prendre dans certains clubs, où, à ce qu'on m'a soutenu, il ne s'échange jamais une seule parole. Chacun, assis en silence dans la pièce où l'on prend le café, s'amuse, pour se distraire, à regarder le blanc des yeux de son voisin.

Toutefois, il ne faut pas trop se presser de juger les gens sur l'extérieur. Il se trouve à notre club un homme ni vieux ni jeune, de large et pesante encolure, vêtu comme un capitaliste, plutôt chauve qu'autrement, portant du vernis et un vitchoura à la promenade. Son air placide et calme, son exactitude à commander et à déguster de petits dîners de gourmet, me l'avaient fait prendre, pendant cinq ans de suite, pour sir John Pocklington, et j'avais pour lui toute la considération qui est due à un homme affligé de cinq cents livres à manger par jour. Mais, voyez ma méprise, j'ai découvert récemment que c'était tout simplement un commis d'une maison de commerce de la Cité, qu'il n'avait que deux cents livres sterling à dépenser par an, et qu'il répondait au nom de Jubber, tandis que John Pocklington n'est autre que ce petit homme aux dehors crasseux, au nez barbouillé de tabac, qui crie comme un beau diable que la bière ne vaut rien, et qui bataille le garçon sur le prix d'un hareng de trois sous. Il était assis à une table tout proche de Jubber, lorsque, l'autre jour, on me désigna Sa Seigneurie.

Attention! voici maintenant un mystère d'un autre genre. Avez-vous remarqué le vieux Fawney, se glissant comme un spectre d'une pièce à l'autre? Son regard est terne et vitreux, sa face est empreinte d'un éternel sourire. Il fait mille cajoleries à tous ceux qui lui tombent sous la main; il vous donne l'accolade, vous souhaite mille bénédictions, et paraît porter à votre prospérité le plus tendre et le plus incroyable intérêt. Vous le tenez, et avec raison, pour un charlatan et un coquin; il le sait, ce qui ne l'empêche pas de s'insinuer partout comme la couleuvre; sa flatterie se colle à tout : c'est comme la trace visqueuse que laisse après elle la limace. Vous voudriez connaître le secret des menées de cet homme; quel profit compte-t-il tirer de vous ou de moi? Sans pouvoir deviner ce qui se trame sous ce masque impassible et sournois, vous sentez une répulsion vague et instinctive qui vous dit que vous êtes en présence d'un cafard; mais, en somme, l'âme de Fawney vous échappe sous d'impénétrables ténèbres.

Par ma foi, mieux valent encore les jeunes cœurs : les rouages y sont plus à découvert; c'est comme si l'on vous jouait, pour ainsi dire, cartes sur table. Tenez, voici fort à propos MM. Spavin et Cockspur.

Entrons hardiment dans le premier club venu, nous sommes sûrs d'y rencontrer un échantillon au moins de chacun de ces deux types. Ces messieurs ne connaissent personne; ils s'annoncent par une odeur concentrée de cigare qu'ils répandent partout où ils vont; ils s'établissent mystérieusement à l'écart, pour causer de sport et d'autres matières aussi graves. C'est par le nom des chevaux vainqueurs aux courses qu'ils désignent les années de la courte période où ils furent l'ornement du grand monde.

De même que les hommes politiques parlent de l'année où s'accomplit telle réforme, de celle où les whigs quittèrent le ministère, et ainsi de suite, ces jeunes adeptes du sport vous parleront de l'année de *Tarnation*, de celle d'*Opodeldock*, ou bien encore de l'année où *Catawampus* fut placé second à la grande course de Chester. Le billard remplit leur matinée. A déjeuner, ils boivent du pale-ale, en ayant soin d'entremêler le tout d'un certain nombre de petits verres. Leur journal est *le Moniteur des Haras*, feuille palpitante d'intérêt et qui déploie surtout une haute érudition dans ses réponses à ses correspondants. Ils suivent scrupuleusement toutes les ventes du Tattersall, et on les voit errer au Parc les mains enfoncées dans les poches de leur paletot.

Lorsque je considère la physionomie générale de ces fanatiques du sport, je suis surtout frappé de leur divertissante gravité, de la concision de leurs phrases, de leur mine soucieuse et morose. Dans le fumoir de Regent's-club, tandis que Joë Millerson excite une hilarité générale par ses histoires de l'autre monde, vous pouvez être certain que MM. Spavin et Cockspur, réfugiés à l'autre extrémité de la pièce, échangent la conversation suivante ou quelque chose d'analogue :

« Je prends votre pari à vingt-cinq, murmure tout bas Spavin.

— Impossible à ce prix, » répond Cockspur en branlant la tête à la façon de Jupiter olympien.

Les malheureux ! le livre des engagements les poursuit comme un cauchemar. En voilà encore un que je déteste bien plus, je crois, que l'*Almanach de la Pairie*. Et encore ce dernier a du bon, car, s'il ne dit pas toujours la vérité, s'il fait descendre Muggins du géant Hogyn Mogyn, si la moitié de ses généalogies est un tissu de mensonges et l'autre de sottises, il y a toutefois des devises assez curieuses à lire, du moins en partie ; et ce livre étant, en quelque sorte, le laquais galonné de l'histoire, il peut avoir encore son utilité. Mais un livre de paris pour les courses, à quoi diable ça peut-il être bon ? Qu'on me métamorphose pour une semaine seulement en calife Omar, et je réponds de faire un feu de joie de toutes ces méprisables paperasses, depuis le carnet de milord, cet inébranlable pilier des écuries de Jacksnaffle, qui réussit à mettre dedans des coquins moins bien renseignés que lui, jusqu'au cahier graisseux et taché de sang du garçon boucher qui se risque à parier ses huit sous au cabaret voisin, et qui, s'il a de la chance, pourra bien gagner jusqu'à vingt-cinq schellings au bout du jour.

Lorsqu'ils sont sur le turf, Spavin et Cockspur ne connaissent plus ni père ni mère : pour gagner d'un point, ils trahiraient leurs meilleurs amis. Un de ces jours, nous apprendrons leur départ pour Botany-Bay. N'étant pas, quant à nous, des habitués du sport, cette nouvelle ne nous fendra pas le cœur. Regardez, voici M. Spavin qui fait sa toilette pour le départ ; il est devant la glace, se donnant un dernier coup de brosse pour ramener une mèche rebelle de chaque côté. Ce n'est que sur les pontons, ou parmi la jeunesse dorée du turf, que l'on peut voir une mine aussi abjecte, aussi malfaisante et aussi rembrunie.

Il existe parmi les jeunes gens qui fréquentent le club un Snob d'une espèce bien plus sociable que les précédents : je veux parler du Snob qui incendie le cœur des femmes. Au moment même où j'écris ces lignes, j'entends Wiggle qui se rajuste dans l'antichambre, et je saisis au vol les phrases suivantes qu'il échange avec Waggle, son inséparable :

Waggle : Sur mon honneur, Wiggle, je vous assure qu'elle vous a regardé.

Wiggle : Je crois, Waggle, qu'en effet.... c'est-à-dire j'ose croire qu'elle m'a regardé d'un œil assez bienveillant. Nous la verrons ce soir à la Comédie-Française.

Puis, après avoir bien bichonné leurs délicieuses petites personnes, nos inoffensifs séducteurs se dirigent vers la salle à manger.

CHAPITRE XXXIX.

Un Snob de club amoureux.

Les deux types que j'ai crayonnés au précédent chapitre, sous les gracieux pseudonymes de Wiggle et Waggle, peuplent encore les clubs dans une proportion satisfaisante. Wiggle et Waggle vivent dans l'oisiveté. Ils sont de la classe moyenne. L'un aime à se donner pour avocat, et l'autre occupe dans Piccadilly un appartement des plus coquets. Ce sont des élégants de la seconde catégorie. Ils ne peuvent atteindre à ce magnifique négligé de toilette, à ce merveilleux débraillé, lâchons le mot, qui est l'apanage des rejetons des plus illustres et des plus nobles familles; mais, à l'exemple près, leur existence est aussi déplorable que celle des roués du premier ordre, et leur personne aussi complétement inutile. Je ne prétends point m'armer des foudres de Jupiter pour les lancer à la tête de ces petits insectes qui voltigent dans Pall-Mall; ils ne sont pas assez nuisibles au public, et leurs extravagances privées n'en valent pas la peine. Il n'y a pas à craindre qu'ils dépensent mille livres sterling pour offrir des pendants d'oreilles en diamants à une danseuse de l'Opéra, comme peut le faire lord Tarquin. Ce n'est pas eux qui feront sauter la banque, comme le jeune comte de Martingale à la dernière soirée du club. Ils ont encore de bons côtés, d'honnêtes sentiments, et se conduisent en gens honorables dans toutes les questions d'argent. Mais, dans leur rôle d'hommes qui tiennent à s'amuser à tout prix sans être bien difficiles sur la qualité des plaisirs, ils sont si mesquins, si rengorgés, si ridicules, qu'ils ont leur place marquée à l'avance dans un livre qui traite des Snobs.

Wiggle a voyagé à l'étranger. Pour peu que vous lui prêtiez l'oreille, il vous racontera des histoires ébouriffantes sur ses bonnes fortunes avec les comtesses allemandes et les princesses italiennes qu'il a rencontrées à table d'hôte. Sa chambre est toute tapissée de portraits d'actrices et de danseuses d'Opéra. Il se roule le matin dans une robe de chambre de damas de soie et brûle des pastilles du sérail en lisant *Don Juan* et des romans français. Pour le dire en passant, la vie de l'auteur de *Don Juan* racontée par lui-même est le type par excellence de l'existence d'un Snob. Il possède encore des lithographies françaises à deux sous au choix ; ce sont toutes des femmes aux yeux languissants, moitié cachées sous le domino, avec quelque peu de guitare et de gondole. Il a une histoire à vous raconter sur chacune d'elles.

« La gravure n'est pas fameuse, vous dit-il. Je le sais, mais j'ai des raisons particulières pour y tenir ; elle me rappelle une personne aimée que j'ai connue sous d'autres climats. Avez-vous entendu parler de la princesse de Monte-Pulciano ? J'ai fait sa connaissance à Rimini. Cette chère Francesca ! Voyez-vous cette tête encadrée de longues boucles de cheveux, ces yeux qui brillent d'un feu qui vous consume, ce turban surmonté d'un oiseau de paradis, cette odalisque enfin avec une tourterelle sur le doigt ? c'est le portrait d'une personne que vous ne connaissez peut-être pas, mais qui est célèbre à Munich. Waggle, mon bon, tout le monde vous dira que c'est la comtesse Ottilia, dite Eulenschreckenstein. Ah ! monsieur, qu'elle était belle, quand j'ai dansé avec elle, le jour anniversaire de la naissance du prince Attila de Bavière, en 1844 ! Le prince Carloman nous faisait vis-à-vis, et le prince Pépin était du quadrille. Elle avait un magnifique tournesol au milieu de son bouquet. Waggle, mon cher, elle est toujours là. »

Et alors il prend une pose langoureuse et discrète ; sa tête s'incline pensivement sur les coussins de son sofa, et il paraît comme débordé par la violence de ses souvenirs.

L'année dernière, il excitait au plus haut degré la curiosité publique à l'occasion d'un petit étui en maroquin fermé par une clef d'or, qu'il portait toujours suspendu à son cou. L'anneau de la clef était formé par un serpent qui se mordait la queue, ce qui est, comme chacun sait, l'emblème de l'éternité. Au milieu du cercle était enchâssée la lettre M. Quelquefois il plaçait le petit étui sur son bureau comme sur un autel, mettait des fleurs tout à l'entour, et se levait au milieu de la conversation pour aller le couvrir de ses baisers.

Quelquefois, de sa chambre à coucher, il criait à son valet : « Hicks, apportez mon trésor ! »

« Je ne suis pas au fait de cette histoire, vous dira Waggle, qui peut savoir toutes les intrigues de ce don Juan. Desborough Wiggle, monsieur, est l'esclave de ses passions. Vous connaissez sans doute l'histoire de cette princesse italienne enfermée au couvent de Sainte-Barbara, à Rimini ? Il ne vous en a rien dit ? alors je dois me taire. Avez-vous entendu parler de ses aventures avec cette comtesse pour qui il vient de se battre en duel avec le prince Witikind de Bavière ? Et la jolie fille de Pentonville, dont le père est un ministre dissident, elle faillit en mourir, lorsqu'elle apprit qu'il avait d'autres engagements avec une charmante créature d'une famille considérable, qui lui a manqué ensuite de parole. Quant à l'autre infortunée, elle est maintenant dans une maison de retraite. »

Waggle pousse le culte de son ami jusqu'à l'adoration la plus exaltée.

« Il y a du génie dans cette tête-là, me dit-il un jour tout bas à l'oreille. Ah ! s'il voulait seulement s'en donner la peine, il pourrait prétendre à tout, monsieur, n'étaient ses passions. En poésie, il a fait les choses les plus ravissantes. Il a écrit une suite à *Don Juan* avec ses propres aventures. Avez-vous vu ses vers à Marie ? Oh ! c'est bien supérieur à Byron, bien supérieur ! »

J'étais ravi de recueillir ce jugement de la bouche d'un critique aussi exercé que Waggle, d'autant plus que ces vers étaient de ma composition, car je les avais faits pour l'honnête Wiggle, un jour où je l'avais trouvé dans son cabinet, tout rêveur devant un album assez crasseux et de forme antique, sur lequel il n'avait pas encore écrit un mot.

« Il faut y renoncer pour cette fois, me dit-il ; il y a des jours où j'écrirais un poëme en vingt-quatre chants ; mais ce matin je ne puis trouver le premier mot, et cependant, mon cher Snob, quelle occasion ! quelle ravissante créature ! Elle m'avait prié d'écrire quelques vers sur son album ; et dire que ça ne veut pas venir !

— Est-elle riche? demandai-je ; car vous n'iriez pas, j'imagine, vous adresser à une autre qu'à une héritière.

— Oh! mon cher, mon excellent Snob, c'est une perfection, c'est une perle ; tous les talents, famille excellente. Et dire que je ne puis décrocher un malheureux vers de mon cerveau !

— Eh bien! lui dis-je, comment voulez-vous qu'on vous serve ça? à l'eau-de-vie et un filet de citron?

— Ah! de grâce, ne plaisantez point ainsi avec les sentiments les plus sacrés, mon bon Snob. Je voudrais quelque chose de sauvage et de tendre, à la Byron. Je voudrais lui dire qu'au milieu du bruit des bals et des fêtes.... Enfin, vous voyez, quelque chose dans ce genre-là.... Que je ne pense qu'à elle, vous entendez bien?... Que le monde ne m'inspire que mépris et dédain, que j'en suis las et fatigué, vous entendez, n'est-ce pas? et puis ici une comparaison avec la gazelle et le rossignol ne ferait peut-être pas mal, qu'en dites-vous?

— Avec un peu de yatagan pour arrondir la période, » ajouta votre très-humble serviteur.

Nous nous mîmes donc à l'œuvre.

A MARIE.

Non, dans cette foule qui brille,
Nul n'est plus sémillant, ni plus léger que moi.
Aux bals, dans les banquets, quand ma verve pétille,
De la gaieté je suis le roi.
Oui, mon rire éclatant et ma lèvre moqueuse
A tous les cavaliers inspirent de l'effroi.
Mais mon cœur, ma pensée et ma veille rêveuse,
Mes larmes sont pour toi, pour toi !

« Eh bien! Wiggle, le tour en est-il assez galant, et

vous plaît-il? demandai-je. Pour moi, je m'en sens presque la larme à l'œil.

— Maintenant, reprit Wiggle, nous allons lui dire que tout le monde m'adore et m'admire. Il faut la rendre un peu jalouse, vous m'entendez; ça ne fera pas mal. Et qu'est-ce que nous lui dirons encore? Ah! et que je veux partir pour voyager, n'est-ce pas? Cela peut être d'un bon effet sur ses sentiments. »

Et comme le disait cet impudent faquin, *nous* reprîmes la plume :

>   Oui, dans cette foule qui brille,
> Où tout pour me flatter s'empresse autour moi,
> Fillettes aux doux yeux, et mères de famille;
>   Je marche escorté comme un roi.
> L'or me pourrait livrer le cœur de la plus belle,
> Et je souris de voir se ranger sous ma loi
> Tout ce peuple à genoux.... Mais à leurs vœux rebelle,
>   Mon amour est pour toi, pour toi !

« Maintenant, c'est le moment de placer le voyage; Wiggle, qu'en dites-vous? » Et je poursuivis d'une voix tremblante d'émotion :

>   Ah! des lieux où ta beauté brille
> Je veux, je dois partir! Désormais près de toi;
> Sous le charme enivrant de ton œil qui scintille,
>   Il n'est plus de repos pour moi.
> Je sens, je sens l'amour.... Qu'il meure en ma poitrine;
> Ce terrible secret qu'on trahit malgré soi!
> Partons....

« Mais, fit Wiggle, interrompant le barde inspiré, tout juste au moment où allait s'élancer de sa poitrine une fin de période qui vous aurait, mon cher lecteur, ravi au comble de l'admiration; voyons, est-ce qu'il ne serait pas à propos de lui dire que je suis sous les drapeaux, et que ma vie court les plus grands dangers?

— Des drapeaux.... vous en danger! Quel diable de galimatias est-ce que cela?

— Mais, fit Wiggle qui était devenu rouge comme une tomate, je lui ai dit que je faisais partie de l'expédition de l'Équateur.

— Si jeune, et déjà si trompeur! m'écriai-je indigné; vous achèverez vous-même vos rimes amoureuses. »

Il le fit en effet; mais Dieu sait avec quels outrages à la prosodie; puis il apporta le morceau au club en se faisant honneur de ces vers comme s'ils eussent été de son cru.

Quant au pauvre Waggle, il n'y avait pas à lui ôter de la tête que son ami était un grand homme. Cependant, la semaine dernière, il arriva au club avec un air moitié désappointé, moitié railleur. « Mon cher Snob, me dit-il en s'approchant de moi, j'ai fait une singulière découverte. En allant patiner aujourd'hui, j'ai rencontré, devinez qui? Wiggle en personne; se promenant avec cette illustre lady; cette descendante d'une glorieuse famille, cette Marie enfin pour laquelle il a composé de si jolis vers. Elle a quarante-cinq ans, les cheveux rouges et un nez en tuyau de pompe. Son père a fait sa fortune dans une espèce de cabaret où on donnait à boire et à manger, et c'est la semaine prochaine que Waggle allume avec elle le flambeau de l'hyménée.

— Tant mieux, Waggle, mon jeune ami, m'écriai-je; tant mieux pour le beau sexe exposé aux terribles ravages de ce monstre exécrable. Ce moderne Barbe-Bleue cessera d'y faire des victimes. Mais, bien plus encore, tant mieux pour lui, car il n'y a pas un mot de vrai dans ces histoires amoureuses que vous avaliez sans hésitation, malgré leur énormité. En fait de cœur atteint et blessé, je ne connais que celui de Wiggle lui-même, dont les affections avaient pour quartier général un débit de bouillon à la tasse et de tranches de bouilli. Ce n'est pas, monsieur Waggle, qu'il n'existe des gens qui font sérieusement ce qui n'est que ridicule chez notre ami, et ils occupent malgré cela une position élevée dans le monde. Mais la satire, la caricature, n'ont rien à voir dans leur affaire; si ce sont des Snobs, ce sont surtout des coquins, et ce n'est point devant notre tribunal qu'ils auraient à comparaître, mais devant celui de la haute cour de justice. »

CHAPITRE XL.

Les Snobs de club considérés comme hydrophobes et carnivores.

Bacchus est la divinité que Waggle honore d'un culte particulier. » Passez-moi la bouteille, » dit-il à son ami Wiggle, tandis que celui-ci l'entretient de sa Dulcinée. Puis, après avoir rempli son verre d'un nectar transparent et doré, il l'examine d'un air de connaisseur, l'avale à petites gorgées en faisant claquer ses lèvres, et se met à méditer sur ses qualités, comme pourrait faire le plus fin gourmet de l'Europe.

C'est surtout chez les jeunes gens que j'ai remarqué une excessive prétention à passer pour fins connaisseurs en vins. Les Snobs de collége, les Panachons de l'armée, les Oisons de l'Université, qui font le plus bel ornement de nos clubs, aiment assez à se lancer sur cette question en dissertations à perte de vue puisées aux sources d'une irrésistible éloquence.

« Voilà un vin qui sent le bouchon, » dit un Snob de collége.

Le sommelier l'emporte, et il revient peu après rapportant le même contenu dans un autre contenant. Dès lors notre jeune connaisseur n'hésite plus à le trouver excellent.

« Au diable le champagne ! s'écrie un Panachon, c'est du vin de femmes et d'enfants ; à la bonne heure le xérès sec ou une bouteille de bordeaux de 1846 !

— Votre porto d'aujourd'hui, dit à son tour un Oison de l'Université, ce n'est que de la médecine noire, bien épaisse et bien sucrée, qui soulève le cœur. Qu'est-il devenu, ce vieux porto du temps jadis, qui raclait le gosier au passage? »

Or il est bon de vous dire que jusqu'aux vacances dernières cet Oison buvait de la petite bière à la pension du docteur Swishtail, et que ce maître sot trouvait son vieux porto qui racle dans un affreux cabaret de Westminster.

Ceux qui ont vu les caricatures qu'on faisait il y a trente ans environ doivent se rappeler ces nez avinés, ces faces bourgeonnées, tous ces signes caractéristiques de l'ivrognerie, qu'un crayon capricieux s'amusait à donner à ces personnages. Ces types sont beaucoup plus rares aujourd'hui, aussi bien sur le papier que dans la nature; mais au besoin, on en trouverait encore dans la jeunesse de nos clubs. Il y a là des gaillards qui mettent tout leur amour-propre à rivaliser de capacité avec les tonneaux, et dont les figures maladives et jaunâtres sont émaillées, pour la plupart, de rougeurs que l'eau d'Albion a, dit-on, la vertu d'effacer.

« La nuit dernière m'a mis à bas, mon cher, dit Hopkins à Tomkins sur un ton d'aimable confidence. En deux mots, voici ce que nous avons fait. Nous avons d'abord déjeuné avec Jack Herring à midi, et, pour nous soutenir jusqu'à quatre heures, nous avons été nous promener au Parc pendant une heure. Nous avons été dîner, et nous avons bu un bishop de porto jusqu'à dix heures environ. Alors nous avons été flâner pendant une heure au théâtre de Hay-Market, et nous sommes entrés au club, où nous avons absorbé du punch au kirsch jusqu'à extinction, avec des verres d'eau-de-vie et de xérès pour varier. »

Les garçons des cercles, qui sont d'ordinaire les êtres les plus polis, les plus empressés, les plus patients, se trouvent bien vite sur les dents lorsqu'ils ont à servir d'aussi infatigables buveurs. Mais si le lecteur a le désir de voir au théâtre une peinture photographique de cette sorte de jeunes gens, je lui conseille d'aller aux *Mystères de Londres*. Les aimables héros de cette pièce ne sont pas seulement représentés comme des ivrognes qui ne rentrent qu'à des sept heures du matin, mais ils se révèlent aux spectateurs sous tous les traits charmants de l'escroquerie, du mensonge et de tous les vices compagnons inséparables de la débauche, et dont la vue est tout à fait propre à former à la vertu.

Quelle différence entre la conduite de cette jeunesse débraillée et la tenue décente et convenable de mon ami M. Papworthy ! Voici un échantillon de sa conversation ordinaire avec le sommelier du club :

Papworthy. Poppins, mon ami, je voudrais dîner de bonne heure. Y a-t-il aujourd'hui du gibier froid ?

Poppins. Il y a du pâté de gibier, monsieur. Mangerez-vous un coq de bruyère froid ? un faisan froid ? un paon froid ? Un cygne froid plairait-il à monsieur ? Il y a encore de l'autruche froide.

Je vous épargne, cher lecteur, l'énumération de la carte du jour.

Papworthy. Et quel est votre meilleur bordeaux, Poppins, maintenant, en bouteille entière, bien entendu ?

Poppins. Nous avons du Laffitte de chez Cooper et Magnus, du Saint-julien de chez Lath et Sawdust, du Léoville de chez Bung ; c'est un bouquet. Vous prendriez peut-être bien encore du Château-Margaux de chez Jugger ?

Papworthy (après un moment d'hésitation et de réflexion). Eh bien ! décidément, donnez-moi une croûte de pain et un verre de bière. Je dînerai plus tard, Poppins.

Le capitaine Shindy est aussi le cauchemar des domestiques du club. Il est connu pour mettre tout l'établissement en révolution, parce qu'il n'est jamais content de la côtelette qu'on lui a servie.

« Regardez-moi cela, monsieur, dit-il à son voisin ; est-ce cuit ? Non, mais sentez un peu. Je ne comprends pas qu'on ose servir de pareils morceaux à un honnête homme. » Il réclame à grands cris le maître d'hôtel, qui vient tout tremblant lui raconter, peine bien inutile, hélas ! que l'évêque de Bullocksmithy a mangé trois côtelettes du même animal pour son dîner. Tous les garçons du club sont en mouvement lorsqu'il s'agit de la côtelette du capitaine. Il accable John de ses malédictions parce qu'il lui fait attendre ses conserves ; il débite les plus abominables jurons contre Thomas, qui a eu le tort de ne pas deviner qu'il voulait l'harvey sauce ; Pierre, accourant avec une carafe, se heurte contre Jeames qui apporte les dons de la blonde

Cérès. Dès qu'on aperçoit Shindy, telle est la puissance de la renommée qui l'accompagne, qu'immédiatement s'opère dans la pièce où il entre un sauve qui peut général ; chaque table est abandonnée, chaque dîneur va chercher ailleurs de quoi satisfaire son appétit. Quant à tous ces gros laquais, ils frissonnent de tous leurs membres.

C'est bien là-dessus que compte notre homme. Ses emportements le font d'autant mieux servir. Il a toujours au club deux domestiques empressés autour de lui à prévoir ses moindres désirs.

Pendant ce temps, la pauvre mistress Shindy et ses enfants, délaissés au fond d'une misérable mansarde, sont servis par une pauvre orpheline qu'on a prise par charité.

CHAPITRE XLI.

Un petit drame à propos des Snobs de club.

Il n'est pas une honnête femme de l'Angleterre qui ne se sente émue jusqu'au fond du cœur au récit lamentable que je vais faire de l'histoire de Sackville Maine. Nous n'avons parlé jusqu'ici que du plaisir que procure le club ; jetons un coup d'œil sur ses dangers. C'est dans ce but que j'ai l'honneur de vous présenter mon jeune ami Sackville Maine.

Ce fut à un bal de ma respectable amie, mistress Perkins, que je fis la connaissance de mon héros et de sa charmante femme. J'avais remarqué cette ravissante créature en robe de mousseline, en souliers de satin blanc avec un long ruban rose voltigeant comme une oriflamme autour de sa taille, tandis qu'elle tournoyait dans une polka au bras de M. de Springboc, attaché de l'ambassade allemande. Son front était orné d'une verdoyante couronne et encadré de cheveux d'ébène, les plus noirs que j'aie jamais vus. Cette gracieuse créature ajoutait un nouveau charme à cette danse déjà si enivrante par elle-même; les cercles qu'elle décrivait au milieu du salon me ramenaient sa figure tantôt de face, tantôt de trois quarts et tantôt de profil, et toujours rayonnait dans ses traits cette joie pure et calme que donne le bonheur. Sa vue m'inspira le désir bien naturel de connaître l'heureux mortel qui avait droit de seigneurie sur ce joli minois, et je demandai à Wagley qui était tout proche de moi, occupé à causer avec un ami, le nom de la dame en question.

« Quelle dame? demanda Wagley.

— Eh, mon Dieu! celle dont les yeux brillent là-bas comme deux charbons ardents, répliquai-je aussitôt.

— Chut! » fit-il; et, en même temps, le monsieur avec lequel il causait s'éloigna d'un air piqué.

Quand il fut à quelques pas de nous, Wagley partit d'un éclat de rire.

« Des yeux comme des charbons ardents! me dit-il; vous avez frappé juste. Cette dame est mistress Sackville Maine, et ce monsieur qui vient de me quitter est son mari. C'est un marchand de charbon, mon cher Snob, et je ne doute point que M. Perkins n'aille se fournir à son chantier du charbon qu'il emploie dans ses usines. Le mari s'allume comme une fournaise au seul mot de charbon. Sa femme, sa mère et lui sont très-infatués de la famille de mistress Sackville. C'était une demoiselle Chuff, fille du capitaine Chuff de la marine royale. Si vous voulez voir la veuve, c'est cette grosse femme en robe de damas rouge, qui se dispute à la table de whist avec le vieux M. Dumps. »

Il me disait vrai. Sackville Maine (ne trouvez-vous pas ce nom bien plus harmonieux à l'oreille que celui de Chuff?) avait été gratifié par le ciel d'une charmante femme et d'une belle-mère de qualité, deux choses pour lesquelles bien des gens lui portaient envie.

Peu après son mariage, la vieille dame, quelle condescendance! vint lui faire visite à sa jolie maison de Kensington-Oval; elle ne devait y rester que quinze jours;

mais elle trouva l'endroit tellement de son goût que voilà quatre ans qu'elle y est, sans songer à en démarrer. Elle a même fait venir auprès d'elle son fils Nelson Collingwood Chuff pour y vivre avec elle. Mais lui, du moins, n'est pas toujours à la maison comme sa chère maman. Il va en demi-pension à l'école des marchands tailleurs, où il reçoit une solide éducation classique.

Si ces deux personnes unies à sa femme par des liens si étroits, et qu'elle chérit à de si justes titres, peuvent porter quelques légers nuages dans le bonheur de Maine, quel homme, je vous prie, n'a pas à se plaindre de quelques petites misères de la sorte? La première fois que je vis M. Maine, il me sembla le plus heureux des hommes. Son petit cottage était un modèle d'élégance et de bien-être. Sa table était des mieux servies, et sa cave contenait d'excellents vins. Il avait su réunir toutes les joies de la vie, mais sans ostentation. L'omnibus le menait le matin à ses affaires, et le bateau le ramenait le soir dans une demeure charmante où il passait de longues soirées à lire les romans à la mode aux dames occupées de leurs petits ouvrages; ou bien encore il accompagnait sa femme sur la flûte, instrument dont il jouait passablement. En un mot, il partageait son temps entre ces innocentes distractions que l'on ne rencontre qu'au foyer domestique. Mistress Chuff faisait des tentures en tapisserie et garnissait successivement chaque pièce de l'ouvrage de ses mains. Mistress Sackville, avec une adresse de fée, exécutait de petits ouvrages au crochet ou à l'aiguille. Elle excellait aussi à faire des liqueurs de ménage, des conserves et des confitures. Elle avait un album sur lequel, pendant le temps où il soupirait, Sackville Maine lui avait écrit des fragments de lord Byron et de Moore conformes à sa situation et tracés de cette écriture qui appartient aux commerçants. Elle tenait en outre le livre des dépenses de la maison. Bref, c'était le résumé de toutes les qualités qui constituent la ménagère anglaise vertueuse et bien élevée.

« Quant à Nelson Collingwood, disait Sackville en riant, nous pourrions nous passer de lui à la maison. Il est vrai que, s'il n'était pas là pour mettre bon ordre à la tapisserie, en quelques mois nous serions inondés de coussins ; il nous est aussi d'un grand secours pour boire les liqueurs de la façon de Laura. »

En réalité, tous les visiteurs de la Cité qui venaient dîner à Oval ne pouvaient se résigner à en boire, et je dois avouer que moi-même, lorsque je fus l'intime de la famille et qu'il me fallut passer par cette pénible épreuve, j'y éprouvai une répulsion incroyable.

« Eh bien, monsieur, cette crème de gingembre, s'écriait mistress Chuff, était la liqueur de prédilection de l'un des héros de l'Angleterre. Le lord amiral Exmouth en a bu et l'a trouvée fort de son goût. Oui, monsieur, c'était sur le vaisseau du capitaine Chuff, qui commandait alors à Alger le *Nabuchodonosor*, un vaisseau de soixante-quatorze. Il en avait à bord trois douzaines de bouteilles, sur la frégate *le Trident*, et il en distribua une partie à ses hommes quelques instants avant son glorieux engagement avec *la Furibonde*, dans le golfe de Panama, contre le capitaine Choufleur.

Toutes ces histoires, que la vieille dame ne manquait jamais de répéter chaque fois qu'on offrait de la susdite liqueur, ne faisaient pas qu'elle obtînt plus de succès, et la crème de gingembre, malgré l'ardeur martiale dont elle avait enflammé le cœur de nos matelots pour la lutte et la victoire, n'était nullement de notre goût, à nous autres gens de la décadence et d'humeur toute pacifique.

J'ai encore là devant les yeux Sackville comme le jour où, après lui avoir été présenté par Wagley, j'allai lui faire ma première visite. C'était en juillet, un dimanche, dans l'après-midi ; Sackville Maine revenait de l'église, donnant un bras à sa femme et l'autre à sa belle-mère, toujours vêtue de son invariable robe de damas rouge. Elles étaient escortées d'une espèce de nigaud en livrée, qui n'était encore qu'à moitié de sa croissance. Il portait leurs livres de messe à fermoir doré. Ces dames avaient de magnifiques ombrelles ornées de rubans et d'effilé. La grande montre d'or de mistress Chuff ballottait sur son estomac, où elle brillait comme un globe de feu. Nelson Collingwood, resté en arrière, s'amusait à jeter des pierres à un vieux cheval qui broutait sur le bord de la route. Ce fut donc en pleine campagne que se fit notre rencontre, et je n'oublierai jamais le majestueux salut dont me gratifia mistress Chuff en me rappelant qu'elle avait eu le plaisir de me voir chez mistress Perkins, non plus que le regard de mépris qu'elle décocha à un pauvre diable qui, faisant un sermon tout de pièces et de morceaux à un auditoire de conducteurs d'omnibus et de nourrices, pérorait du haut d'un baquet sur lequel il était monté, et où nous l'aperçûmes en passant.

« Monsieur, me dit-elle, j'aurai beau faire, je serai toujours la veuve d'un officier de la marine anglaise. On m'a appris à être fidèle à ma foi et à mon roi ; aussi je ne puis vous dire quelles crispations me donne la vue d'un radical ou d'un dissident. »

Je trouvai Sackville également imbu de ces excellents principes.

« Wagley, dit-il à mon introducteur, si vous n'avez pas mieux, voulez-vous me faire le plaisir de rester à dîner à Oval, vous et votre ami ? Soyez tranquille, monsieur Snob, on va retirer le mouton de la broche à l'instant même. Laura et mistress Chuff seront enchantées de faire votre votre connaissance, et je vous promets l'accueil le plus cordial et le meilleur verre de porto que l'on puisse trouver dans toute l'Angleterre. »

« Cela vaut encore mieux, pensai-je en moi-même, que l'ordinaire du club des Sarcophages. » C'était là, en effet, que Wagley et moi avions l'intention de dîner ce jour même. Nous acceptâmes donc cette aimable invitation, qui donna lieu par la suite à une liaison des plus intimes.

Tout dans cette famille et dans cette maison respirait la bonne humeur, le bien-être et le contentement ; Diogène lui-même s'y fût bien vite apprivoisé. Mistress Laura était toute gracieuse et toute souriante ; elle était bien plus mignonne dans son petit peignoir du matin que dans sa robe de bal de chez mistress Perkins. Quant à mistress Chuff, elle vous canonnait à bout portant avec ses histoires sur *le Nabuchodonosor*, de soixante-quatorze, et le fameux engagement du *Trident* contre *la Furibonde*. Elle ne vous épargnait ni les détails de l'héroïque résistance du capitaine Choufleur, ni le nombre de prises de tabac qu'il absorba dans cette glorieuse affaire, etc., etc. Mais, en réalité, elle me parut beaucoup plus amusante la première fois que la seconde, et, à plus forte raison, que les autres. Quant à Sackville Maine, c'était l'hôte le plus aimable que l'on pût trouver; il était de l'avis de tout le monde, et passait du blanc au noir sans qu'il lui en coûtât le moins du monde, à la plus légère objection. Ce n'était point, dans la controverse, un tempérament de la trempe d'un Bacon ou d'un Abélard; il n'était point de ceux qui s'opposent, comme une digue, au torrent des opinions reçues : c'était un brave et honnête garçon, plein d'abandon et de simplicité, amoureux de sa femme, bienveillant pour tout le monde, content de lui-même et encore plus content de sa belle-mère. Voici un trait de son caractère :

Dans le cours de la soirée, lorsque les grogs s'étaient déjà renouvelés plusieurs fois, Nelson Collingwood se sentit pris d'une certaine lourdeur de tête. La bonne humeur de Sackville ne s'en émut pas le moins du monde.

« Joseph, dit-il au domestique, reconduisez-le à sa chambre, et surtout n'en dites rien à sa maman. »

Quelle fatalité put donc venir troubler un bonheur qui semblait si parfait? Comment la gêne, les querelles, les brouilles, entrèrent-elles dans cette famille où régnait une si douce harmonie? Mesdames, ce n'a pas été de ma faute, mais ce fut bien celle de mistress Chuff, comme vous l'apprendra la suite de cette histoire. Voir au chapitre suivant.

CHAPITRE XLII.

Une visite au club des Sarcophages.

Les tribulations qui vinrent fondre sur l'honnête et excellent Sackville doivent être uniquement mises sur le compte de cet abominable club des Sarcophages ; et s'il en devint membre, celui qui écrit ces lignes a lieu d'en faire son grand *mea culpa*.

En voyant que mistress Chuff, la belle-mère, avait une prédilection marquée pour les gens de qualité, car elle avait toujours plein la bouche de lord Collingwood, de lord Gambier, de sir Jahaleel Brenton, des bals de Gosport et de Plymouth, Wagley et moi, avec la prévenance qui nous caractérise, nous nous empressâmes de la servir à son goût, et nous ne parlâmes plus que de lords, de ducs, de marquis, de baronnets, comme si nous eussions fait de ces grands personnages notre société de tous les jours.

« Lord Sextonbury, disais-je à Wagley, semble assez bien remis de la mort de sa femme. L'autre soir, au club des Sarcophages, il avait une petite pointe de vin dans la tête qui l'avait mis en belle humeur. Ne l'avez-vous pas remarqué, Wagley ?

— Oui ! oui ! C'est un bon diable que le duc, répliqua Wagley. Dites-moi, madame, je vous prie, fit-il en se tournant vers mistress Chuff, que conseilleriez-vous à un homme dans le cas suivant, qui est le mien ? En juin dernier, le fils de Sa Grâce lord Castlerampant Tom Smith, dînait avec moi au club ; je lui proposai un pari pour la course de Derby contre son étalon *Jambe d'allumette* ; le pari était de quarante contre un et en souverains, bien entendu. Sa Grâce tint l'enjeu, et je gagnai, comme cela devait être. Depuis lors, je n'ai point entendu parler de payement. Dois-je, pour quelques souverains, me mettre aux trousses d'un homme de ce rang?... Encore un morceau de sucre, s'il vous plaît, chère dame. »

Ce fut fort à propos que Wagley offrit à mistress Chuff ce moyen d'éluder sa question, car elle avait plongé toute cette digne famille dans un visible embarras. Ils échangeaient à la dérobée des signes télégraphiques, et leurs yeux disaient assez leur stupéfaction. Mistress Chuff n'avait plus la moindre envie de nous conter les exploits de la marine britannique, et la bonne petite mistress Sackville, se sentant mal à l'aise, sortit pour voir comment allaient les enfants, non pas Nelson Collingwood, ce jeune débauché qui cuvait dans le sommeil ses grogs trop multipliés, mais bien deux petits chérubins qui étaient venus nous montrer leurs joues roses au dessert, et sur lesquels cette charmante femme revendiquait avec Sackville des droits de tendresse et de copropriété.

Or, voici le résultat de cette soirée et d'autres réunions que nous eûmes avec M. Maine : nous portâmes sa candidature au club des Sarcophages, dont il fut élu membre. Et même cette élection n'alla pas encore toute seule. Le bruit courut, par suite de je ne sais quelle indiscrétion, que le candidat vendait du charbon. Aussitôt grande rumeur au club parmi ces vaniteux parvenus. Notre protégé fut sur le point de succomber sous les boules noires. Nous combattîmes toutefois cette opposition avec assez de succès; nous fîmes remarquer à nos parvenus que les Lambtons et les Stuarts avaient, eux aussi, fait le commerce du charbon. Nous eûmes raison des plus fiers en nous appuyant sur sa naissance, sur son excellent caractère et sur sa bonne tenue. Le jour de l'élection, Wagley frappa un coup décisif en dépeignant avec toutes les ressources de son éloquence le combat du *Trident* et de *la Furibonde*, et en faisant sonner bien haut la valeur du capitaine Maine, père de notre ami. Il y eut ici, je dois l'avouer, un petit accroc à la vérité, mais le triomphe fut complet, et notre candidat passa avec un nombre insignifiant de fèves noires, celle de Byles, par exemple, qui vote toujours noir, et celle de Bung, qui voit avec mépris les marchands de charbon, ayant quitté tout récemment le commerce des vins.

A quinze jours de là environ, je rencontrai Sackville, dans les circonstances suivantes :

Il faisait les honneurs du club à sa famille ; il l'y avait conduite dans un fiacre bleu clair, qui stationnnait à la porte. Le grand nigaud qui remplissait auprès de mistress Chuff les fonctions de laquais était perché sur le siège, à côté du cocher, et portait une livrée qui avait déjà servi. Personne ne manquait à l'appel : Nelson Collingwood, la jolie mistress Sackville, mistress la capitaine Chuff, ou la commodore Chuff, comme nous nous plaisions à l'appeler, avec son inséparable robe de damas rouge qui, malgré toute sa splendeur, n'était rien en comparaison des magnificences du club des Sarcophages. Sackville Maine, dans son ravissement, ne leur faisait grâce d'aucune des beautés de l'endroit, qui leur paraissait à tous le paradis sur terre.

Dans le club des Sarcophages se trouvent mises en œuvre les ressources les plus variées de l'architecture et de l'art du décor. La grande bibliothèque est en style du temps d'Élisabeth ; le petit salon de lecture est disposé dans le goût gothique. Dans la salle à manger, c'est l'ordre dorique qui domine dans toute sa sévérité ; le salon des étrangers rappelle le palais des rois d'Égypte. Les boudoirs sont, dit-on, à la Louis XIV, sous prétexte que les hideuses moulures qui s'étalent aux regards appartiennent à l'époque de Louis XV. L'*atrium*, ou autrement dit l'antichambre, est un mélange du caprice italien et de la fantaisie moresque ; ce n'est partout que marbre et palissandre, glaces de toute hauteur et arabesques en or moulu ; des filets d'or, des chiffres, des dragons, des Amours et des rosaces s'entremêlent avec des fleurs aux formes les plus bizarres qui se tordent et se confondent sur ces murailles, où la fantaisie a prodigué ses richesses. Figurez-vous un orchestre dont les musiciens, soufflant à pleins poumons, exécuteraient chacun un air différent sur l'instrument dont il joue. L'ornementation du club des Sarcophages me met ainsi le cerveau à l'envers. Éblouie de tant de merveilles, en proie à des émotions qu'elle n'osait épancher au dehors et que je renonce à décrire, mistress Chuff, suivie de ses enfants et de son gendre, s'avançait de pièce en pièce et d'extase en extase, au milieu de ces féeriques splendeurs.

Dans la grande bibliothèque, longue de 65 mètres sur 45 de large, la seule personne que mistress Chuff aperçut fut Tiggs, étendu sur un sofa de velours rouge, et plongé dans la lecture d'un roman de Paul de Kock. Le livre était tout petit, l'homme n'était pas beaucoup plus grand, et dans cette immense salle il apparaissait comme un pygmée. Les dames traversaient avec une indicible terreur l'immensité de cette majestueuse solitude; c'est à peine si elles osaient respirer. Quant à notre sournois; il jeta aux visiteuses un regard complaisant, qui voulait dire : « Ne suis-je pas joli garçon ? » Et je puis vous assurer qu'elles le trouvèrent superbe.

« Quel est ce monsieur ? me glissa mistress Chuff à l'oreille, quand nous eûmes fait une cinquantaine de pas vers l'autre extrémité de la chambre.

— C'est Tiggs, lui répondis-je d'un ton non moins discret.

— C'est un peu beau, n'est-ce pas, chère amie ? disait M. Maine à sa femme d'un air dégagé et satisfait. Voici toutes les revues, tous les mémoires, avec une bibliothèque choisie contenant les ouvrages d'élite. Tenez, voici par exemple le *Monasticon* de Dugdale, un des ouvrages, à ce qu'il paraît, les plus estimés et les plus érudits. »

Il voulut en même temps prendre un de ces volumes, afin que mistress Maine pût les examiner de plus près, et il choisit le tome VII, qu'une particularité singulière désignait à son attention : il portait un bouton de porte au beau milieu de la couverture. Mais, au lieu de tirer un livre, il ouvrit une armoire où se trouvaient les balais et les torchons qu'y avaient fourrés les domestiques négligents, ce qui parut le déconcerter tout à fait, surtout lorsque Nelson Collingwood, sortant des bornes du respect qu'il devait à son beau-frère, se mit à éclater de rire.

« Voilà le livre le plus curieux que j'aie jamais vu, et je voudrais bien qu'on ne nous en donnât pas d'autres à l'école des marchands tailleurs.

— Paix, Nelson! » cria mistress Chuff, et nous allâmes admirer une autre pièce de ces magiques appartements.

Notre petite caravane ne tarissait point en extases devant les tentures du salon, en brocart d'argent et en soie rose choisie parmi les plus belles étoffes de Londres. On faisait le calcul de ce qu'elles avaient dû coûter par mètre; on se récriait sur le luxe des sofas, on se pâmait d'admiration devant les glaces.

« Ce serait commode pour se raser, n'est-ce pas? » disait Maine à sa belle-mère. Sa jactance devenait de minute en minute de plus en plus intolérable.

« Écartez-vous un peu, Sackville, » lui disait celle-ci, qui, dans son ravissement, regardait par-dessus son épaule l'effet de sa jupe de damas rouge. Elle était heureuse dans cette contemplation d'elle-même. Mistress Sackville en fit autant, mais en cachette, et cette fois la glace refléta la plus gracieuse image et le plus souriant minois.

Une femme devant un miroir! Ah! chères petites, cela vous va si bien! C'est comme le papillon qui voltige autour de la rose; vous vous sentez attirées vers la glace par un charme secret, et vous lui prêtez une beauté nouvelle. Mais je ne puis retenir les accès d'une gaieté des plus désopilantes, lorsque je surprends quelque butor du club à se mirer aux glaces. Voici, par exemple, le vieux Gills redressant les pointes de son col et faisant la grimace devant sa figure couperosée; Hulker, qui donne un suprême coup d'œil à sa majestueuse personne et qui serre son habit pour se faire une taille. Regardez encore Fréd. Minchins, qui sourit d'un air bête en se dirigeant vers le dîner; il ne peut retenir une grimace de satisfaction à la vue du gracieux contour dont sa cravate immaculée encadre sa mine de clair de lune. On ne saura jamais tout ce que les glaces de clubs ont reflété de vanités!

Or donc, nos dames visitèrent l'établissement dans ses

moindres détails et avec le plus grand plaisir. Elles virent le salon où l'on sert le café; elles virent la table dressée pour le dîner; les gentlemen qui mangeaient un morceau pour prendre patience; le vieux Jawkins qui tonnait suivant son habitude. Elles virent encore le salon de lecture et la prise d'assaut des journaux du soir. Elles virent les cuisines, où le génie culinaire invente chaque jour de nouveaux chefs-d'œuvre, où un *chef* commande un bataillon de vingt jolies cuisinières et fait manœuvrer dix mille casseroles.... Après quoi nos dames regagnèrent leur fiacre bleu, toutes ravies encore des magnificences qu'elles venaient de voir.

Sackville ne monta point avec elles, bien que la petite Laura se fût assise sur la banquette du fond pour laisser à son mari une place sur le devant, à côté de la robe rouge de mistress Chuff.

« Nous avons fait un dîner exprès pour vous, hasarda-t-elle d'une voix timide; vous ne venez pas, Sackville ?

— Pour aujourd'hui, ma chère amie, répliqua Sackville; je dînerai ici. James, ramenez ces dames chez elles. »

Quant à lui, il regagna l'escalier du club des Sarcophages, tandis qu'un nuage de tristesse passait sur un joli petit visage caché au fond de la voiture, dont le bruit se perdit dans le lointain.

CHAPITRE XLIII.

Crimes et conversion d'un Snob de club.

Pourquoi le ciel a-t-il voulu nous mettre sur la conscience, à Waggley et à moi, un si détestable méfait? pourquoi consentîmes-nous à présenter le jeune Sackville au club des Sarcophages? Que cette imprudence soit un avertissement pour d'autres. Que la déplorable destinée de ce brave garçon et celle de sa pauvre femme restent toujours présentes aux souvenirs des ménagères anglaises. Écoutez, grands et petits, les funestes résultats de son entrée au club.

L'un des premiers vices que cet infortuné contracta dans ce repaire de la paresse, ce fut l'habitude du cigare. Quelques-uns des dandys du club, tels que le marquis de Macabaw, lord Dooden et autres messieurs du même calibre, s'adonnaient à cette détestable manie dans les salles de billard, situées aux étages supérieurs du cercle. Moitié pour faire leur connaissance, moitié par une prédisposition naturelle au crime, Sackville Maine les y suivit, et bientôt il devint l'un des fumeurs les plus enragés de l'endroit. Inutile de faire ressortir les funestes conséquences que peut avoir sur la salubrité des appartements et le bonheur des familles ce déplorable fléau, dès qu'il y a fait invasion. Sackville prit l'habitude de fumer chez lui dans la salle à manger, ce qui était pour sa femme et sa belle-mère un supplice dont je ne chercherai même pas à vous donner une idée.

Il devint en outre de première force au billard, il y passait des journées entières à parier contre tout venant, à jouer passablement bien, mais surtout à perdre des sommes effrayantes contre le capitaine Spot et le colonel Cannon. Il jouait peut-être cent parties en un jour avec ces messieurs, et continuait de même jusqu'à cinq heures du matin, ce qui ne l'empêchait pas d'arriver de bonne heure au cercle. Il s'adonna avec frénésie à cette passion, sans calculer qu'elle amenait du même coup la ruine de ses affaires, la destruction de sa santé et le malheur de sa pauvre petite femme.

Du billard au whist il n'y a qu'un pas, et surtout un homme qui joue le whist à une livre la fiche est, à mes yeux, un homme perdu. Comment accommoder avec tout cela les exigences du commerce? Comment répondre à la clientèle de la maison et, en même temps, à son partenaire au whist?

En rapport journalier avec les gens du bel air et les élégants de Pall-Mall, Sackville commença à avoir honte de sa jolie petite résidence de Kennington-Oval. Il fit venir sa famille à Pimlico. Ce changement parut d'abord du goût de mistress Chuff, sa belle-mère. C'était un quartier élégant et voisin de la cour. Mais pour la petite Laura et ses enfants, ce fut une fâcheuse différence. Qu'étaient devenues ses amies qui venaient avec leur ouvrage passer la matinée auprès d'elle ? Elles étaient restées à Kennington et dans le voisinage de Clapham. Et les petits camarades de jeu pour les enfants ? Tout cela était à Kennington. Ces bruyants équipages qui allaient et venaient dans ces rues aux teintes grisâtres ne renfermaient point de connaissances à faire pour cette chère et aimante Laura. Les enfants qui se promenaient dans les squares, suivis d'une bonne ou d'une coquette gouvernante, ne ressemblaient guère à ces heureux petits démons qui enlevaient des cerfs-volants, ou jouaient à cligne-musette dans leur ancien et bon quartier. Et puis encore, quelle différence entre l'église de Saint-Benedict à Pimlico, avec ses bancs ouverts, ses chants en faux-bourdon, ses tapis, ses aubes, ses surplis, et les bonnes et vieilles traditions de Kennington ! Ces laquais qui encombraient l'entrée de Saint-Benedict en attendant leurs maîtresses, étaient si énormes et si magnifiques, que James, le domestique de mistress Chuff, tremblait comme la feuille à côté d'eux ; il déclara même qu'il demanderait son compte si on lui faisait encore porter les livres à l'église.

Puis il fallut meubler la maison, et vous devez bien penser que cela ne se fit point sans dépenses.

Quelle différence, bon Dieu ! entre les assommants dîners à la française que donnait Sackville à Pimlico et les friands repas d'Oval ! Adieu le succulent gigot ; adieu le vin de Porto, le meilleur qui fût en Angleterre. Au lieu de cela, on vous servait des entrées sur des plats d'argent ; un méchant petit champagne de quatre sous ; on avait derrière soi des laquais en gants blancs, et à table les grosses têtes du club pour société. Dans ce milieu, mistress Chuff se sentait mal à l'aise, et mistress Sackville gardait un silence résigné.

Ce n'est pas que Sackville dînât bien souvent chez lui. Le malheureux était devenu un épicurien consommé. D'ordinaire il prenait ses repas au club avec les gourmets les plus raffinés du cercle, le vieux docteur Maw, le colonel Cramley, maigre comme un levrier et vorace comme un brochet, et tous les autres de la même clique. C'est là qu'on pouvait voir l'infortuné sablant le champagne et se gorgeant de ragoûts à la française. Plus d'une fois je me surpris à le contempler de la table où un morceau de viande froide, la petite bière du club et une demi-pinte de marsalla formaient mon modeste ordinaire. J'éprouvais alors une sorte de remords, et je poussais un soupir en pensant que tout cela était mon ouvrage.

Puis le souvenir des absents venait encore ajouter à mes poignants regrets. « Et sa femme! pensais-je en moi-même; que fait en ce moment cette bonne et excellente petite Laura? C'est l'heure du coucher pour les enfants, et tandis que ce sans-cœur passe ici son temps à s'enivrer, ces frêles créatures, sur les genoux de Laura, commencent à balbutier la prière du soir et répètent après leur mère : « Mon « Dieu, bénissez papa. »

Puis, lorsque ses chérubins sont couchés, elle passe les nuits à l'attendre dans le délaissement et la tristesse.

Honte et infamie! Mais rentre donc chez toi, ivrogne sans courage et sans cœur!

Je pourrais bien vous faire l'histoire des vicissitudes de Sackville, de la perte de sa santé, du désarroi de ses affaires, de ses embarras et des dettes qui les suivirent, de la manière dont il devint directeur d'un chemin de fer; puis comment il se fit qu'un beau jour on mit la clef sous la porte de la maison de Pimlico, et que toute la nichée prit sa volée pour Boulogne. Mais de grâce épargnez-moi cette honte, car je rougis encore de la part que j'ai eue dans cette affaire. Reprenons cette histoire au temps de la rentrée de toute la famille en Angleterre. A la grande surprise de tout le monde, il se trouva que mistress Chuff avait mis de côté une grosse somme d'argent avec laquelle elle fit face à tous les engagements que son gendre avait contractés. Sackville réside maintenant en Angleterre, mais il a repris sa demeure de Kennington. Son nom a disparu depuis longtemps des registres du club des Sarcophages. Du plus loin qu'il m'aperçoit, il passe de l'autre côté de la rue, et je ne cours point après lui, car je craindrais de voir une expression de reproche ou de tristesse sur la sereine figure de Laura.

Il ne faut pas cependant faire le diable plus noir qu'il n'est, et je suis fier de penser à l'influence qu'a exercée sur nos clubs en général le premier Snob de l'Angleterre. Le capitaine Shindy n'ose plus tant faire le mauvais avec les garçons, et il mange comme un petit agneau sa côtelette de mouton sans invoquer les dieux de l'Achéron. Gobemouche n'accapare plus que deux journaux à la fois pour ses besoins particuliers; Tiggs ne sonne plus le garçon de service à la bibliothèque et ne le force plus à monter un étage pour lui donner un volume qu'il peut prendre en étendant le bras; Growler a perdu l'habitude de tourner autour de chaque table pour voir ce que chacun s'est fait servir à son dîner; au vestiaire, Trotty Veck ne se trompe plus de parapluie et se contente du sien, qui est en coton; Jobbins a rapporté le paletot doublé de soie appartenant à Sidney Scrapper, et qu'il avait pris par erreur; Waggle a cessé de raconter l'histoire des victimes qu'il a fascinées de son regard; Snooks ne fait plus consister le bon ton à voter noir contre les avocats; et Snuffler n'étale plus son grand mouchoir de coton rouge devant la cheminée du cercle, pour le faire admirer aux deux cents personnes présentes. Enfin, il nous suffit d'avoir ramené même un seul Snob de club à de meilleurs sentiments, d'avoir esquivé au pauvre John une course ou une bourrade, pour qu'il nous soit permis de dire, qu'en pensez-vous, amis et chers confrères? que ce n'est point en vain que nous avons jeté ici cette ébauche des Snobs de club.

CHAPITRE FINAL.

Comment se fait-il que de chapitre en chapitre nous en soyons arrivé au numéro XLIV? Pour ma part, je n'y puis rien comprendre, mes chers amis et confrères en Snobisme, si ce n'est que nous avons passé ensemble un bon bout de temps à cancaner et à médire de l'humaine nature ; et fussions-nous prédestinés à devenir centenaires, je crois que nous trouverions une mine intarissable de conversations dans les travers du Snobisme.

La curiosité publique est en éveil. Chaque jour c'est une avalanche de lettres qui m'apportent de nouvelles marques de sympathie et désignent à l'attention du grand Snob d'Angleterre des espèces de Snobisme qui n'ont point encore été signalées.

« Quand viendra le tour, me demande-t-on, des Snobs du théâtre, des Snobs du commerce, des Snobs de la médecine et de la chirurgie, des Snobs de l'administration, des Snobs de la chicane, des Snobs artistes, des Snobs musiciens et de tant d'autres? Assurément, continue mon estimable correspondant, vous ne laisserez point passer inaperçue l'élection du chancelier de Cambridge. Vous nous ferez voir cette procession de Snobs pédants défilant le chapeau à la main devant un jeune prince de vingt ans, et le suppliant de vouloir bien se laisser mettre à la tête de leur illustrissime université. » Cette lettre porte le cachet du club des Amis d'Apollon. « Voici l'époque de la réouverture de l'Opéra, nous écrit-on d'un autre côté ; de grâce, donnez-nous une esquisse de tous les types que le Snobisme y étale. »

J'aurais, en vérité, un très-grand plaisir à consacrer un chapitre aux Snobs académiques et aux Snobs du bel air ; puis je me sens pris d'un serrement de cœur en songeant aux Snobs dramatiques, et ce n'est qu'avec beaucoup de peine que je me résigne à laisser derrière moi les Snobs artistes, avec lesquels je me promettais depuis longtemps deux mots de conversation.

Mais finissons-en tout de suite; car aussi bien, lorsque nous serions en règle avec ceux-là, une nouvelle bande de Snobs s'offrirait aussitôt à notre crayon. Il n'y a pas à espérer d'en voir la fin. Les forces d'un homme ne sauraient y suffire; nous n'avons réuni que quelques briques, et c'est une pyramide qu'il s'agit d'élever. Mieux vaut nous en tenir là. De même que le Crispin de la comédie s'esquive dans les coulisses dès qu'il a dit son bon mot; de même que Cincinnatus et le général Washington allèrent goûter le calme de la vie domestique lorsqu'ils furent arrivés au faîte de la popularité; de même que le prince Albert, après avoir posé la première pierre du palais de la Bourse, a laissé aux maçons le soin d'achever l'édifice et est rentré au palais pour prendre son royal dîner; de même que l'acteur en vogue, à la fin de la saison, s'avance avec une émotion impossible à décrire jusque sur le devant de la rampe pour faire ses adieux à ses bienveillants dilettanti; de même, amis, dans l'enthousiasme du triomphe, dans l'enivrement de la victoire, au milieu des cris et des trépignements de la foule, le grand Snob de l'Angleterre, modeste jusque dans le succès, se retire en vous souhaitant le bonsoir.

Mais ce n'est que pour un temps, ce n'est pas pour toujours. Non, non, rassurez-vous; il existe un illustre auteur pour lequel je professe la plus grande admiration, qui, pendant ces dernières années, a fait régulièrement dans chacune de ses préfaces ses derniers adieux au public; puis il a toujours reparu, à la grande satisfaction de la foule. Comment son cœur ne lui a-t-il point failli à chacun de ses bonsoirs? Pour ma part, je crois que l'acteur qui vient prendre congé de son public est rarement sans éprouver un sentiment de tristesse. La séparation est toujours pénible : nous nous familiarisons avec nos bêtes noires, et je suis le premier à déclarer que, s'il me fallait serrer la main de

Jawkins pour la dernière fois, ce ne serait pas sans un certain chagrin. Un forçat qui a le cœur bien placé doit, ce me semble, lorsqu'il revient dans son pays après avoir subi sa peine, se sentir comme un mélancolique regret de quitter la Terre de Van-Diémen. Lorsque la toile tombe après le dernier acte de la dernière soirée de la saison, l'acteur s'éloigne la mort dans l'âme, soyez-en sûr ; mais quelle joie lorsque, le 27 décembre, il s'avance de nouveau sur la scène et vient dire au spectateur : « Comment vous portez-vous ? Nous voici donc encore une fois réunis ! » Mais, tout beau, mon esprit ! vous penchez un peu trop du côté du sentiment; et puis, d'ailleurs, il faut revenir à nos moutons....

Or donc, la curiosité publique est en éveil à propos des Snobs. Le mot *Snob* a été admis au droit de cité dans le vocabulaire des honnêtes gens. Toute définition en est peut-être impossible. Mais peut-on définir l'esprit, l'*Humour* ou le Charlatanisme (*Humbug*)? et cependant tout le monde sait ce que c'est. Il y a quelques semaines, me trouvant par un heureux hasard à côté d'une jeune lady autour d'une table où le pauvre Jawkins pérorait de la manière la plus ridicule et la plus prétentieuse, je me mis à tracer sur la nappe immaculée les contours des deux lettres S—B, en les signalant à l'attention de ma voisine.

Un sourire effleura les lèvres de cette jeune dame; elle comprit sur-le-champ; sa pensée avait rempli la lacune que j'avais mise entre les deux lettres avec une prudente réserve, et son coup d'œil approbateur me confirma que, dans son esprit, Jawkins était bel et bien un Snob. Mais à la vérité, on ne parvient pas aussi facilement à décider ces dames à faire usage de ce mot. Si cependant, belles lectrices, vous saviez quelle grâce piquante embellit vos lèvres lorsque ce monosyllabe s'en échappe, je suis sûr que vous ne lui tiendriez pas rigueur. Vous en doutez encore, ma charmante ! eh bien, montez dans votre chambre, et en vous regardant dans la glace dites : *Snob!* pour voir un peu. Ce simple essai, j'en réponds, suffira pour vous faire sourire, et vous avouerez avec moi que ce mot sied merveilleusement à vos jolies lèvres. Un charmant petit mot, sur ma foi, tout composé de lettres harmonieuses, qui commence par une note aiguë comme pour le rendre encore plus piquant.

Jawkins allait toujours, entassant bévues sur bévues. Il parlait, il posait, et devenait insupportable sans en avoir le moins du monde conscience. Et ce sera toujours ainsi, n'en doutez point, et il continuera à brailler et à braire jusqu'à ce qu'il ne trouve plus personne à étourdir. Avant de changer la nature des hommes et surtout des Snobs, la nature y perdra son latin. Vous auriez beau assommer de coups le dos d'un âne, vous n'en feriez jamais un zèbre.

Soit, mais au moins faut-il avertir nos voisins que cet objet de leur admiration n'est qu'un imposteur. Ayons soin de l'éprouver à la pierre de touche du Snobisme et de nous assurer si ce n'est pas un fat et un charlatan, et si cette humilité ne sert pas de manteau à l'orgueil et au mensonge, si enfin il ne se trouve au fond de cette âme que froideur et amour-propre. Observons-le dans ses rapports avec les grands du monde, dans sa manière d'être avec les petits; voyons, en un mot, comme il se comporte vis-à-vis de S. A. le duc et de Smith le marchand.

Quant à moi, je trouve toute la société anglaise vouée à la superstition du veau d'or ; nous nous prosternons, nous rampons, nous nous mettons à plat ventre devant ceux-ci, tandis que nous outrageons et nous foulons aux pieds ceux-là, et les choses vont de la sorte du plus grand au plus petit. Ma femme parle du bout des lèvres par respect pour sa dignité personnelle, comme elle dit, à notre voisine, la femme du marchand ; et à côté de cela ma chère Élisa, mistress Snob, donnerait volontiers un de ses deux yeux pour aller à la cour comme sa cousine, la femme du capitaine. Celle-ci, d'autre part, est bien la meilleure femme que je connaisse, et cependant elle souffre le martyre lorsqu'elle est dans la nécessité de parler de nous et de dire que nous demeurons au haut de Thompson-Street, Somer's-Town. Bien que je sois persuadé qu'au fond du cœur mistress Whiskerington nous préfère à ses cousins les Smigsmags, vous ne pourrez échanger deux paroles avec elle sans que le nom de lady Smigsmag lui vienne à la bouche; elle n'en finit plus lorsqu'une fois elle se met sur le chapitre de son cher John et de ce qui se passe à l'hôtel des Smigsmags. Le ciel vous garde encore du récit d'une certaine partie qu'elle fit avec eux sur la terrasse de Hyde-Park!

Quand lady Smigsmag rencontre Élisa, qui est pour la famille comme qui dirait un je ne sais quoi de connaissance, elle lui tend son petit doigt, que ma femme a toute licence d'embrasser de la manière la plus affectueuse; mais je voudrais que vous vissiez les airs de Sa Seigneurie le jour où elle reçoit à dîner lord et lady de Longues-Oreilles.

Je suis las à la fin de cette diabolique invention de la gentilhommerie, qui contrarie et finit par étouffer les épanchements de la plus cordiale et de la plus franche amitié. Et l'amour-propre? me direz-vous. Allez au diable avec toutes vos puérilités de rang et de préséance; le formulaire de l'étiquette n'est qu'un tissu de mensonges bon à brûler. Discuter les questions de rang et de préséance, c'était bon pour le vieux temps avec ses grands maîtres des cérémonies. Le grand maître des cérémonies qu'il nous faut, c'est un homme qui organise dans la société des principes d'égalité, et dont la baguette fasse rentrer sous terre toutes ces mascarades et toutes ces jongleries de la cour. Si ce que je dis là n'est point vérité, si ce que je demande n'est point conforme aux tendances de notre civilisation, si enfin le culte des grands hommes de naissance n'est point charlatanisme et servilité; eh bien, allez me chercher les Stuarts, et attachez-moi les oreilles des libres penseurs au pilori du despotisme.

Si jamais mes cousins les Smigsmags m'invitaient en même temps que lord Longues-Oreilles, je saisirais le bon moment après dîner, et je lui dirais avec la meilleure humeur du monde :

Mon cher monsieur, la fortune vous a fait cadeau d'un certain nombre de mille livres par an. L'ineffable sagesse de nos ancêtres vous a placé sur ma tête comme un chef et comme un législateur héréditaire. Notre admirable constitution, l'orgueil des Anglais et l'envie du monde, m'oblige à vous accepter pour mon sénateur, mon supérieur, mon tuteur. Votre fils aîné Fitz Hi-Han est assuré d'un siége au parlement; votre fils cadet de Bray consentira bénévolement à être capitaine ou lieutenant-colonel, ou à nous représenter dans les cours étrangères, ou à prendre un bon bénéfice, s'il lui arrivait à souhait. Ces récompenses, notre admirable constitution, l'orgueil des Anglais et l'envie du monde, les déclare votre dû sans tenir compte de votre sottise, de vos vices, de votre égoïsme ou de votre complète incapacité. Sot comme vous pouvez l'être, et nous avons autant droit de supposer que milord n'est qu'un âne, qu'on en a d'autre part de le croire doué d'un patriotisme intelligent, sot comme vous l'êtes, personne ne vous accusera de l'être à ce point de voir avec indifférence ces faveurs dont le sort vous a gratifié, ou d'être incliné à les abandonner.

Non, certes, et, patriotes comme nous le sommes, ce cher Smith et moi, je n'ai aucun doute que dans des circonstances plus heureuses, et nous trouvant ducs nous-mêmes, nous ne fussions les plus solides appuis de notre ordre. Nous nous résignerions de la meilleure grâce du monde à aller occuper la place la plus élevée. Nous nous empresserions d'obéir à cette admirable constitution, toujours l'orgueil des Anglais et l'envie du monde, qui nous aurait faits chefs en nous donnant les autres pour subalternes. Nous ne trouverions rien à dire à cet axiome de supériorité héréditaire qui forcerait tant d'honnêtes gens à se courber et à se prosterner devant nous. Qui sait même si nous ne nous rallierions pas aux lois des céréales, et si nous n'organiserions pas la résistance contre le bill de réforme, résolus plutôt à mourir sur notre chaise curule que de consentir au rappel des lois contre les catholiques et les dissidents? Et avec ce beau système de législation faisant la part différente à chaque classe, nous réduirions l'Irlande au triste point où elle se trouve en ce moment.

Mais Smith et moi nous ne sommes pas même comtes; aussi ne croyons-nous pas qu'il soit de l'intérêt de l'armée de Smith, que le jeune de Bray soit colonel à vingt-cinq ans, ou de l'intérêt des relations diplomatiques de Smith, que lord Longues-Oreilles le représente comme ambassadeur à Constantinople, ou, enfin, à l'avantage de nos affaires politiques, que Longues-Oreilles y introduise son pied héréditaire.

Smith est, tout au contraire, persuadé que cette adoration et cette prosternation ne sont que pur Snobisme, et il est décidé à faire tout ce qui sera en son pouvoir pour cesser d'être un Snob et n'avoir plus à subir le despotisme des Snobs. A Longues-Oreilles il dira : « Nous avons des yeux pour voir, Longues-Oreilles, et nous valons autant que vous. Au besoin, nous mettrions mieux l'orthographe, et nous avons autant de rectitude dans l'esprit. Voilà assez longtemps que vous êtes notre maître, nous ne voulons plus cirer vos souliers; si vos laquais le font, c'est qu'ils sont payés pour cela. Et même le drôle qui vient chercher la liste des gens que vous avez reçus à votre dernier bal ou à votre dernier dîner de Longues-Oreilles-House, reçoit des journaux une petite gratification pour sa course, tandis que nous, Longues-Oreilles, mon garçon, pour quel motif vous aurions-nous de la reconnaissance ? à quoi bon faire pour vous plus que nous ne vous devons ? Nous voulons bien ôter notre chapeau à Wellington qui passe, parce qu'il est Wellington, mais à vous, pourquoi donc, je vous prie ? »

Je suis las des nouvelles de cour, j'abhorre ces réclames des gens du haut ton; je tiens les mots Fashionable, Exclusif, Aristocratique, et autres de la même famille, pour épithètes fâcheuses et antichrétiennes qui doivent être rayées de tout honnête vocabulaire; un système gouvernemental qui envoie les hommes de génie à la petite table est, à mon sens, infesté de Snobisme. Une société qui affiche des prétentions à la politesse, au bon ton, et ne cultive point les lettres et les arts, n'est pour moi qu'une société de Snobs. Vous qui méprisez vos voisins, vous n'êtes que des Snobs. Vous qui négligez vos amis pour courir après des personnes d'un rang plus élevé, Snobs encore et toujours Snobs. Vous enfin qui avez honte de votre pauvreté et qui rougissez de votre nom : Snobs, entendez-vous, et trois fois Snobs, ni plus ni moins que vous autres qui faites la roue à propos de vos ancêtres, ou qui vous rengorgez derrière vos sacs d'écus.

Il appartient à *M. Punch* de s'amuser aux dépens de ces grotesques figures. Puisse-t-il toujours rire honnêtement sans jamais tomber dans des excès blâmables, dire la vérité à travers ses joyeuses grimaces, sans jamais oublier que, si la belle humeur est une bonne chose, la vérité est préférable encore, et que la charité vaut encore mieux que tout le reste !

FIN.

TABLE DES CHAPITRES.

Le Livre des Snobs		1
Entrée en matière		3
Chap. I.	Où l'on s'amuse et rit à l'endroit des Snobs	8
Chap. II.	Le Snob royal	14
Chap. III.	Des influences aristocratiques sur le Snob	18
Chap. IV.	Nouvelles de la cour; leur influence sur les Snobs	23
Chap. V.	Ce que les Snobs admirent	28
Chap. VI.	De quelques Snobs de haute volée	33
Chap. VII.	Continuation du même sujet	38
Chap. VIII.	Les Snobs de la Cité	44
Chap. IX.	Les Snobs militaires	51
Chap. X.	Encore les Snobs militaires	55
Chap. XI.	Les Snobs du clergé	59
Chap. XII.	Des Snobs du clergé et de leur Snoberie	63
Chap. XIII.	Toujours les Snobs ecclésiastiques	69
Chap. XIV.	Les Snobs universitaires	73
Chap. XV.	Encore les Snobs universitaires	78
Chap. XVI.	Le Snobisme et les gens de lettres	83
Chap. XVII.	De quelques Snobliots irlandais	87
Chap. XVIII.	Des Snobs qui donnent à dîner	92
Chap. XIX.	Les Snobs à table	98
Chap. XX.	Où l'on voit encore de plus près les Snobs à table	104
Chap. XXI.	Les Snobs voyageurs	110
Chap. XXII.	Considérations générales sur les Snobs voyageurs	117
Chap. XXIII.	Les Snobs anglais sur le continent	121
Chap. XXIV.	Les Snobs des champs	127
Chap. XXV.	Vue prise sur les Snobs des champs	132

Chap. XXVI.	Les Snobs des champs dans leur intérieur......	139
Chap. XXVII.	Autre catégorie de Snobs des champs.........	145
Chap. XXVIII.	Plaisirs et déplaisirs des Snobs des champs.....	148
Chap. XXIX.	Gala chez les Snobs des champs...............	160
Chap. XXX.	Bonsoir aux Snobs des champs................	165
Chap. XXXI.	Salmigondis	170
Chap. XXXII.	Les Snobs dans le mariage....................	176
Chap. XXXIII.	Les Snobs en ménage........................	181
Chap. XXXIV.	Suite du même sujet.........................	187
Chap. XXXV.	De ceux qui deviennent Snobs au lieu de devenir maris...................................	194
Chap. XXXVI.	Les Snobs au club...........................	200
Chap. XXXVII.	Revue générale des Snobs de club.............	205
Chap. XXXVIII.	Les Snobs de club au jeu et sur le turf.........	209
Chap. XXXIX.	Un Snob de club amoureux...................	214
Chap. XL.	Les Snobs de club considérés comme hydrophobes et carnivores........................	220
Chap. XLI.	Un petit drame à propos des Snobs de club.....	223
Chap. XLII.	Une visite au club des Sarcophages............	229
Chap. XLIII.	Crimes et conversion d'un Snob de club........	234
Chapitre final	....	239

FIN DE LA TABLE.

Ch. Lahure, imprimeur du Sénat et de la Cour de Cassation,
rue de Vaugirard, 9, près de l'Odéon.

Librairie de L. HACHETTE et Cie, rue Pierre-Sarrazin, 14, à Paris.

GRANDE COLLECTION
DE GUIDES ET D'ITINÉRAIRES

POUR LES VOYAGEURS

RÉUNISSANT

LES GUIDES-JOANNE, LES GUIDES-RICHARD

ET LES GUIDES

de la Bibliothèque des Chemins de fer.

Cette collection, qui comprend déjà

120 volumes,

EST CONTINUÉE SOUS LA DIRECTION

DE M. ADOLPHE JOANNE.

Les chemins de fer, en rendant toutes les communications plus faciles, les ont rendues plus fréquentes. Le nombre des voyageurs augmente chaque année dans des proportions que personne n'avait su prévoir. Cette masse énorme de voyageurs, qui bientôt sillonnera la surface entière du globe, a besoin de livres tout à la fois instructifs et amusants dans lesquels elle puisse trouver les renseignements qui lui sont nécessaires ou agréables, et notamment les distances, le prix des places, l'indication des moyens de transport et des hôtels; les excursions à faire; la description des monuments, des musées, des collections; les souvenirs historiques ou littéraires; les documents statistiques; les combinaisons propres à économiser du temps ou de l'argent.

C'est pour répondre à ce besoin que MM. L. Hachette et Cie ont entrepris la publication d'une vaste collection de GUIDES ou ITINÉRAIRES, à laquelle une récente acquisition leur a permis de joindre les Guides Joanne et les Guides Richard, publiés par M. Maison, et qui étaient déjà en possession d'une réputation méritée. Cette collection se compose actuellement de plus de 120 volumes, et un nombre considérable de nouveaux ouvrages destinés à la compléter sont sous presse : parmi ces ouvrages paraîtront prochainement le *Dauphiné*, les *Pyrénées*, *De Bordeaux à Cette*, *De Lyon et de Mâcon à Genève*, et l'*Itinéraire de la France*, par M. Adolphe Joanne, dont les *Itinéraires de la Suisse*, de l'*Allemagne*, de l'*Écosse*, des *Bords du Rhin*, etc., sont préférés aujourd'hui par les touristes aux célèbres *Hand-books* de Murray.

Au nombre des ouvrages parus, nous signalerons, outre ceux qui viennent d'être cités, l'*Itinéraire de l'Italie*, par M. A. J. Du Pays, le savant et spirituel critique de l'*Illustration*; le *Paris illustré*, par Une société d'hommes de lettres et de savants; les *Environs de Paris illustrés*, par M. Ad. Joanne; les *Musées d'Europe*, par M. Louis Viardot; le *Bois de Boulogne*, par M. Lobet; *De Paris à Bordeaux*, *De Paris à Nantes* et *De Paris à Lyon*, par M. Ad. Joanne; *De Paris à la Méditerranée*, par M. Frédéric Bernard; la *France*, par M. Richard; la *Belgique*, par M. Félix Mornand; *De Paris à Constantinople*, par M. Blanchard, et enfin les *Guides de la conversation* en diverses langues.

Cette collection ne se recommande pas seulement aux voyageurs, elle mérite de prendre place dans toutes les bibliothèques; car on chercherait vainement dans d'autres ouvrages la plus grande partie des renseignements et des faits qu'elle contient : c'est la seule de ce genre qui existe en France et en français. Bien qu'elle n'ait pas de rivale, ses éditeurs ne négligent rien pour la maintenir au rang élevé où elle s'est placée dès son début dans l'estime publique. A peine un volume est-il épuisé, qu'il est revu, corrigé, refait souvent entièrement avant d'être remis sous presse. Les *Itinéraires illustrés* renferment plus de 1500 vignettes dessinées et gravées par nos meilleurs artistes. Enfin, les cartes générales et spéciales et les plans de villes de tous les volumes parus (l'*Allemagne du nord* compte 29 cartes ou plans, et l'*Italie* 22) forment déjà un atlas unique en Europe. Toutes ces cartes, gravées sur acier par les plus habiles graveurs de Paris, ont été dressées par M. H. Dufour, sous la direction de M. Adolphe Joanne.

1° ITINÉRAIRES.

ALGÉRIE.

Itinéraire historique et descriptif de l'Algérie, avec un Vocabulaire français-arabe des mots les plus usités, et un résumé historique des guerres d'Afrique; par *J. Barbier.* 1 vol. grand in-18, contenant une carte de l'Algérie. Broché.   5 fr.
    La reliure se paye en sus.   1 fr.

L'Algérie en 1854. — Itinéraire de Tunis à Alger, par *Joseph Bard.* 1 vol. in-8. Broché.   5 fr. 50 c.

ALLEMAGNE ET BORDS DU RHIN.

Itinéraire historique et descriptif de l'Allemagne, divisé en deux parties, par *Adolphe Joanne.*

1° ALLEMAGNE DU NORD, comprenant : Le Rhin; la Moselle; le Weser; l'Elbe; le Haardt; la forêt Noire; l'Odenwald; le Taunus; l'Eifel; le Harz; le Thüringerwald; la Suisse franconienne; le Fichtelgebirge; la Suisse saxonne; Strasbourg; Bade; Carlsruhe; Heidelberg; Darmstadt; Francfort; Hombourg; Mayence; Wiesbade; Creuznach; Luxembourg; Trèves; Coblenz; Ems; Bonn; Cologne; Aix-la-Chapelle; Dusseldorf; Hanovre; Brunswick; Münster; Brême; Hambourg; Lübeck; Rostock; Schwerin; Magdebourg; Pyrmont; Gœttingen; Cassel; Gotha; Erfurth; Weimar; Kissingen; Cobourg; Bamberg; Iéna; Nuremberg; Leipsick; Berlin; Potsdam; Stettin; Posen; Dantzick; Tilsitt; Kœnigsberg; Breslau; Dresde; Tœplitz. 1 beau vol. in-18 jésus, imprimé sur deux colonnes, contenant une carte routière générale, 14 cartes spéciales et 13 plans de villes. Broché.   10 fr. 50 c.
    La rel. se paye en sus 1 fr. 50 c.

2° ALLEMAGNE DU SUD, comprenant : Le Neckar; le Rhin; le Danube; l'Inn; l'Adige; la Drave; la forêt Noire; l'Alb-Souabe; le Vorarlberg; le Tyrol; les Alpes de la Bavière; le Salzkammergut; les montagnes des Géants; le Semmering; Strasbourg; Freiburg; Schaffhouse; Constance; Wildbad; Stuttgart; Cannstadt; Heilbronn; Tubingue; Ulm; Augsbourg; Lindau; Munich; Donauwœrth; Ingolstadt; Ratisbonne; la Walhalla; Passau; Linz; Mœlk; Kufstein; Bregenz; Innsbruck; Bormio; Meran; Brixen; Botzen; Trente; Roveredo; Bassano; Bellune; Brunecken; Salzburg; Berchtesgaden; Gastein; Gmunden; Ischl; Mariazell; Vienne; Brünn; Olmütz; Glatz; Hirscherg; Warmbrunn; Prague; Carlsbad; Marienbad; Franzenbad; Eger; Pilsen; Cracovie; Presbourg; Pesth; Gratz; Laibach; Adelsberg; Idria; Trieste; Pola; Fiume. 1 beau vol. in-18 jésus imprimé sur deux colonnes, contenant une carte routière, 10 cartes spéciales et 7 plans de villes et musées. Broché.   10 fr. 50 c.
    La rel. se paye en sus. 1 fr. 50 c.

Itinéraire descriptif et historique des bords du Rhin, du Neckar et de la Moselle, par le même auteur. 1 fort vol. in-18, contenant 16 cartes et plans. Broché.   7 fr.
    La reliure se paye en sus.   1 fr.

Les trains de plaisir des bords du Rhin, ou de Paris à Paris, par Strasbourg, Bade, Carlsruhe, Heidelberg, Mannheim, Francfort, Mayence, Coblenz, Cologne, Aix-la-Chapelle, Spa, Liége et Bruxelles, par le même auteur. 1 joli vol. in-18, contenant une carte et 4 plans de villes. Br. 2 fr. 50 c.
    La reliure se paye en sus.   75 c.

Bade et la forêt Noire, contenant : 1° la route de Baden-Baden; 2° la description de Bade et de ses bains; 3° celle des environs de Bade et de la forêt Noire, par le même auteur. 1 joli vol. in-18, contenant 5 cartes. Broché. 2 fr.
    La reliure se paye en sus.   75 c.

Les bords du Rhin, par *Frédéric Bernard*. 1 vol. in-16, illustré de 80 vignettes par Daubigny, Lancelot, etc., et accompagné de cartes et plans. Broché. 2 fr.
La reliure se paye en sus. 1 fr.

Voyage pittoresque des bords du Rhin, dessiné par Louis Bleuler et Federly, et accompagné d'un texte explicatif traduit librement sur le manuscrit allemand de Em. Zschokke, par *C. F. Girard*. 1 vol. grand in-8, contenant 28 belles gravures sur acier. Br. 6 fr.

Guide du voyageur dans le Tyrol, à travers le Wurtemberg et la Haute-Bavière, traduit de l'allemand de M. Schaden. 1 vol. in-12 avec carte. Broché. 3 fr.

Histoire et description des villes de Trente et d'Inspruck, par M. *Mercey*, illustrée de 9 gravures sur acier, et contenant des détails historiques très-intéressants sur l'origine de ces deux villes, leurs mouvements, les mœurs de leurs habitants, etc. 1 vol. grand in-8. Broché. 6 fr.

ANGLETERRE, ÉCOSSE ET IRLANDE.

Itinéraire descriptif et historique de la Grande-Bretagne (Angleterre, Ecosse, Irlande), par *Richard* et *Ad. Joanne*; nouvelle édition, accompagnée de 3 cartes routières, du panorama de Londres et des plans d'Édimbourg, Glasgow et Dublin. 1 joli vol. in-18 jésus. Broché. 12 fr.
La reliure se paye en sus 1 fr. 50 c.

Itinéraire descriptif et historique de l'Ecosse, par *Ad. Joanne*, avec la carte routière de l'Écosse et les plans d'Édimbourg et de Glascow. 1 vol. in-18. Broché. 7 fr. 50 c.
La reliure se paye en sus. 1 fr.

Guide du voyageur à Londres, précédé d'un itinéraire historique et descriptif des chemins de fer de Paris à Londres. 1 vol. grand in-18, contenant 100 vignettes par Daubigny et Freemann, cartes et plans. Broché. 2 fr.
La reliure se paye en sus. 1 fr.

Guide du voyageur à Londres et dans ses environs, comprenant l'itinéraire de Paris à Londres par les chemins de fer et les bateaux à vapeur; la description de toutes les curiosités de Londres; le tarif des monnaies; l'indication des hôtels, messageries, omnibus, voitures, bateaux à vapeur; la liste des amusements d'hiver et d'été; par *Lake*, nouvelle édition. 1 fort vol. in-18, contenant un plan de Londres, la carte des environs, celle des routes de Paris à Londres, et plusieurs vues. Broché. 7 fr. 50 c.
La reliure se paye en sus. 1 fr.

Londres tel qu'il est, précédé de l'itinéraire de Paris à Londres par les chemins de fer et bateaux à vapeur, suivi d'une description sommaire des environs de Londres; par *Lake* et *Richard*. 1 vol. in-18, contenant le panorama de Londres, la carte des routes de Paris à Londres, et de gravures sur acier. Broché. 2 fr.
La reliure se paye en sus. 1 fr.

BELGIQUE ET HOLLANDE.

Manuel du voyageur en Belgique et en Hollande. Itinéraire artistique et industriel de ces deux pays, par *Richard*. 1 fort vol. in-18, contenant une belle carte routière et les panoramas de Bruxelles, Anvers, Liége et Amsterdam. Broché. 8 fr.
La reliure se paye en sus. 1 fr.

Guide en Belgique, seul. 1 vol. in-18 avec carte. Broché. 6 fr.
La reliure se paye en sus. 1 fr.

Guide en Hollande, seul. 1 vol. in-18 avec carte. Broché. 4 fr. 50 c.
La reliure se paye en sus. 1 fr.

La Belgique, par *Félix Mornand*. 1 vol. in-16, contenant une belle carte. Broché. 2 fr.
La reliure se paye en sus. 1 fr.

Spa et ses environs, par *Ad. Joanne.* 1 joli vol. in-18, contenant une carte. Broché. 2 fr.
La reliure se paye en sus. 75 c.

CALIFORNIE.

Route de la Californie à travers l'Isthme de Panama, par M. *Saint-Amand.* 1 vol. in-18 jésus, contenant une carte de l'isthme de Panama. Broché. 2 fr. 50 c.

ESPAGNE ET PORTUGAL.

Guide du voyageur en Espagne et en Portugal, précédé de dialogues français-espagnols à l'usage des voyageurs, par *Richard* et *Quétin*, 2ᵉ édition. 1 fort vol. in-18, contenant une belle carte routière et des vues et costumes. Broché. 9 fr.
La reliure se paye en sus. 1 fr.

Lisbonne. Guide des voyageurs. Histoire, monuments, mœurs, par *Olivier Merson.* 1 vol. Broché. 2 fr. 50 c.

EUROPE.

Guide classique du voyageur en Europe, 2ᵉ édition, comprenant toutes les routes de postes, chemins de fer, bateaux à vapeur, etc., par *Adolphe Joanne.* 1 fort vol. in-12 imprimé à deux colonnes, et accompagné d'une carte routière de l'Europe, ainsi que d'une carte spéciale des chemins de fer et de la navigation à vapeur. Broché. (Sous presse).

Tableau comparatif des monnaies d'Europe et des principales places du monde, comparées à la monnaie française. 1 vol. in-18. Broché. 1 fr.

Guide du voyageur aux bains d'Europe, par *Richard.* 1 fort vol. grand in-18. Broché. 8 fr.
La reliure se paye en sus. 1 fr.

Hand-Book for central Europe, or Guide for tourists through Belgium, Holland, the Rhine, Germany, Switzerland and France, by *Francis Goghlan*, with a map of central Europe. 1 vol. grand in-18. Relié en percaline. 10 fr. 50 c.

FRANCE.
1° GUIDES GÉNÉRAUX POUR LA FRANCE.

Guide classsique du voyageur en France et en Belgique, par *Richard*, 24ᵉ édition. 1 fort vol. in-12, imprimé à deux colonnes, contenant une belle carte routière de la France, une carte spéciale des chemins de fer et de la navigation à vapeur, plusieurs cartes des chemins de fer et des plans de villes, etc. Broché. 8 fr.
La reliure se paye en sus. 1 fr. 50 c.

Guide classique du voyageur en France, comprenant en abrégé tout ce que contient l'édition in-12, avec une carte routière et la carte des chemins de fer, par *Richard*, 24ᵉ édition. 1 vol. in-18. Broché. 5 fr.
La reliure se paye en sus. 1 fr.

Conducteur du voyageur en France, par *Richard.* Abrégé du précédent; 2ᵉ édition. 1 joli vol. in-32, contenant une carte routière. Broché. 3 fr.
La reliure se paye en sus. 75 c.

Guide du voyageur dans la France monumentale, ou Itinéraire archéologique donnant la description de tous les monuments appartenant à l'ère celtique, à l'époque romaine ou gallo-romaine et au moyen âge jusqu'à la Renaissance, avec une carte générale archéologique de la France, divisée par provinces et par départements, ornée de 48 vues de monuments antiques, et indiquant, au moyen de signes conventionnels, l'emplacement des monuments décrits dans le texte, par *Richard* et *E. Hocquart.* 1 fort vol. in-12, imprimé à deux colonnes, comprenant la matière de 3 vol. Br. 9 fr.
La reliure se paye en sus. 1 fr. 50 c.

Voyage dans le midi de la France et en Italie, par *A. Asselin.* 1 vol. in-12, avec une carte routière. Broché. 3 fr.
La reliure se paye en sus. 1 fr.

2° GUIDES POUR PARIS ET SES ENVIRONS.

Paris illustré, son histoire, ses monu-

ments, ses musées, son administration, son commerce et ses plaisirs, nouveau guide des voyageurs où l'on trouve les renseignements pour s'installer et vivre à Paris, de toutes manières et à tous prix; publié par une société de littérateurs, d'archéologues et d'artistes. 1 beau vol. in-16 de 850 pages, contenant 280 vignettes par Lancelot et Thérond, 1 nouveau plan de Paris et 17 autres plans. Br. 7 fr.
La reliure se paye en sus. 1 fr.

Guide alphabétique des rues et monuments de Paris, à l'usage des voyageurs et des Parisiens, où l'on trouve la situation et la description de chaque rue et de chaque monument, avec un grand nombre de renseignements utiles et d'une notice historique sur Paris, par *Frédéric Lock*. 1 vol. in-18 jésus, contenant un nouveau plan de Paris. Broché. 3 fr. 50 c.
La reliure se paye en sus. 1 fr.

Petit guide de l'étranger à Paris, par *Frédéric Bernard*, illustré de 40 vignettes par Lancelot et Thérond. Brochure in-4, contenant un nouveau plan de Paris. 75 c.

The illustrated English and American Paris-Guide, by *Charles Fielding*, A. M., with a new map of Paris. In-4. 1 fr.

Kleiner illustrirter Pariser Führer für deutsche Reisende, von *Wilhelm*, mit vierzig in den Text gedruckten Abbildungen und einem neuen Plan von Paris. In-4. 1 fr.

Petit guide de l'étranger à Paris, par *Frédéric Bernard*. 1 vol. in-32, avec un nouveau plan de Paris. Relié. 1 fr.

The English and American Paris-pocket-Guide, by *Charles Stuart Fielding*, A. M., with a new map of Paris. In-32. Relié. 1 fr.

Kleiner Pariser Führer für deutsche Reisende, von *Wilhelm*, mit einem neuen Plan von Paris. In-32. Relié. 1 fr.

Les environs de Paris illustrés, itinéraire descriptif et historique, par *Adolphe Joanne*. 1 vol. in-16 de 850 pages, contenant 220 gravures par Lancelot et Thérond, une grande carte des environs de Paris et sept autres cartes et plans. 7 fr.
La reliure se paye en sus. 1 fr.

Guide du voyageur aux environs de Paris, par *Richard*, 2ᵉ édition, avec la carte des environs de Paris, celle du cours de la Seine jusqu'à Saint-Cloud et des gravures. 1 fort vol. in-18. Broché. 1 fr.

Le nouveau bois de Boulogne et ses alentours, par *J. Lobet*. 1 vol., contenant un plan du bois et 20 vignettes par Thérond. 1 fr.
La reliure se paye en sus. 1 fr.

Versailles, son palais, ses jardins, son musée, ses eaux, les deux Trianons, Saint-Cloud, Ville-d'Avray, Meudon, Bellevue, Sèvres, par *Adolphe Joanne*: ouvrage illustré de 37 gravures par Thérond et Lancelot, et accompagné d'un plan de Versailles et du parc, et de 2 plans du château. 1 vol. in-16. Broché. 2 fr.
La reliure se paye en sus. 1 fr.

Versailles et les deux Trianons, Guide du visiteur, extrait du précédent. 1 vol. in-32, contenant 2 plans. Relié. 1 fr.

Le château, le parc, et les grandes eaux de Versailles, par *Fréd. Bernard*. 1 vol. in-16, contenant 30 vignettes par Lancelot et 3 plans. Broché. 1 fr.
La reliure se paye en sus. 1 fr.

Le parc et les grandes eaux de Versailles. 1 vol. in-32, extrait du précédent et contenant 20 vign. Br. 30 c.

Guide to Versailles (description of the palace, gardens, muséum, waters and the Trianons), including Saint-Cloud, Ville-d'Avray, Meudon, Bellevue, and Sèvres, translated in english language from *A. Joanne*. With numerous illustrations and three plans. Broché. 3 fr.
La reliure se paye en sus. 1 fr.

Fontainebleau, son palais, sa forêt et ses environs, par *Adolphe Joanne*. 1 vol. in-16, contenant 25 vignettes par Lancelot, une carte de la forêt et un plan du château. Broché. 2 fr.
La reliure se paye en sus. 1 fr.

3° GUIDES SPÉCIAUX POUR UNE PROVINCE OU POUR UNE VILLE.

Alsace (Voyage pittoresque en), par le chemin de fer de Strasbourg à Bâle, par M. *Th. de Rouvrois;* illustré de nombreuses gravures sur bois. 1 vol. grand in-8. Cartonné. 4 fr.

Bagnères-de-Bigorre et les autres principaux établissements thermaux des Pyrénées. Guide médical et topographique par *L. C. Lemonnier*, docteur en médecine de la Faculté de Paris, inspecteur adjoint des eaux minérales de Bagnères-de-Bigorre. 1 vol. grand in-18, avec carte. Broché. 5 fr.

Balme (Guide du voyageur à la grotte de la), l'une des sept merveilles du Dauphiné, par M. *Bourrit* aîné. 1 volume in-18. Broché. 1 fr.

Biarritz (Autour de), par *A. Germond de Lavigne*. 1 vol. grand in-18. Broché. 1 fr. 50 c.
   La reliure se paye en sus. 75 c.

Cannes (Une saison à). 1 vol. grand in-32. 50 c.

Dieppe et ses environs, par *E. Chapus*. 1 vol. in-16, contenant 12 vignettes et 1 plan. Broché. 1 fr.
   La reliure se paye en sus. 1 fr.

Grande-Chartreuse (Excursion à la), contenant une notice historique de la Grande-Chartreuse, un itinéraire descriptif des routes, une carte géographique et 8 dessins lithographiés. 1 vol. in-8 oblong. Broché. 2 fr. 25 c.

Mantes et ses environs, par *A. Mouiié*. 1 vol. in-8, contenant une lithographie. Broché. 1 fr.

Mont-Dore (Guide aux eaux thermales du) et à celles de Saint-Alyre, de Royat, de la Bourboule et de Saint-Nectaire, avec la description de Clermont, par *L. Piesse*. 1 vol. in-16, illustré de 37 vign. par Lancelot, et accompagné d'une carte de l'Auvergne. 1 fr.

Nîmes (Histoire et description de), par *D. Nisard*. 1 vol. grand in-8, illustré de belles grav. sur acier. Relié. 6 fr.

Normandie (Guide du voyageur en), comprenant les départements de la Seine-Inférieure, de l'Eure, du Calvados, de la Manche et de l'Orne, par *Edouard Frère*. 1 vol. in-18, illustré de 4 gravures et accompagné d'une carte. Broché. 3 fr.

Ports militaires de la France (Les), (Cherbourg, Brest, Lorient, Rochefort et Toulon), par *E. Neuville*. 1 vol. in-16, contenant 4 vignettes et 5 plans. Broché. 1 fr.
   La reliure se paye en sus. 1 fr.

Pyrénées (Guide du voyageur aux), itinéraire descriptif et historique à l'usage des touristes et des baigneurs, par *Richard*; 6e édition. 1 fort vol. in-18, contenant 5 cartes. Broché. 7 fr.
   La reliure se paye en sus. 1 fr.

Rouen (Guide de l'étranger dans), extrait de l'itinéraire de Th. Licquet, par *Ed. Frère*. 1 vol. in-18, avec carte et gravures. Br. 1 fr. 50 c.

Sainte-Marie d'Auch (Monographie de), histoire et description de cette cathédrale, par M. l'abbé *Canéto*, supérieur du petit séminaire d'Auch. 1 volume grand in-18. Broché. 4 fr.

Saône (Guide historique et pittoresque sur la) de Lyon à Châlon. 1 volume in-18, avec carte. Broché. 1 fr. 50 c.

Seine (La) et ses bords, par *Charles Nodier*, illustrés de 54 gravures sur bois et de 4 cartes de la Seine; publiées par M. Alex. Mure de Pelanne. 1 vol. in-8. Broché. 5 fr.

Vichy et ses environs, par *L. Piesse*. 1 vol. in-16, contenant 22 vignettes et 1 plan. Broché. 1 fr.
   La reliure se paye en sus. 1 fr.

4° ITINÉRAIRES ILLUSTRÉS DES CHEMINS DE FER FRANÇAIS.

Lignes de l'Est :

De Paris à Strasbourg, par *Moléri*. 1 vol. in-16, contenant 80 vignettes

par Chapuy, Renard, Lancelot, etc., et une carte. Broché. 2 fr.
La reliure se paye en sus. 1 fr.

De Strasbourg à Bâle, par *Fréd. Bernard.* 1 vol. in-16, contenant 50 vignettes et une carte. Broché. 1 fr.

De Paris à Bâle, par MM. *Moléri* et *Fréd. Bernard.* 1 vol. in-16, contenant 130 vignettes et 2 cartes. Broché. 3 fr.
La reliure se paye en sus. 1 fr.

Lignes de Lyon et de la Méditerranée :

De Paris à Lyon, par *Frédéric Bernard.* 1 vol. in-16, contenant 80 vignettes par Lancelot, et une carte. Broché. 2 fr.
La reliure se paye en sus. 1 fr.

De Paris en Suisse par Dôle, Besançon et Salins, par *Ad. Joanne.* (Sous presse.)

De Lyon à Marseille, à Cette et à Toulon, par *Frédéric Bernard.* 1 vol. in-16, contenant 80 vignettes par Lancelot, et une carte. Broché. 2 fr.
La reliure se paye en sus. 1 fr.

De Paris à Marseille, à Cette et à Toulon, par *Frédéric Bernard.* 1 vol. in-16, contenant 160 vignettes par Lancelot, et 2 cartes. Broché. 4 fr.
La reliure se paye en sus. 1 fr.

Lignes du Nord :

De Paris à Bruxelles, y compris l'embranchement de Saint-Quentin, par *Eugène Guinot.* 1 vol. in-16, contenant 70 vignettes par Chapuy et Daubigny, 5 plans et une carte. Br. 2 fr.
La reliure se paye en sus. 1 fr.

De Paris à Calais, à Boulogne et à Dunkerque, par *Eugène Guinot.* 1 volume in-16, contenant 60 vignettes, 5 plans et une carte. Broché. 2 fr.
La reliure se paye en sus. 1 fr.

Promenades au château de Compiègne, et aux ruines de Pierrefonds et de Coucy, par *Eugène Guinot.* 1 vol. in-32, contenant 11 vignettes. Broché. 50 c.

Enghien et la vallée de Montmorency, par *Eug. Guinot.* 1 vol. in-32, contenant 18 vignettes. Broché. 50 c.

Ligne d'Orléans et prolongements :

De Paris à Bordeaux, par *Adolphe Joanne.* 1 volume in-16, contenant 120 vignettes par Champin, Lancelot et Varin, et 3 cartes. Broché. 3 fr.
La reliure se paye en sus. 1 fr.

De Paris à Nantes et à Saint-Nazaire, par *Adolphe Joanne.* 1 vol. in-16, contenant 100 vignettes par Champin, Thérond et Lancelot, et 3 cartes. Broché. 3 fr.
La reliure se paye en sus. 1 fr.

Petit itinéraire de Paris à Nantes. 1 vol. in-32, contenant 16 vignettes et 1 carte. Broché. 50 c.

De Paris au centre de la France, contenant : 1° *De Paris à Corbeil et à Orléans;* 2° *d'Orléans à Nevers, à Châteauroux et à Varennes,* par *Moléri* et *A. Achard.* 1 vol. in-16, contenant 90 vignettes par Champin et Lancelot, et une carte. Broché. 2 fr.
La reliure se paye en sus. 1 fr.

De Paris à Orléans, par *Moléri.* 1 vol. in-16, contenant 45 vignettes par Champin et Thérond, et une carte. Broché. 1 fr.
La reliure se paye en sus. 1 fr.

De Paris à Corbeil. 1 vol. in-16, contenant 40 vignettes par Champin, et une carte. Broché. 50 c.

Lignes de l'Ouest :

De Paris à Dieppe, par *Eugène Chapus.* 1 vol. in-16, contenant 60 vignettes, 2 plans et une carte. Broché. 2 fr.
La reliure se paye en sus. 1 fr.

De Paris au Havre, par *Eugène Chapus.* 1 vol. in-16, contenant 80 vignettes, 2 plans et une carte. Broché. 2 fr.
La reliure se paye en sus. 1 fr.

Petit itinéraire du chemin de fer de Paris au Havre. 1 vol. in-32, contenant 55 vignettes et une carte. Broché. 50 c.

Petit itinéraire de Paris à Rouen. 1 volume in-32, contenant 33 vignettes et une carte. Broché. 50 c.

De Paris à Laval et à Alençon, par *A. Moutié.* 1 vol. in-16, contenant 170 vi-

gnettes par Thérond, et une carte. Broché. 2 fr.
   La reliure se paye en sus. 1 fr.

De Paris à Caen, par *L. Énault.* 1 vol. in-16. Broché. 2 fr.
   La reliure se paye en sus. 1 fr.

De Paris à Saint-Germain, à Poissy et à Argenteuil, par *Adolphe Joanne.* 1 vol. in-16 illustré de 24 vignettes par Thérond et Lancelot. Broché. 1 fr.
   La reliure se paye en sus. 1 fr.

Ligne de Sceaux :

De Paris à Sceaux et à Orsay, par *Adolphe Joanne.* 1 vol. in-16, contenant 21 vignettes par Thérond et Lancelot, et 1 carte. Broché. 1 fr.
   La reliure se paye en sus. 75 c.

ITALIE.

Itinéraire descriptif, historique et artistique de l'Italie et de la Sicile, par *A. J. Du Pays.* 1 beau vol. in-18 jésus de 800 pages imprimées sur deux colonnes, contenant 2 cartes spéciales et 18 plans de villes et de musées. Broché. 11 fr. 50 c.
   La reliure se paye en sus. 1 fr. 50 c.

Rome vue en huit jours, guide complet de cette capitale, d'après *Nibby*, avec 2 plans de Rome. 1 vol. grand in-18. Broché. 2 fr.
   La reliure se paye en sus. 75 c.

Les curiosités de Rome et de ses environs, itinéraire complet de Rome et de l'*Agro romano*, dans un rayon de 40 à 50 kilomètres; monuments, antiquités païennes et chrétiennes; l'art à ses différentes époques; origines, faits historiques et anecdotiques, par *G. Robello.* 1 vol. in-12, contenant plusieurs cartes et plans. Broché. 7 fr. 50 c.
   La reliure se paye en sus. 1 fr.

Manuel du voyageur en Sicile, par le comte *Fedor de Karaczay.* 1 volume in-18, avec une carte. Broché. 3 fr.

Sardaigne (Histoire et description des sources minérales de la) et de celles des contrées voisines, par le comte *Davet de Beaurepaire*, docteur en médecine. 1 vol. in-8. Broché. 6 fr.

Le midi de la France et l'Italie, journal de voyage d'un touriste dans le midi de la France et en Italie, par *A. Asselin*, avec une carte routière. In-18. Broché. 3 fr.
   La reliure se paye en sus. 1 fr.

ORIENT.

Guide en Orient, itinéraire scientifique, artistique et pittoresque, comprenant les rives de la Méditerranée de Marseille à Malte, la Grèce, l'Égypte, la Terre sainte, la Syrie, la Turquie d'Europe, etc. 1 vol. in-12, contenant une carte. Broché. 10 fr. 50 c.
   La reliure se paye en sus. 1 fr. 50 c.

Itinéraire descriptif et historique de Paris à Constantinople, avec les environs de cette dernière ville, par *Ph. Blanchard.* 1 vol. grand in-18, contenant un plan de Constantinople et d'une partie du Bosphore. Broché. 7 fr. 50 c.
   La reliure se paye en sus. 1 fr.

RUSSIE.

Guide du voyageur à Saint-Pétersbourg. 1 vol. grand in-18, accompagné de 10 vues et d'un beau plan de Saint-Pétersbourg, gravés sur acier. Broché. 7 fr. 50 c.
   La reliure se paye en sus. 1 fr.

SUISSE.

Itinéraire descriptif et historique de la Suisse, du Jura français, de Baden-Baden et de la forêt Noire, de la Chartreuse de Grenoble et des eaux d'Aix; du mont Blanc, de la vallée de Chamouni, du grand Saint-Bernard et du mont Rose; par *Adolphe Joanne*, 1 vol. grand in-18 de plus de 700 pages imprimées sur deux colonnes, contenant 7 cartes, 4 plans de villes et 2 grandes vues de la chaîne du mont Blanc et des Alpes bernoises; 2e édition augmentée d'un appendice contenant la description de tous les chemins de fer suisses en exploitation et l'indication de ceux qui sont en construction et à l'étude (1857). Broché. 11 fr. 50 c.
   La reliure se paye en sus. 1 fr. 50 c.

Nouvel-Ebel, Manuel du voyageur en Suisse et dans la vallée de Chamouni; 11e édit., revue par *Adolphe Joanne*, augmentée d'un appendice contenant

la description de tous les chemins de fer en exploitation et l'indication de ceux qui sont en construction et à l'étude (1857). 1 vol. in-18, contenant la carte de Suisse de Keller, les panoramas du mont Blanc, de l'Oberland bernois et 4 plans de villes. Broché. 6 fr. 50 c.
La reliure se paye en sus. 1 fr.

Berne (Histoire et description de la ville de), par M. *P. A. Stapfer*, ancien ministre de l'instruction publique de la république helvétique, illustrée de 6 gravures sur acier. 1 vol. grand in-8. Broché. 6 fr.

Glaciers. Excursions et séjours de M. Agassis et de ses compagnons de voyage dans les glaciers et dans les hautes régions des Alpes, par *E. Desor*. 1 vol. grand in-12 de 638 pages, illustré de 7 lithographies. Broché. 7 fr. 50 c.

Glaciers. Nouvelles excursions et nouveaux séjours de M. Agassis et de ses compagnons de voyage dans les glaciers et dans les hautes régions des Alpes, par *E. Desor*, accompagnées d'une notice sur les glaciers de l'Allée-Blanche et du Val-Ferret, par M. Agassis, et d'un aperçu sur la structure géologique des Alpes, par M. Studer. 1 vol. in-8, contenant une carte des glaciers de l'Oberland bernois, une carte géologique de cette même contrée et une coupe idéale du système alpin. 1 vol. in-8. Broché. 5 fr. 50 c.
Le même ouvrage, format in-12. 1 vol. Broché. 4 fr. 50 c.

Suisse (Manuel des voyageurs en), et dans les Alpes de la Savoie et du Piémont. Traduit du Hand-Book de *Murray* par Quétin, avec un grand nombre de documents nouveaux sur les montagnes des Grisons. 1 vol. grand in-18, avec cartes et gravures. Broché. 8 fr.

Suisse (Atlas géographique, historique, statistique et itinéraire de la), divisée en 22 cantons, et de la vallée de Chamouni, avec une carte générale de la Suisse dressée par M. Duvotenay, gravée sur acier par Ch. Dyonnet et illustré de vues de la Suisse gravées sur acier par les premiers artistes de Paris et de Londres. 1 vol. grand in-4. Relié en percaline. 20 fr.

Switzerland (A Hand-Book for traveller in) and in the Alps of Savoy and Piedmont; a new edition. 1 vol. in-12. Broché. 8 fr.

Vaud (Tableau du canton de), par *L. Vulliemin*. 1 vol. grand in-18. Broché. 7 fr. 50 c.

2° GUIDES DE LA CONVERSATION.

Français-allemand, par *Richard* et *Wolters*. 1 vol. in-32. Cart. 1 fr. 50 c.

Français-anglais, par *Richard* et *Quétin*. 1 vol. in-32. Cart. 1 fr. 50 c.

Français-espagnol, par *Richard* et *de Corôna*. 1 vol. in-32. Cart. 1 fr. 50 c.

Français-italien, par *Richard* et *Boletti*. 1 vol. in-32. Cart. 1 fr. 50 c.

Anglais-allemand, par *A. Horwitz*. 1 vol. in-32. Cart. 1 fr. 50 c.

Anglais-italien, par *Wahl* et *Brunetti*. 1 vol. in-32. Cart. 1 fr. 50 c.

Anglais-espagnol, par *de Corôna* et *Laran*. 1 vol. in-32. Cart. 1 fr. 50 c.

L'interprète français-anglais pour un voyage à Paris, ou conversations dans les deux langues sur les points les plus essentiels et les plus curieux du voyage, par *C. Fleming*. 1 vol. in-16. Br. 2 fr.
La reliure se paye en sus 1 fr.

L'interprète anglais-français, pour un voyage à Londres, ou conversations dans les deux langues sur les points les plus essentiels et les plus curieux du voyage, par *C. Fleming*. 1 vol. in-16. Broché. 2 fr.
La reliure se paye en sus. 1 fr.

L'interprète français-allemand pour un voyage à Paris, ou conversations dans les deux langues sur les points les plus essentiels et les plus curieux du voyage, par MM. *de Suckau*. 1 vol. in-16. Broché. 2 fr.
La reliure se paye en sus 1 fr.

3° LES MUSÉES D'EUROPE,

par L. VIARDOT, 5 vol. in-18 jésus.

Les Musées de France. (Paris). 1 vol. Broché. 2 fr.
Les Musées d'Italie. 1 volume. Broché. 2 fr.
Les Musées d'Espagne. 1 volume. Broché. 2 fr.
Les Musées d'Allemagne. 1 vol. Broché. 2 fr.
Les Musées de Belgique, de Hollande, de Russie. 1 vol. Broché. 2 fr.

La reliure de chacun de ces volumes se paye 1 fr. en sus.

4° CARTES ET PLANS.

Allemagne (Carte routière de l') et des pays limitrophes, donnant les routes, les chemins de fer et la navigation, dressée par A. Dufour, et tirée sur colombier. En feuille. 1 fr.
    Cartonnée. 1 fr. 50 c.

Allemagne (Plans des principales villes de l'):
1° Plans gravés sur acier et tirés sur 1/4 de carré : Berlin, Dresde, Hambourg, Heidelberg, Leipsig, Munich, Nuremberg, Prague, Stuttgard, Trieste. Prix de chaque plan, en feuille. 50 c.
2° Plans gravés sur acier et tirés sur 1/8 de carré : Aix-la-Chapelle, Coblentz, Cologne, Francfort, Mayence. Prix de chaque plan, en feuille. 25 c.

Angleterre (Carte routière de l'), contenant l'Écosse et l'Irlande, avec les chemins de fer et la navigation à vapeur. Tirée sur colombier. En feuille. 1 fr.
    Cartonnée. 1 fr. 50 c.

Belgique (Carte de la), indiquant les chemins de fer et leurs stations, les routes, les canaux et les bureaux de douane, dressée par A. Vuillemin, et tirée sur couronne. En feuille. 50 c.
    Cartonnée. 75 c.

Belgique et Hollande (Nouvelle carte routière de), indiquant toutes les routes, les chemins de fer, les canaux, les limites des deux États, dressée par Dufour. Imprimée sur colombier. En feuille. 1 fr.
    Cartonnée. 1 fr. 50 c.

Belgique et Hollande (Plans des principales villes de), lithographiés et tirés sur 1/4 de carré : Bruxelles, Anvers, Liége, Amsterdam. Prix de chaque plan, en feuille. 50 c.

Boulogne (Bois de) avec les environs. Plan topographique et historique, comprenant les embellissements exécutés ou en cours d'exécution, dressé par J. Lobet, et tirée sur demi-raisin. En feuille. 30 c.
    Cartonné. 50 c.

Constantinople (Plan de), avec ses faubourgs et une partie du Bosphore, dressé par A. H. Dufour, et tiré sur grand raisin. En feuille. 2 fr.
    Cartonné. 2 fr. 50 c.

Dublin (Plan de), gravé sur acier et tiré sur 1/4 de jésus, en feuille. 75 c.

Écosse (Carte routière de l'), avec les chemins de fer et la navigation à vapeur, dressée par A. H. Dufour. Tirée sur demi-jésus. En feuille. 1 fr.
    Cartonnée. 1 fr. 50 c.

Édimbourg (Plan d'), gravé sur acier et tiré sur 1/4 de jésus, en feuille. 75 c.

Espagne et Portugal (Carte routière), indiquant les routes royales et secondaires, dressée par A. Fremin, et encadrée de gravures. Tirée sur jésus. En feuille. 1 fr.
    Cartonnée. 1 fr. 50 c.

Europe. Carte routière dressée par A. Dufour. Tirée sur colombier. En feuille. 2 fr. 50 c.
    Cartonnée. 3 fr.

Europe (Carte des chemins de fer de l') et des lignes de bateaux à vapeur, dressée par A. H. Dufour. Tirée sur raisin. En feuille. 1 fr.
    Cartonnée. 1 fr. 50 c.

France (Carte archéologique de la), avec des vues de monuments antiques et du moyen âge; publiée pour la première fois, dressée par E. Hocquart. Tirée sur colombier. En feuille. 1 fr. 50
    Cartonnée. 2 fr.

France (Carte des chemins de fer de la), indiquant tous les chemins de fer en construction, ainsi que les lignes de bateaux à vapeur, dressée par A. H. Dufour. Tirée sur demi-raisin. En feuille. 50 c.
    Cartonnée. 1 fr.

France (Atlas des chemins de fer de la) contenant 9 cartes gravées sur acier. (Sous presse.)

France (Nouvelle carte routière et administrative de la), indiquant toutes les routes des postes avec les distances en kilomètres, les chemins de fer, les canaux, etc., dressée par Charles, géographe. Tirée sur colombier. En feuille. 1 fr. 50 c.
   Cartonnée. 2 fr.

France (Plans des principales villes de la) :
1° Plans gravés sur acier et tirés sur 1/4 de carré : Arles, Bordeaux, Grenoble, Lille, Lyon, Marseille, Nantes, Rouen, Strasbourg. Prix de chaque plan, en feuille. 50 c.
2° Plans gravés sur acier et tirés sur 1/8 de carré : Clérmont, Orléans, Poitiers, Tours. Prix de chaque plan, en feuille. 25 c.
3° Plans lithographiés et tirés sur 1/4 de jésus : Bagnères-de-Bigorre et ses environs, Bagnères-de-Luchon et ses environs, Cauterets et ses environs, Eaux-Bonnes et ses environs. Prix de chaque plan, en feuille. 50 c.
4° Plan du Havre, gravé sur acier et tiré sur 1/4 de raisin, en feuille. 75 c.
5° Plan de Vichy, gravé sur pierre, tiré sur 1/4 de raisin et colorié, en feuille. 50 c.
6° Plans lithographiés et tirés sur 1/8 de carré : Abbeville, Amiens, Arras, Boulogne, Dunkerque et Valenciennes. Prix de chaque plan, en feuille. 20 c.

Irlande (Carte routière de l'), avec les chemins de fer et la navigation à vapeur, dressée par A. H. Dufour, et tirée sur demi-jésus. En feuille. 1 fr. 50 c.
   Cartonnée. 2 fr.

Italie (Carte routière de l'), comprenant la Sicile, avec les plans de Rome, Naples et Pozzuoli, dressée et gravée par Ambroise Tardieu. Tirée sur grand raisin. En feuille. 2 fr.
   Collée sur toile, avec étui. 3 fr.

Italie (Plans des principales villes d'), gravés sur acier et tirés sur 1/4 de carré : Bologne, Florence, Gênes, Milan, Naples, Parme, Pise, Rome, Turin, Venise, Vérone. Prix de chaque plan, en feuille. 50 c.

Londres (Plans de), gravé sur pierre et tiré sur grand raisin. En feuille. 50 c.
   Cartonné. 1 fr.

Londres (Carte des environs de). En feuille. 2 fr.

Paris (Nouveau plan de) et des communes environnantes, précédé d'une liste alphabétique, indiquant avec renvoi au plan, les avenues, les barrières, les boulevards, les cités, les cours, les galeries, les impasses, les marchés, les passages, les places, les ponts, les rues de la ville de Paris et des communes environnantes, et comprenant toutes les nouvelles voies de communication et tous les embellissements exécutés jusqu'à ce jour. Dressé par Vuillemin, et tiré sur grand monde. En feuille. 1 fr. 50 c.
   Le même, cartonné. 2 fr.
   Relié en percaline dorée. 3 fr.
   Collé sur toile et relié en percaline dorée. 4 fr.
   Le même, sauf les communes environnantes, tiré typographiquement et cartonné. 50 c.

Paris (Carte des environs de), indiquant les chefs-lieux de département, d'arrondissement et de canton, les communes, les hameaux et les châteaux, toutes les routes et tous les chemins de fer, et comprenant, en totalité ou en partie, les départements de la Seine, de Seine-et-Oise, de Seine-et-Marne, de l'Aisne, de l'Oise, de l'Eure et d'Eure-et-Loir, dressée par A. H. Dufour, et tirée sur jésus. En feuille. 75 c.
   Cartonnée, rouge. 1 fr. 25 c.
   Reliée en percaline dorée. 2 fr.
   Collée sur toile et reliée en percaline dorée. 3 fr.

Rhin (Panorama des bords du), depuis Cologne jusqu'à Mayence, se déroulant sur près de trois mètres de long. In-8, cartonné. 2 fr.

Rhin (Cours du), de Schaffouse jusqu'à son embouchure dans la mer du Nord, et de la Moselle depuis son embouchure jusqu'à Trèves. Tiré sur raisin et cartonné. 2 fr.

Savoie (Carte routière du duché de). Tirée sur cavalier et collée sur toile, avec étui. 2 fr.

Sicile (Carte routière de la), tirée sur demi-carré. En feuille. 75 c.
   Cartonnée. 1 fr.

Suisse (Carte de la), par Keller, tirée sur carré. En feuille. 2 fr.
   Cartonnée. 3 fr.

Typographie de Ch. Lahure, rue de Vaugirard, 9.

AUTRES PUBLICATIONS DE CH. LAHURE.

PUBLICATIONS PÉRIODIQUES.

Le Journal pour tous, magasin hebdomadaire illustré. Chaque numéro contient 250 000 lettres. Prix : 10 centimes. — L'abonnement d'un an : pour Paris, 6 francs ; pour les départements, 8 francs.

La Semaine des Enfants, magasin d'images et de lectures amusantes et instructives. Prix : 10 centimes. — L'abonnement d'un an : pour Paris, 6 francs ; pour les départements, 8 francs.

Bulletin international du libraire et de l'amateur de livres : revue bibliographique ; indication de toutes les publications nouvelles faites en France et des principales publications étrangères ; nouvelles littéraires. — Paraît le 1er et le 15 de chaque mois. Prix de l'abonnement, pour la France, 6 fr.; pour l'étranger, la différence du prix de port en sus.

Le Moniteur des Comices et des Cultivateurs, rédigé par une Société d'agronomes et de cultivateurs, sous la direction de M. Jourdier. Prix de l'abonnement : 6 francs par an.

ON S'ABONNE A CES RECUEILS :

à Paris : { au bureau, rue de Vaugirard, 9 ;
{ et chez MM. L. Hachette et Cie, rue Pierre-Sarrazin, 14 ;

dans les départements et à l'étranger : chez tous les libraires.

ÉDITIONS FORMAT IN-18 JÉSUS.

POUR LA FRANCE, 2 FR. LE VOL.; POUR L'ÉTRANGER, 2 FR. 50 C.

I. ŒUVRES COMPLÈTES DES PRINCIPAUX ÉCRIVAINS FRANÇAIS.

Boileau. 1 volume.	**Pascal**. 2 volumes.
Corneille. 5 volumes.	**Racine**. 2 volumes.
Fénelon. (Sous presse.)	**Rousseau** (J. J.). 8 volumes.
La Fontaine. 2 volumes.	**Saint-Simon** (duc de) : Mémoires. 12 volumes.
Molière. 2 volumes.	
Montesquieu. 2 volumes.	**Voltaire**. 25 vol. (Sous presse.)

II. BIBLIOTHÈQUE DES MEILLEURS ROMANS ÉTRANGERS.

Bulwer : Mémoires de Pisistrate Caxton. 2 vol.	**Freytag** (G.) : Doit et avoir. 2 vol.
Cervantès : Don Quichotte. 2 vol.	**Fullerton** (lady) : L'Oiseau du Bon Dieu. 1 vol.
Cumming (miss) : L'Allumeur de réverbères. 1 vol.	**Gaskell** (Mrs) : Marie Barton. 1 vol.
Currer Bell (Mrs Nichols) : Jane Eyre. 1 vol.	**Hauff** (Wilhelm) : Nouvelles. 1 vol.
Dickens (Ch.) : Bleak-House. 2 vol.	**Mügge** : Afraja. 1 vol.
— Contes de Noël. 1 vol.	**Smith** (J. F.) : Dick Tarleton. 2 vol.
— Le Magasin d'antiquités. 2 vol.	**Stephens** (Mrs Ann S.) : Opulence et misère. 1 vol.
— Vie et aventures de Nicolas Nickleby. 2 vol.	**Thackeray** (W. M.) : Mémoires de Barry Lyndon. 1 vol.
— Les Temps difficiles. 1 vol.	— Henry Esmond. 1 vol.
	— Le livre des Snobs. 1 vol.

ADRESSER LES DEMANDES :

à MM. L. HACHETTE et Cie, rue Pierre-Sarrazin, 14,

ET AUX PRINCIPAUX LIBRAIRES DE LA FRANCE ET DE L'ÉTRANGER.

Ch. Lahure, imprimeur du Sénat et de la Cour de Cassation, rue de Vaugirard, 9, près de l'Odéon.

www.ingramcontent.com/pod-product-compliance
Lightning Source LLC
Chambersburg PA
CBHW050349170426
43200CB00009BA/1798